U0071682

這樣學八字就對了

實例解說才易懂好學

林煒能◎著

序文

先賢任鐵樵在其所著「滴天髓徵義」中第三篇「徵驗」篇的第四章「疾病」章裡有論述說：「凡此五行不和之疾病細究之，必驗也，然與人事可通也，不可專執而論。如病不相符，可究其六親之吉凶、事體之否泰，必有應驗者。」又說：「如日主是金，木是財星…。然亦有無此病者，必財多破耗、衣食不敷，以當其咎也。然亦有無病而財源旺者，其妻必陋惡、子必不肖也，此數者必有一驗。其中亦有妻賢子肖而無病，且財源旺者，歲運一路土金之妙也。然亦有局中金水與木火停勻，而得肺腎之病者、或財多破耗、或妻陋子劣者，亦因歲運一路木火而金水受傷之故也。宜仔細推詳，不可執一而論。」

這一段話很直接了當的道出從事命學者在為客戶推論八字命理時，所會碰到的事情，譬如說當碰到客戶的大運或流年逢遇比肩、劫星之忌神時，其喜用的財星用神必定會受剋害，而財星用神在現實生活上的含意則有錢財、物質享受、賺錢利潤、父親、女朋友、太太、所使用之物品…等，這時候要如何正確的跟客戶推說他（她）當時會有錢財損失、胡亂血拼而花錢、或是父親有意外之災、或是失戀、或是太太身體違和、或是受太太之拖累而損財、或是遭逢竊盜而損失財物…？等方面的阻逆、不順事情，這一直都是困惑著命學從業者的問題，而這也是命理學上的盲點。

譬如筆者有男命與女命之兩位客戶，男命為民國52年農曆8月建生，日主為己土，月柱為辛酉之食神柱，為身弱之命局。女命為民國51年農曆5月建生，日主為乙木，月柱為丙午之傷食柱，為身弱之命局。男命在9～19歲的第一柱大運、庚申「傷官運」期間，身體變得體弱多病，還曾在家休學一年以調養疾病，這期間他的父母健在，家境不錯，但母親為了醫治他身體的疾病及照顧他的身體，因操勞過累終而導致身體每況愈下；女命在9～13歲的第一柱大運、巳火「傷官運」期間，父親因肝炎而病逝，家境從此陷入窘困，但她身體卻非常健康且不見疾病纏身之災，然而在國中畢業後，她不得不以半工半讀的方式一面賺錢來貼補家用，一方面並得以完成高職、專科學業。

這兩例同樣都是日元身弱、月柱都為食神、傷官星非為喜用之柱，在幼年期間也都運行傷官非為喜用之大運，但一位卻是家境小康，惟身體羸弱而拖累母親，另一位則是身康體健，然而卻是父親過世而致家境陷入窘困等的情形。一樣都運行忌用之大運，也一樣都會有困頓、阻逆的事件發生，但卻發生不完全一樣的現實生活事件。就命理而言，這實在是無法完全以先天的八字命局來正確的推論出後天現實生活上可能發生的事件。

像這樣客戶的例子，我們之所以會經常遇到，這是因為八字命局雖是先天已定，但因後天同一個時辰出生的男、女命應是不少，至少不會僅有一位誕生之人，但因他（她）們的出生地與氣候、生長之環境、周遭之親人、祖德、就職任事的場所與職業種類、交往之朋友、結婚的對象…等的不一樣，諸如此類後天甚大差異的變數，絕對都會影響一個人與生所帶的先天命局，這也就是我們常會有「同樣八字命局的人，為甚麼會有不完全一樣的事業前途、獲利多寡、疾病壽夭…」等的疑惑。

這應也是所有有心從事命學之人，會廢寢忘食而不遺餘力的去探討命學的奧妙且深不可測的學理，以期能正確的推論出一個八字命局在甚麼時候，將會發生哪一件吉凶否泰之事情，以便能給客戶一個正確而無誤的論斷答案。

這有關命理的深研方法，除了不斷的研讀古今命學先進的著作之外，就每一位客戶八字命局實例的詳加探討與研究，並且將彼此間有關連的例子拿來做比較與分析，看其間的差異處、現實生活間所各自發生吉凶否泰之事情為何，其五行間的生剋制化情形又如何，自己再做筆記並予以融會貫通…等，相信在這樣用心的去探討命學理論之努力下，假以時日必定能夠精進神速且會有很大的收穫。

筆者在《八字入門》一書所寫的內容論述，原則上是以基礎學理之編寫為重點，並輔以部份之實例，以做為學理論述的佐證。現今這本《這樣學八字就對了》的編寫，在第一、二章筆者同樣論述五行干支的基本概念，在第三章所有實例論述，內容完全是以筆者所有客戶的八字命局實例為主，就八字命局架構所發生的現實生活情形，以古今命學先進的論述，佐以筆者實務上的經驗，在每一例均會詳細的論述其事件發生的始末，以期讀者能從本書的實例論述中得到些許的實戰經驗。

我們常聽他人說：「命理有時而窮」的字句，然而我們的人生卻是無涯。要以區區22個天干、地支字句所組成的四柱、八字命局去探討一個變化多端、種類繁多，且又不斷隨時代在演進的複雜社會，說實在的要非常正確的論斷出會發生哪一件吉凶否泰的事情，就命學的論斷而言是一項很困難的挑戰，這也是八字命理學論斷的一項盲點，相同的這應該也是其它諸如紫微斗數、鐵板神算、七政四餘、太乙神術、文王易卦、奇門遁甲…等，所有在探討人生看不見、摸不著之無形命運所共同會碰到的問題。

然而不管我們是以那一門命學理論在為客戶論述人生運勢的吉凶起伏，應該本著一顆真執且熱誠的心為客戶服務，本身並也要隨時充電、精研古今命學先進的著作，而不是以「天機不可洩露」的話語，來做為自身不甚懂命學以致無法詳為客戶解惑，自己又怕失了面子的搪塞之詞；亦或是以客戶犯了沖、煞到邪或嬰靈纏身……等，而需要改運、祭煞、刻印章，或要客戶購買所謂經過加持物品…等說詞來蠱惑客戶，以獲得一些不應該得的非份之財。

若每一位命學從業者都能本著這種敬業精神，而不再用那一種不學無術的江湖術士之言行舉止，那相信假以時日我們老祖宗這一門「山、醫、命、卜、相」的學問必能躋入學術殿堂並得以發揚光大，不再被斥為無稽之談的末流學問，同樣的我們必也能同沾其喜並與有榮焉。

寫於筆者高雄工作室

目錄

第三章　八字實例詳論

第一章 干支五行概論

一、五行

研究命理首先需要明白五行是何物；五行者，就是春夏秋冬之氣候，流行於天地之間、循環不斷的一種無形的磁場，命學家就將這種磁場稱之為五行，也就是我們常說的金、木、水、火、土（其實學理上正確的唸法應該為木、火、土、金、水）。

北方陰極而生寒凍，寒凍則生水；南方陽極而生高熱，高熱則生火；東方陽氣散洩而生風，風動則生木；西方陰氣止息內斂而乾燥，乾燥則生金；中央之地陰陽交媾而溫潤，溫潤則生土。五行彼此之間，其相生也所以相維繫、其相剋也所以相制衡，以維持循環不息的關係，因此：

※五行的方位：東方屬木、南方屬火、西方屬金、北方屬水、中央屬土。

※五行的相生：木生火、火生土、土生金、金生水、水生木。（理解技巧：木材經引燃就生火；木材經火燒光而成灰燼、土壤；土壤、礦土中含有金屬礦物；以金屬器具挖掘水源；以水去灌溉花木，使其生長。）

※五行的相剋：木剋土、土剋水、水剋火、火剋金、金剋木。（理解技巧：花木之根能夠穿透土壤；土壤、堤防可以阻擋水的流勢；水能夠澆熄燃燒

之火；燃燒之火可以熔化金屬器物；刀斧能夠砍伐花木。）

二、十天干及其五行之屬性與方位

十天干即甲、乙、丙、丁、戊、己、庚、辛、壬、癸。十天干又分五陽干與五陰干，分別如下：

※五陽干：甲、丙、戊、庚、壬。其性剛強。

※五陰干：乙、丁、己、辛、癸。其性柔弱。

干者，如樹木之主幹，天干在八字中又稱為「天元」。甲、乙為木，位屬東方；丙、丁為火，位屬南方；戊、己為土，位屬中央；庚、辛為金，位屬西方；壬、癸為水，位屬北方。

三、十二地支及其五行之屬性與方位

十二地支即子、丑、寅、卯、辰、巳、午、未、申、酉、戌、亥。十二地支又分六陽支與六陰支，分別如下：

※六陽支：寅、辰、巳、申、戌、亥。其性剛強。

※六陰支：子、丑、卯、午、未、酉。其性柔弱。

其中子、午、卯、酉稱為四正（又稱四仲），寅、申、巳、亥稱為四孟（又稱為四長生），辰、戌、丑、未稱為四庫土（又稱四墓庫、四財庫、四季）。

四庫土中，辰土為帶水之濕土，又稱為水土；丑土為帶金之寒土，又稱為凍土；未土為帶火之土，又稱為熱土；戌土為肅殺之土，又稱為燥土。

支者，猶如樹木之枝椏、細根，地支在八字中又稱為「地元」。寅、卯屬木，位屬東方；巳、午屬火，位屬南方；申、酉屬金，位屬西方；亥、子屬水，位屬北方；辰、戌、丑、未屬土，位屬中央。

其中：

東方：寅卯辰為春季代表。

南方：巳午未為夏季代表。

西方：申酉戌為秋季代表。

北方：亥子丑為冬季代表。

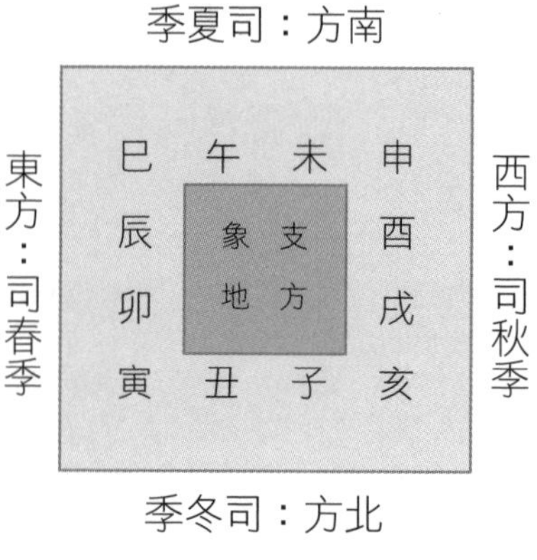

季夏司：方南

東方：司春季					西方：司秋季
	巳	午	未	申	
	辰	象 支		酉	
	卯	地 方		戌	
	寅	丑	子	亥	

季冬司：方北

四、三元及支藏天干人元五行

天干稱為「天元」、地支稱為「地元」已如前述，但地支之氣較為複雜，因地支內又暗藏有天干之氣，稱為「人元」。地支暗藏干氣如下：

子藏：癸水。丑藏：己土、癸水、辛金。寅藏：甲木、丙火、戊土。卯藏：乙木。辰藏：戊土、乙木、癸水。巳藏：丙火、戊土、庚金。午藏：丁火、己土。未藏：己土、丁火、乙木。申藏：庚金、戊土、壬水。酉藏：辛金。戌藏：戊土、辛金、丁火。亥藏：壬水、甲木。（詳後表）

地支	干藏		
子		癸	
丑	己	癸	辛
寅	甲	丙	戊
卯		乙	
辰	戊	乙	癸
巳	丙	戊	庚
午	丁		己
未	己	丁	乙
申	庚	戊	壬
酉		辛	
戌	戊	辛	丁
亥	壬		甲

寅、申、巳、亥為四長生，辰、戌、丑、未為四墓庫，各藏三物，謂之雜氣。子、午、卯、酉為四正，各藏一物，謂之四專氣，其中己土乃附丁火而生，猶如戊土之附丙火而生者然。

註：右述地支藏人元的古歌口訣為：

「子宮癸水在其中，丑癸辛金己土同，寅宮甲木兼丙戊，卯宮乙木獨相逢，辰藏乙戊三分癸，巳中庚金丙戊從，午宮丁火並己土，未宮乙己丁共宗，申藏庚金壬水戊，酉宮辛金獨豐隆，戌宮辛金及丁戊，亥藏壬甲是真宗」。

五、論十二月建及二十四節氣

命理學論命的時間依據是以農曆（又稱陰曆）的立春、節、子時為年月日時的交換點，並為立四柱、排八字的根據。將一年分為十二月建，每一月建內又有一節、一氣，共十二節、十二氣，所謂：

節者—為每月月令的開始，即立春、驚蟄、清明、立夏、芒種、小暑、立秋、白露、寒露、立冬、大雪、小寒等，為十二節。

氣者—為每月月令的中氣，即雨水、春分、穀雨、小滿、夏至、大暑、處暑、秋分、霜降、小雪、冬至、大寒等，為十二氣。

命理學是以交立春日（節）為每年正月（即寅月）推算的開始，而不是以農曆一月一日為正月（寅月）的開始，不管此立春日是在去年歲底，或是在今年正月裡，以交驚蟄日（節）為二月推算的開始，其餘類推。所以統稱為十二月建、二十四節氣。（如後表）：

※十二月建及二十節氣表：

月令	月建	節：每月之開始	用事五行	氣：每月之中氣	用事五行	四季季候	別稱
正月	寅月	立春	戊土	雨水	甲木	孟春	端月
二月	卯月	驚蟄	甲木	春分	乙木	仲春	花月
三月	辰月	清明	乙木	穀雨	戊土	季春	桐月
四月	巳月	立夏	戊土	小滿	丙火	孟夏	梅月
五月	午月	芒種	己土	夏至	丁火	仲夏	蒲月
六月	未月	小暑	丁火	大暑	己土	季夏	荔月
七月	申月	立秋	戊土	處暑	庚金	孟秋	瓜月
八月	酉月	白露	辛金	秋分	辛金	仲秋	桂月
九月	戌月	寒露	辛金	霜降	戊土	季秋	菊月
十月	亥月	立冬	甲木	小雪	壬水	孟冬	陽月
十一月	子月	大雪	壬水	大寒	癸水	仲冬	葭月
十二月	丑月	小寒	癸水	冬至	己土	季冬	臘月

1、每年的開始乃以立春的日、時為起始標準，而非農曆的一月一日，並且依萬年曆所記載的日、時為起始標準。

例《1》：查萬年曆的87年正月8日8時57分（辰時）為立春日（節），則在這一日的8時56分59秒之前出生之人，必須以86年之年月來排四柱八字以論命；如果是在這一日的8時57分以後出生者，就以87年之年月來排四柱八字以論命。

例《2》：查萬年曆的87年12月19日14時57分（未時）為立春日，則在這一日的14時56分59秒之前出生之人，則以87年之年論；如果是在這一日的14時57分以後出生者，則以88年之年論。

2、每月的開始跟年的開始一樣，都是以入節日、時的時刻為起始標準，而不是以月初的一日為起始標準。

例《3》：查萬年曆的87年2月8日2時57分（寅時）為驚蟄日（節），則在這一日的2時56分59秒之前、立春之後出生者，就以87年正月論；如果是在這一日的2時57分以後、清明（節）之前出生之人，就以87年2月論。

3、每日的開始以子時（晚上11點至凌晨12點59分59秒）為交替基準，唯子時尚分為晚子時（晚上11點到11點59分59秒）及早子時（晚上12點到凌晨12點59分59秒）。此晚子時及早子時，容後詳述。

4、前例立春及驚蟄之間，夾著雨水，也就是我們所說的氣、中氣。中氣與節之間，大約相隔15或16日。又每年的立春日，也大都在國曆的2月4日或2月5日。

註：前面的論述都是以立春日為一個新年開始、年柱更換的基準，自古以來更是命學界論命的圭臬，奉行不逾。唯在數十年前，有一部分先進前輩卻主張以冬至日（氣）做為更換年柱的標準，並且說這是千古命理的一個突破。此冬至日（氣）換年柱的新學理，就筆者的經驗而言，並不準確；但若以立春日（節）來推論，則頗能符合現實生活的情形（詳例於後實務篇），所以筆者並不贊同冬至日（氣）換年柱的立論。

六、二十四節氣氣候

地球係太陽的九大行星之一，每日繞著太陽在運轉，繞行一周約365.26日，繞日的軌道為橢圓形，公轉同時地球本身每日也由西向東自轉一周，時間約需二十三小時又五十六分。

地球因本身的地軸左傾約23.5度，所以地球在公轉與自轉的時候，它的地軸與公轉軌道面成23.5度的角度，也就是赤道和黃道面成23.5度的交角，因而所受太陽照射的不同，就產生了不同氣候的變化。我國曆法即依此氣候的變化，劃分為二十四節氣氣候，每一節、氣都有其行事的準則，並做為農民春耕、夏耘、秋收、冬藏，四季種植的依據。

※二十四節氣氣候表：

月建	節	1～5日	6～10日	11～15日	氣	16～20日	21～25日	26～30日
寅月	立春	冬風解凍	蟄蟲始振	魚陟負冰	雨水	魚獺祭	候雁北	草木萌動
卯月	驚蟄	桃始華	倉庚黃鸝鳴	鷹化為鳩	春分	元(燕)鳥至	雷乃發聲	雷始電
辰月	清明	桐始華	田鼠化為鴽	虹始見	穀雨	萍始生	鳴鳩拂羽	戴勝降於桑
巳月	立夏	蟈蛙鳴	蚯蚓出	王瓜生	小滿	苦菜秀	靡草死	麥秋至
午月	芒種	螳螂生螻	伯勞鳥始鳴	反舌無聲	夏至	腐草為解	蟬始鳴	半夏生
未月	小暑	温風至	蟋蟀居壁	鷹始到達	大暑	螢鹿角	土潤溽暑	大雨時行
申月	立秋	涼風至	白露降	寒蟬鳴	處暑	鷹乃祭鳥	天地始肅	禾乃登穀

月建	節	1~5日	6~10日	11~15日	氣	16~20日	21~25日	26~30日
酉月	白露	鴻雁來	元(燕)鳥歸	群鳥養羞	秋分	雷始收聲	蟄蟲坯戶	水始涸
戌月	寒露	鴻雁來賓	雀入大水為蛤	菊有黃華	霜降	豺乃祭獸	草木黃落	蟄蟲咸俯
亥月	立冬	水始冰	地始凍	雉入大水為蜃	小雪	虹藏不見	地氣下降天氣上升	閉塞成冬
子月	大雪	雉鳥不鳴	虎始交	荔挺出	冬至	蚯蚓結	解麋角	水泉動
丑月	小寒	雁北鄉	鵲始巢	雉雊鳴	大寒	雞乳	征鳥厲疾	水澤腹堅

七、地支與十二生肖

子肖鼠，丑肖牛，寅肖虎，卯肖兔，辰肖龍，巳肖蛇，午肖馬，未肖羊，申肖猴，酉肖雞，戌肖狗，亥肖豬。

八、六十甲子

十天干、十二地支的最小公倍數為六十，所以將它們組合起來剛好是六十組，也就是我們常說的六十甲子、六十花甲子。

六十甲子自黃帝登基啟用之後，到現在已是第七十九次的循環。它是將天干的第一數「甲」配上地支的第一數「子」，而成「甲子」；將天干的第二數「乙」配上地支的第二數「丑」，而成「乙丑」等。周而復始、依序循環，共得六十組不同的干支組合，如後表：

甲子	乙丑	丙寅	丁卯	戊辰	己巳	庚午	辛未	壬申	癸酉
甲戌	乙亥	丙子	丁丑	戊寅	己卯	庚辰	辛巳	壬午	癸未
甲申	乙酉	丙戌	丁亥	戊子	己丑	庚寅	辛卯	壬辰	癸巳
甲午	乙未	丙申	丁酉	戊戌	己亥	庚子	辛丑	壬寅	癸卯
甲辰	乙巳	丙午	丁未	戊申	己酉	庚戌	辛亥	壬子	癸丑
甲寅	乙卯	丙辰	丁巳	戊午	己未	庚申	辛酉	壬戌	癸亥

註：本章都在論述干支五行上的學理概念，只希望能提供讀者一些命理上的基本常識，在進入浩瀚的命理世界之前，能先有一些理論上的認識。當然，學海無涯、學術無際，讀者在閱完本書後，對自身命理的了解與運用，能得心應手

時，可以的話可再廣閱古時先賢及近代先進的精粹著作，以期能充實自身學識、造福社稷，進而將五術之學推上學術殿堂。

第二章 干支五行分論

一、干支五行生剋制化分論

所謂生剋制化，乃是十天干、十二地支自我屬性相互之間產生的天干五合、相剋、比和，及地支的三會、三合、六合、比和、三刑、六沖、破、壞，及五行木火土金水在春夏秋冬等四季的旺衰強弱等的情形。此五行的生剋制化，是很重要的命學入門基本常識，請讀者好好的理解並熟記。

命學先進鍾義明老師在其著作《命理乾坤》中說：「生、剋、比和的意義，因各人的立場、判斷態度不同，或感受不同，所下的定義也就互異。因此在研究五行的生、剋、比和之意義前，必須先弄清這三個名詞的定義：

『生』—養、起、進、產、出、動、造、性（本性）、來處（事物之起點）、加強。

『剋』—勝、必、急、殺、巳（盡、死）、相對、敵對、限制、界止。

『比和』—類、校（較）、方（比喻）、比例（循舊例）、親近、偏黨、從、代、密、和、齊（平等）。」

1、天干：

甲、乙、丙、丁、戊、己、庚、辛、壬、癸。

※五陽干：甲、丙、戊、庚、壬。

※五陰干：乙、丁、己、辛、癸。

2、十二地支：

子、丑、寅、卯、辰、巳、午、未、申、酉、戌、亥。

※六陽支：寅、辰、巳、申、戌、亥。

※六陰支：子、丑、卯、午、未、酉。

3、天干五行、方位、四季：

甲乙屬木，位居東方，屬春季。丙丁屬火，位居南方，屬夏季。戊己屬土，位居中央。庚辛屬金，位居西方，屬秋季。壬癸屬水，位居北方，屬冬季。

4、地支五行、方位、四季：

寅卯屬木、位居東方，屬春季。巳午屬火，位居南方，屬夏季。辰戌丑未屬土，位居中央，分屬四季。申酉屬金，位居西方，屬秋季。亥子屬水，位居北方，屬冬季。

※寅卯辰─屬春季。巳午未─屬夏季。申酉戌─屬秋季。亥子丑─屬冬季。

5、五行相生、相剋：

相生：木生火，火生土，土生金，金生水，水生木。

相剋：木剋土，土剋水，水剋火，火剋金，金剋木。

6、天干五合、合化之五行：

甲己合，化土。乙庚合，化金。丙辛合，化水。丁壬合，化木。戊癸合，化火。

（一陽一陰，每隔五位而相合，故曰五合）

7、天干相剋（又稱相沖）：

五陽干相剋：甲剋戊，戊剋壬，壬剋丙，丙剋庚，庚剋甲。

五陰干相剋：乙剋己，己剋癸，癸剋丁，丁剋辛，辛剋乙。

8、地支三會：

寅卯辰三會木方。巳午未三會火方。申酉戌三會金方。亥子丑三會水方。

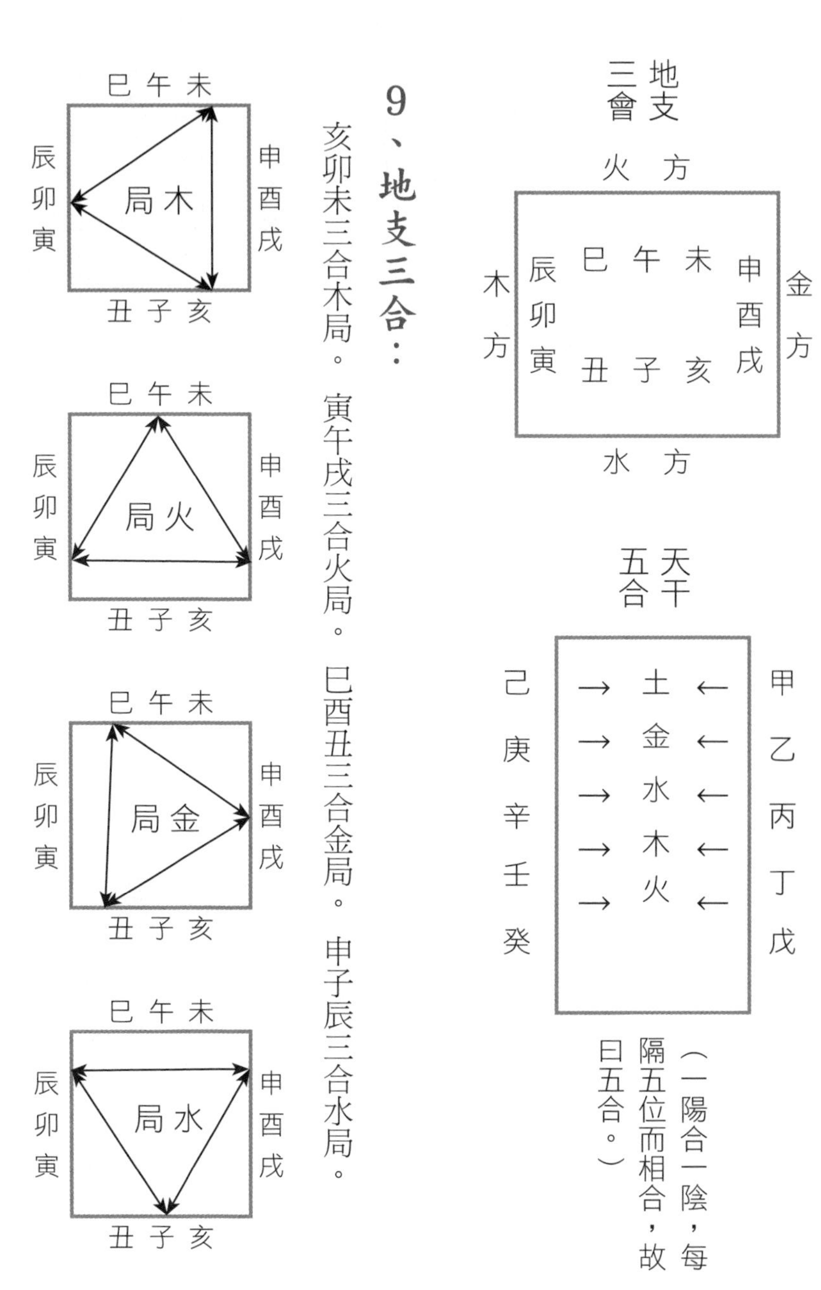

（一陽合一陰，每隔五位而相合，故曰五合。）

9、地支三合：

亥卯未三合木局。寅午戌三合火局。巳酉丑三合金局。申子辰三合水局。

10、地支六合、合化之五行：

子丑合，化土。寅亥合，化木。卯戌合，化火。辰酉合，化金。巳申合，化水。午未合，化火。（共合成六組，故稱為六合。午未合，有些學者認為只合而不化，所以另稱為化日月，以日為太陽、月為太陰也。）

11、地支六沖：

子午沖、丑未沖、寅申沖、卯酉沖、辰戌沖、巳亥沖。為反吟之沖。

地支六沖

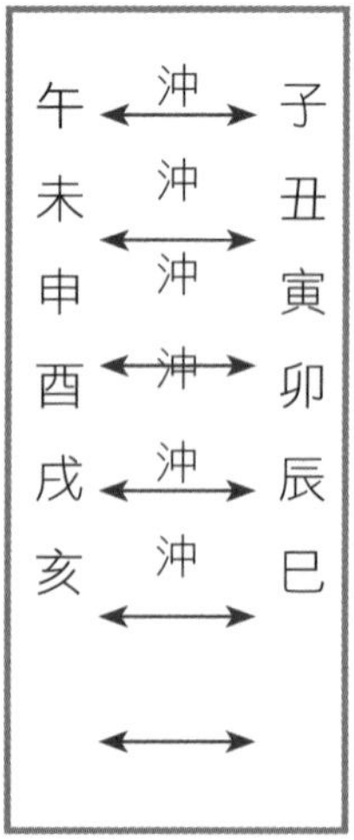

子	沖 ←→	午
丑	沖 ←→	未
寅	沖 ←→	申
卯	沖 ←→	酉
辰	沖 ←→	戌
巳	沖 ←→	亥

12、地支相刑：

1、寅刑巳、巳刑申、申刑寅，稱為無恩之刑。

2、丑刑戌、戌刑未、未刑丑，稱為恃勢之刑。

（寅巳申、丑戌未三個字並見，又稱為三刑逢沖。）

3、子刑卯、卯刑子，稱為無禮之刑。

4、辰刑辰、午刑午、酉刑酉、亥刑亥，稱為自刑、伏吟之刑。

註：反吟—為地支六沖之意，主凡事必散。吉神逢反吟則凶，凶神逢反吟則吉。

伏吟—為地支自刑之意，主凡事反覆不定、得而復失、失而復得、有得有失。

13、地支六害：

子未害、丑午害、寅巳害、卯辰害、申亥害、酉戌害。因有六組，故稱六害。

所謂害，乃每組之害字，各沖其對方之六合字之意。如子丑為六合，然未與丑六沖，所以子未六害；同理，午未六合，子午卻六沖，故子未六害。餘類推。

14、地支六破：

子酉破、午卯破、巳申破、寅亥破、辰丑破、戌未破。

註：害、破影響力量不明顯，其他的合、會、刑、沖等，對歲運、命局四柱的影響力甚大。

二、干支五行在四季用事之旺相休囚死

五行周行於天地之間，但由於時間（春夏秋冬）、空間（東西南北）的不同，而有消長旺衰的不同，故稱為「五行四季用事」。如：

1、春季草木旺盛、欣欣向榮，甲乙寅卯木氣最盛，所以說木旺於春。

2、夏季太陽炎熱、豔陽高照，丙丁巳午火氣最盛，所以說火旺於夏。

3、秋季落葉繽紛、一片肅殺，庚辛申酉金氣最盛，所以說金旺於秋。

4、冬季霜雪寒冬、萬物瑟縮，壬癸亥子水氣最盛，所以說水旺於冬。

5、戊、己、辰、戌、丑、未土氣在立春、立夏、立秋、立冬之前十八日最盛，所以說土旺四季。（戊分屬辰、戌土，己分屬丑、未土。）

五行因依存四季的不同，可將它們分為旺（最旺）、相（旺）、休（衰）、囚（次衰）、死（最衰）。如後表：

註：例如以五行之木為基準，則：

木在與木比和的春季（木比和木），為旺。

五行＼四時	春	夏	秋	冬	季
木	旺	休	死	相	囚
火	相	旺	囚	死	休
土	死	相	休	囚	旺
金	囚	死	旺	休	相
水	休	囚	相	旺	死

木在生木的冬季（水生木），為相。
木在被木所生的夏季（木生火），為休。
木在被木所剋的四季土（木剋土），為囚。
木在剋木的秋季（金剋木），為死。

註：口訣：
我比和，為旺。生我，為相。我生，為休。
我剋，為囚。剋我，為死。

三、十天干性質概論

1、甲木：三命通會說：「甲木乃十干之首，主宰四時、生育萬物，在天為雷、為龍，在地為棟、為樑，謂之陽木。」可知，甲木即是木本植物，為溫性的木。有粗壯的樹幹向上發展且茁壯、枝葉向榮、昂揚挺立，如榕樹、蒼松。最喜庚金雕琢成器、成棟樑。

2、乙木：三命通會說：「乙木繼甲木之後，發育萬物，生生不已，在天為風、在地為樹，謂之陰木。」可知，乙木即是草本植物，為溫性的木。其枝幹細嫩柔軟，或低小、或依附他物而立、或隨風而偃，如蘭花、野草。最喜和煦的丙、丁火照暖，可生蘭蕙之質。

3、丙火：三命通會說：「丙火麗乎中天、普照六合，在天為日、為電，在地為爐、為冶，謂之陽火。」可知，丙火即是豔陽之火、溫高炙熱之火，為熱性的火。其性光明磊落、猛銳剛烈，如太陽之火、爐冶之火。最喜壬水，以成天光照明、以成水火既濟。

4、丁火：三命通會說：「丁火繼丙火之後，為萬物之精、文明之象，在天為列星、在地為燈光，謂之陰火。」可知，丁火即是柔弱之火、星光之火，為熱性的火。其性陰柔、內性昭融，閃閃爍爍、溫溫熱熱，如燈油之火、草木之火。最喜乙木以為膏脂、見壬水而成忠臣。

5、戊土：三命通會說：「戊土於洪濛未判、抱一守中，天地既分，厚載萬物，聚於中央、散於四維，在天為霧、在地為山，謂之陽土。」可知，戊土即是高大厚實之土、山川之土，為中性的土。其性固重厚實，穩如泰山，望之儼然，如城牆、山岳。秋冬之季，喜見火暖，則萬物化成；春夏之季，喜見水潤，則萬物發生。

6、己土：三命通會說：「己土繼戊土之後，乃天之元氣、地之真土，清氣上升、沖和天地，濁氣下降、聚生萬物，謂之陰土。」可知，己土即是卑濕之土、田園之土，為中性的土。其性低濕、蓄藏而廣佈，如田園、濕地。最喜丙火照暖去濕，以滋養萬物。

7、庚金：三命通會說：「庚金掌天地肅殺之權、主人間兵革之變，在天為風霜、在地為金鐵，謂之陽金。」可知，庚金為礦石之金、頑鈍之金、兵器之金，為涼性的金。其性剛銳頑鈍、硬脆冷肅，如金屬塊、刀劍。最喜丁火鍛鍊，以成鐘鼎之器、劍戟之器。

8、辛金：三命通會說：「辛金繼庚金之後，為五金之首、八石之元，在天為月、月乃太陰之精，在地為金，金乃寶石之礦，謂之陰金。」可知，辛金乃山石之金、珠玉之金，為涼性的金。其性外潤內清、色光明瑩，如珠玉、寶石、金項鍊。最喜水磨，以成珍貴之器。

9、壬水：三命通會說：「壬水喜陽土而為堤岸之助，畏陰木而為盜氣之憂，在天為雲、在地為澤，謂之陽水。」可知，壬水乃湖蕩之水、遼闊無垠之水，為寒性的水。其性奔騰湧躍、周流不停，如湖泊、江海。最喜戌土，得成水庫；喜見丁火，合之有情。

10、癸水：三命通會說：「癸水繼壬水之後，乃天干一周陰陽之氣，成於終而反於始之漸，故其為水，清濁以分，散諸四方，有潤下助土之功、滋生萬物之德，在天為雨露、在地為泉脈，謂之陰水。」可知，癸水乃涓滴之水、伏流之水，為寒性的水。其性靜柔而無所不包、而能流通天地，如雨露、泉水。最喜木氣，得以生木制火潤土養金。

四、十二地支性質概論

1、子水：乃十二地支之魁，為溪澗汪洋之水及壬水的旺地，然必須經過大雪之期、一陽來復後，方能成旺。為辛金所生，然亦須待陽回水暖之時，而後能生也。若申子辰全三合起水局，即成江海並發波濤之聲也。子水可說是靜如處女、動如猛龍，已為一陽復始、萬象更新、萬物甦醒之預做準備。

2、**丑土**：雖隆冬有冰霜之可怯，但天時已轉二陽，是以丑中己土之煖，能生萬物。見戌則刑、見未則沖，庫地最宜刑沖，刑沖則有用。丑中己土已含二陽之煖，正培植著來春復甦的萬物。

3、**寅木**：建於初春，氣聚三陽，三陽開泰、大地回春，有丙火生焉。若四柱火多，則不可入南方火地，以免木焚，乃燥木不南奔也。

4、**卯木**：建於仲春，氣稟繁華，此時萬物甦醒，草木萌芽漸長、枝椏嫩葉初綠，一片綠意盎然。見酉則沖，木必落葉；見亥未三合，木必成林。

5、**辰土**：建於季春，為水泥之濕，萬物之根皆賴此培。見戌為鑰，能開庫中之物，若三戌重沖，破門非吉。

6、**巳火**：當初夏，其火增光，是六陽之極也。見申則刑，刑中有合，反為無害。巳（日支）合申福慢，申合巳官氣盛。

7、**午火**：炎火正升，入中氣，則一陰生也。運行東南，正是身強之地；若入西北，則休囚喪形矣。

8、未土：當季夏，則陰漸深而火漸衰。無亥卯以會局，則難變木，只做火土論。無丑戌以刑沖之，則庫不開，難得官印力。

9、申金：為水土長生之地。入巳午則逢火煉，遂成劍戟；見子辰則逢水淬，益得光鋒；若土重堆埋，金反見凶。

10、酉金：建八月，為辛金建祿之地。金色白、水流清。柱見己土水泥，應為有用。逢巳丑三合金局，亦能尖銳，豈可以陰金為溫柔珠玉之金而泥論哉。

11、戌土：乃洪爐之庫，鈍鐵頑金賴以煉成。見辰龍則沖出癸水，而雨露生焉。見寅午則會成火局，而文章出焉。

12、亥水：六陰之地，雨雪載塗，土至此而不煖，金至此而生寒。其象若五湖之歸聚，其用在三合之有心。

註：大抵五行用法，總無真實，生死衰旺，亦各名也。須向源頭探明其出處，如五陽為剛、五陰為柔。日元若失令身衰，且又不得資助生扶，而頻洩氣者，則剛者失其為剛，而無用矣；若得令身強，用事有助，則柔者亦得柔之質，而

有用。這之間又分木火本性上升、炎熱，而為陽；金水本性趨下、冷肅，而為陰。大抵以多則減損之、少則增益之，以求中和為貴。

第三章

八字實例詳論

實例①

幼年運行傷官忌運

◎**乾造：**52年8月16日戌時 建生。

8歲又130日上運，每逢辛丙年12月26日交脫大運。

偏財	癸	卯	偏官	將星．	9～13 庚申 14～18
食神	辛	酉	食神	文昌．學堂．歲破．大耗．災煞．	19～23 己未 24～28
日主	己	卯	偏官	金匱．	29～33 戊午 34～38
正官	甲	戌	比劫	龍德．	39～43 丁巳 44～48

◎**坤造：**51年5月15日巳時 建生。

3歲又110日上運，每逢乙庚年9月5日交脫大運。

正印	壬	寅	比劫	劫煞・
傷官	丙	午	食神	文昌・學堂・金匱・月德・
日主	乙	酉	偏官	暗金的殺・
偏官	辛	巳	傷官	句絞・

4~8	乙	巳	9~13
14~18	甲	辰	19~23
24~28	癸	卯	29~33
34~38	壬	寅	39~43

這兩例即是筆者在序文裡所提到的客戶實例，他們彼此間互不認識，也無任何的關係，乾造（男命）定居台中市，坤造（女命）定居高雄市，且各自都已結婚並生兒育女。這兩例由於是在序文裡所舉的實例，所以筆者就列為本書的開宗明義之第一例範例，就其彼此間已發生的事件，從命學理論的角度來做分析。

乾（男命）、坤（女命）二造都屬日元身弱、月柱為食神、傷官星忌神之柱，以印星、比劫星為喜用神，以食傷、官煞及財星為忌用神之正格命局；兩造在幼年第一柱大運時期都運行傷官忌神運，也都有發生蹇塞、阻逆的情形，但卻發生不一樣的事件，今分述於後：

乾造（男命）出生的家境不錯，本人且頗得祖父母及雙親的疼愛，在9歲之前的生活與身體健康情形可說是快樂且無恙，但因9歲~18歲的大運為庚、申—傷官忌神運，由於本人的日主身弱又行傷官洩耗日主元神之運，所以本人的身體在9歲以後卻突然變得很虛弱，經常生病且遍尋名醫也無法根治其病，他的母親為了醫治他羸弱的身體，以致自己的身心也都弄得甚為疲憊而憔悴、蒼老許多。父母與祖父母雖健在且安康、家境也不錯，但家裡的人卻都疲於奔命，只為了要保住他寶貴的生命，甚至於到廟宇向神明許願，祈求此子能夠安然的度過難關。

在民國69年、庚申年之傷官忌用神流年，他更是莫名其妙的生了一場大病，這一年也因此休學而在家休養一年，至隔年始復學並完成高中學業。他目前任職於外商之公司，居主管的位階，已婚，夫妻倆都是大學畢業，育有一女。

坤造（女命）出生之家境屬於清苦生活，自9歲～13歲也是運行巳火傷官的忌神運，在民國59年、庚戌年、命造9歲之年，她的父親因肝炎而死亡，自此家境即陷入窘困之狀，唯她本人與母親的身體都很健朗。她在國中畢業後，因家境貧困的關係而不得不以半工半讀的方式去賺錢，以貼補家用並完成高職及專科的學業。

在民國70年、20歲、辛酉偏官之忌用神流年，這忌用神偏官為官訟、犯小人、受到傷害、壓力、受主管拖累或苛責、疾病纏身…等含意，她工讀任職之公司因經營不善而倒閉，並因受到老板的拖累而惹上官司，該官司延宕到隔年、壬戌年始無事而結束。

她在民國71年、壬戌認識其先生，兩人並在民國77年結婚，她分別於78年丑月（農曆12月）生下女兒及80年寅月（農曆1月）生下男孩。她的先生為獸醫師，生意上的獲利不錯，在89年以新台幣約340萬元購買一輛賓士S-320之轎車；她在民國90年的國曆7月1日晚上開該輛轎車到補習班要載女兒回家，結果逢遇711水災之殃，以致該輛轎車成了泡水車，修理費損失約新台幣30萬元。

夫妻兩人是筆者於民國86年時的客戶，她的娘家在經營家庭式之超商生意，因今年要加入7-11統一超商之連鎖店，而又來筆者服務處請筆者為其取營業商號的名稱。

筆者現就兩造命理的架構而來為事後諸葛之分析。乾造的年、月兩柱為食神生財、財生官，並且都為剋洩耗日主之柱。一般就命理六親屬性而言，都以財星代表父親、印星代表母親，本命局的年、月柱雖不見印星，但年支的官星得財星之生助而會暗生印星，也因此之關係而可推論其父母親健在，但因代表印星之母親星卻不明現而是由官星所暗生，且前兩柱又都是剋洩耗日主元神之柱，因此這個蹇塞、阻逆之災難即發生在命造本身而不發生在其雙親身上。

此外因月干食神生助年干財星，此年月、柱又代表著祖輩宮與父母宮，所以其出生的家境可說是有著不錯的經濟生活，但卻都花費在命造之身上；又印星雖得偏官星的生助，但年支偏官卻又受到月支食神的剋制，故官星生助印星的力量也相對減弱，也因而導致其母親身心的過度疲憊、憔悴與蒼老。

就坤造而言，因年柱為壬寅之正印、比劫等生助日主之星，故命造本人的身體可說是健康而無恙，但因年干正印剋制月干傷官、年支比劫則是剋制財星，而食傷與財星都是為錢財、物質的象徵，印星與比劫星則為注重精神領域、剋害財星、損財、不善賺錢的含意，她因此出生於清苦的家庭，且在幼年時期的家境會陷於困窘之狀；此外財星為父親之象徵，而生財之源的傷官星被年干印星剋制，年支又出現財星之剋星—比劫星，年柱所管轄之年限為1歲到16或18歲，這種種跡象都隱伏著父親會早亡故、母親健在之因素。

在民國59年、庚戌年時，戌是戊土財星之墓地，為財星入墓之年，且戌與年、月支寅午三合火局，此旺火不僅將屬性為燥土之戊土烘烤得更為乾燥，且木因火旺而焚化，此五行之木又為肝、筋骨、血壓、頸項…等之表徵，所以這一年她的父親因肝炎之疾病而逝世。

命學名著繼善篇說：「一木疊逢火位，名為氣散之文。」這個「氣散」乃是指渙散、無體、揮發掉、衰弱而無氣力之意。今就兩造觀之，應該是坤造會有「氣散之文」

之徵驗而會有體弱多病的情形，但結果卻發生在乾造之上；另外，萬祺賦說：「食旺身衰，蹭蹬之人。」這種情形應該是發生在乾造之身上，結果卻應驗在坤造早年的生活上。這或許就是命理深奧難懂而社會之人事物又是存在著千種百態的形式，以致讓很多學命理之人卻步、困惑、無法深研的原因。

以上是筆者就倆造過往而已發生的事情來為事後諸葛的分析，若各位讀者有不同的見解，或更正確的論說，也請你（妳）能來函給筆者，以為彼此間就學問之研究能有教學相長之精進與獲益。

實例②

情惑的亮麗女孩

◎**乾造：**59年4月10日卯時 建生。

6歲又140日上運，每逢丙辛年9月4日交脫大運。

食神 庚 戌 比肩 月德貴人．華蓋．

傷官 辛 巳 偏印 祿神．龍德．亡神．

日主 戊 戌 比肩

正官 乙 卯 正官 咸池．

7～11	7～21	27～31	37～41
壬午	癸未	甲申	乙酉
12～16	22～26	32～36	42～46

◎**坤造：**67年10月20日亥時 建生。

4歲又100日上運，每逢癸戊年1月30日交脫大運。

食神	戊	午	比劫	龍德‧	6～10 壬戌 11～15
正官	癸	亥	偏官	天乙貴人‧劫煞‧	16～20 辛酉 21～25
日主	丙	戌	食神		26～30 庚申 31～35
傷官	己	亥	偏官	天乙貴人‧劫煞‧	36～40 己未 41～45

民國90年國曆十月初的一個秋老虎高照的下午，筆者身旁的電話鈴聲響起，電話那一頭傳來清脆悅耳的聲音，她要筆者幫她排八字命理，並說剛與男朋友（乾造）分手約2星期，她先前曾給人推算他們倆的命理，那位命理老師說乾造是她姻緣上的正緣，並要她不要放棄這一段感情…等。

一般就命理上的食神與傷官星的論述都會說：「食傷都為日主所生，故為日主秀氣發露、才華洋溢、才能展現之星，本人外貌清晰秀麗、溫文儒雅，男多俊逸、女多貌美。靈感與點子多又富創意，強調才華發揮的本能，口才好、能言善道…等。」坤造命局中的食神、傷官星透出於天干，且又都通根於日支，故就「女多貌美、口才好、能言善道」的論述用在她身上，可說是非常恰當的形容。

就她該年之年齡而言應為虛24歲，正是花樣年華之時期，外貌長得又秀麗，身高約有165公分高，可說是能比美演藝人員或模特兒的條件，唯目前卻困於一段很難想像的感情之中。

筆者在幫客戶推算八字命理時，都會以約2.5～3個小時的時間事先寫好一張命盤表給客戶，其內容諸如顏色喜忌、坐向方位、適婚年齡、身體疾病、居家擺飾品、開運小品、命局分析、未來五年之批註等，都有甚為詳盡的論述，然後再跟客戶約到訪之時間，並再以約1.5個小時的時間詳細跟客戶論斷其命理，及給予一些建議與趨吉避凶的應對之方法。

以下是筆者寫給坤造的八字命盤表中部分論述的內容：「日主丙火生於亥水月令，四柱干支中多見戊、戌之燥土，此燥土又見年支午火的生助，故是一個火土炎燥的偏官命局。此時最喜歡見到水星─正、偏官來潤局，如此命局才得以顯其『日照江湖』的貴氣之徵。今在月柱（為命局的樞紐之柱）見到癸、亥水，而癸水為正官星、亥水為偏官星，此正、偏官星都為貴氣、官階、主管職位、女命異性星及夫星的含意，得月柱之水星來潤局本是一個甚為佳美的命局。

女命在月柱見正、偏官星，就婚姻、感情而言，本會是有早談戀愛與早婚的跡象，但因本命局中的戊、己、戌等土星多見，土之性質原本就會剋水，現又得年支午火的生助，更加強其剋水之力量，而這年干的戊土會剋合去月干的癸水正官星，日支的戌土與年支午火會剋合月支的亥水，其中午火又是比劫星（為損財、損友、破壞感情、第三者闖入婚姻生活中……等含意）之忌用神，結果命局中的水星─官星、女命之夫星全被剋合掉，因此最好是以晚婚為宜，且也不要有太早的戀情之發生，以免會遭逢感情上的挫折。」

先賢徐樂吾在「造化元鑰」中就十月丙火的評註說：「十月為火絕地、休囚之極，宜用甲木以生之；亥中壬水秉令，甲木雖生而不旺，濕木無燄，得戊土制水，即所以培木，木旺而自然生丙火也。」她八字命局的日主丙火坐下見戌土火庫、地支午戌又半三合火局，此日支戌土又見出透於年干戊土，則土旺而得以制水，因而日主元神以稍強論之。

徐樂吾又說：「丙火以見壬水為貴，戊土制壬，失輔映生輝之意，庚金化戊土以生壬水，用取煞印相生，故見甲戊庚齊透者，富貴有準也。」她命局的土星旺且多見而反成忌用神，因此以金、水、木為喜用神，以火與燥土為忌用神，濕土則為閒神。

她八字命局的月支亥水與時支亥水同見，這稱為「伏吟」之象，表示痛苦呻吟、反覆變動之意，月干癸水又受時干己土剋制與年干戊土的剋合，這種情形就雙親的身體或婚姻狀況而言，也是隱伏危機，故筆者跟她說：「妳的雙親在民國72年（癸亥年）這一年，會有災厄、阻逆事情的發生。一般而言，不是身體疾病，就是感情出問題，嚴重時甚至於有生離死別的情形。」她答說：「我的父母是奉我這一位女兒之命而結婚的，民國72年那一年是我6歲的年齡，父親在那時候發生婚外情並棄我和媽媽於不顧，到現在父、母親兩人仍沒有辦離婚手續，父親也從沒跟我們住在一起。」

由於月柱為正、偏官星，為女命之異性星、夫星，大運從16歲起又運行辛金喜用之鄉，故筆者接著又說：「妳的異性緣、談戀情的機緣出現得非常的早，在81年就有純純之愛的戀情發生，這一段戀情維持到83年國曆5月即結束。另外一段的羅曼史又開始於84年國曆4月，這一段情史維持得比較久，在87年國曆9月結束。」她聽完筆者的分析與論述後，感覺很不可思議並直點頭說：「沒錯。」

筆者隨即就89、90年之庚辰、辛巳兩年套入命局與大運而為生剋制化之分析後，跟她說：「就這兩年的流年來說，妳根本不可能再有墜入情網的異性緣出現，有的話也是在去年、89年，但這一年也僅能說是認識到一位或數位不錯的男孩子而已，然而卻談不上會出現所謂的正緣或白馬王子之另一半。」她聽完後的回答反而讓筆者愣了一下，她說：「我跟我男朋友是在今年的國曆3月底經朋友的介紹而認識，卻沒想到在兩人交往約2個月後，我卻深深的陷入情網，以前從未有過這樣的情形，並且認定非他不嫁、一定要嫁給他。然而在約2個星期前，他卻突然說要與我分手，並且從此避不見面，也不接聽我的電話，讓我陷於失戀的痛苦之中，不知是否要繼續這一段受到傷害的感情，還是要放棄？」

民國90年為辛巳年，年支巳火為忌用神沖亥官，官星—女命之異性星被沖，再怎麼說也不可能有戀情的發生，雖然辛財會生癸官，故縱使有異性緣出現，也只是曇花一現且也不可能會有墜入情網之事，況且癸水受戊土剋合、亥中壬水被午與戌中丁火合化，則這個年齡的時期根本不可能有她命中所謂的正緣或白馬王子的出現，因此筆者即對她說：「放棄這一段戀情，他不是妳命中的正緣、另一半；妳最好在32歲以後再來論及婚嫁事宜，如此才不會有婚姻上的挫折發生。」

食神與傷官星既為才藝流露、不喜歡受約束、不尊重主管之能力或要求、女性不注重另一半的尊嚴、強調自由與自主性、喜歡說話、點子與創意…等之含意。而這個食、傷星為她命局的忌用神，筆者且對照乾造的八字命局，又對客戶說：「依妳男朋友八字命局跟目前的大運來看，他不管是對金錢或感情之事，在賺到錢之前、或是在追到女朋友之前，一定會全力以赴的賺錢、談感情，但這兩件事一但讓他認為到手之後，就又會覺得沒甚麼而不會珍惜、重視它。

因此就感情這件事而言，妳一定是感覺到男朋友對感情的態度抱持不重視、不很珍惜、無所謂的表現而無法接受，妳並時常會給予他壓力，要他認真的看待你們之間的這一份感情，結果引起妳男朋友的退縮、躲避，終至結束這一段如電光石火般的愛情。雖然妳目前處於感情挫折、失戀的生活中，但也恭喜妳，因為妳的男朋友為人很正直，在這一段交往期間他也都沒對妳有任何不軌的行舉，而不至讓妳有遺憾的往事留在內心深處；此外，他錢財的賺賠起伏也很大。」

她答說：「對啦，他的為人確實很正直、正派，這期間對我也都是保持正人君子的行為態度。他的朋友也曾跟我說：『妳男朋友前任女友的母親也曾打電話給他，感謝他跟她女兒交往一年多來的期間都沒對她女兒有任何不軌的行為。』他在87、88年被朋友倒了很多錢，幾乎所有的積蓄都被倒光，只剩下在83年所創立而目前尚在營業的咖啡店，現在的營業額不理想。」

她接著又說：「林老師你說得沒錯，我跟他交往約2個月以後，對他已經有頗深的感情，但卻感覺到一個男孩子怎麼會對感情抱持著已經追上了，就無所謂、不珍惜的態度，這樣子的行為表現讓我很無法接受，因此我也經常跟他嘮叨、抱怨，並說你對我們倆感情所表現出這樣子的態度，那我們倆結婚以後要怎麼辦呢？每一次我跟他提起這件事，他總會跟我說：『如果妳一直這樣子不認同我對感情的態度而給我壓力的話，那我們不如分手好了。』結果就在約2個星期前他對我開始避不見面，也不接聽我的電話，我現在正處於徬徨的十字路口中，不知是否要直接去找他以再續這一段戀情，或是就放棄不管了。林老師，你真的認為我應該放棄這一段感情嗎？」

筆者再次斬釘截鐵的跟她說：「妳要死心了啦，他不是妳的正緣，不是妳的白馬王子；或許這樣子的回答，並要妳放棄這一段感情，目前你會感到很難過，但是時間會撫平、淡糊一切的創傷，所以等過了一段時間以後，妳就不會再有難過的心情了。說實在的，我在跟客戶推算八字命理的時候，並不能因為妳們目前的情形如何，就要去符合客戶的意思、口味，而盡說一些你們喜歡聽的話，這樣子是不對的，不僅對你們不好而讓你們產生錯誤的判斷與行為，以致於會造成人身、財產、事業或家庭、婚姻…等有形、無形上的傷害；此外對我而言，也是一種不負責任的執業精神與態度，這樣我不僅會喪失掉妳目前的這一位客戶，也失去你們往後再幫我介紹客戶的機會，其結果不僅是自己對命理學的學問無法再精進，且也窄化了自己營業的道路，甚至於會讓社會大眾產生江湖術士、怪力亂神等的不良印象。」

命學名著三盤賦說：「食神帶七煞，英雄獨壓於萬人。」萬祺賦說：「食神名為吉曜，見一位者，鐘銘鼎鼐；二三者，陋巷簞瓢。」古歌說：「食神居先煞居後，衣祿平生福最厚；煞近食神卻有殃，終日塵寰漫奔走。」搜髓歌說：「女命若也傷官旺，坐下傷官會罵夫。」

此女命的月柱雖見正、偏官為喜用神，但干支卻都受食神與傷官星的近剋，因此筆者寫給她的八字命盤表在末尾給予如下的建議：「此正、偏官星不僅是女命的夫星、異性星，也是男、女命的主管職位、工作、官階、榮譽心…等含意，但卻被戊戌燥土剋合、被己土剋去，這個燥土之食神星乃是為過於重視自我才華的表現、不很重視主管之建言或能力、會開小差、過多而無用的點子與意見…等負面之含意。因此本人在平居生活上絕對要多內斂上述之心性及愛說話的因素，盡量將心性與體力放在公司職務的就職任事上，如此必得有財名雙享及美好婚姻的人生。」

筆者接著說：「妳在公司上班之初，主管對妳會有很好的印象，也都有想要提拔妳、讓妳升官的意願，但到最後卻因妳不重視制度、不很接受主管的要求與約束，常有想要自我表現、自我行事的行為舉動，甚至於也常會開小差，其結果導致公司的反感、主管的不諒解，以致於到現在也都不見有升官發財的機運出現。所以我建議妳目前最好將整個重心放在事業上，收斂以前那種自以為是、不受約束的觀念與行為態度，況且命局中的官星不僅是妳的主管職階、工作事業，也是妳的夫星、另一半、心目中的白馬王子，因此妳的事業心愈強，妳另一半的條件也會愈高，相對的妳的感情、婚姻生活也會愈美滿。」她頻頻點頭，頗贊同筆者的說法。

本篇範例，筆者用很長的文字以平鋪直述方式，就跟客戶對談內容詳盡的書寫下來，其目的是想讓讀者、初學者能夠從對談的內容中去對照當事人的命局架構，從而去體悟、思考八字命局的生剋制化情形，其所發生在現實生活上的事件為何，如此對八字命理的精進應該會有很大的幫助。

由於筆者每一次都會花相當長的時間在跟客戶推論八字命理，並也從客戶自述其本身所發生的事情中所獲得的訊息，將其記錄下來並對照其命局架構，然後詳細為分析、推論；就因為這樣子長年累積的結果，讓筆者在命理的推論上獲益頗多且精進不少。接下來的範例，筆者也會有多例類似這樣的論述內容，因為筆者相信以這樣的論述方式對有心想要創業的命理從業人員，或想了解命理的讀者，或許可以提供一個經營的模式，並能從與客戶論述中獲得寶貴的實戰經驗，這也是在古經命典名著中所無法獲得的一種珍貴的實務經驗，再進而吸收、融會貫通成自己的學問。

實例③

情困的美麗少婦

◎**坤造：**54年9月18日丑時 建生。

8歲又350日上運，每逢甲己年9月8日交脫大運。

偏官 乙 巳 正印

正印 丙 戌 比劫 月德貴人．寡宿．

日主 己 亥 正財 歲破．大耗．驛馬．

偏官 乙 丑 比肩 飛刃．隔角．喪門．

10～14 丁 亥 15～19

20～24 戊 子 25～29

30～34 己 丑 35～39

40～44 庚 寅 45～49

時間是民國89年國曆1月的下旬，這是一個晚冬、早春的節令，在一個氣候猶寒的早上她準時到達筆者的服務處，筆者事先以電腦寫好的命盤表就放在桌上，等著這一位客戶的來到以便能詳細為她論述命理上的問題，以及給予在現實生活上所碰到困難而如何趨吉避凶的建議。

她的面貌長得甚為秀麗，有著三十幾歲少婦的韻味，然而在秀麗韻味的臉頰上卻帶有一絲的憂鬱，透露出內心裡有著一種難解的哀愁心事。

命學名著三命通會論女命篇幅中說：「凡女命命局得恬和中有貴格，更帶祿馬、貴人，自生自旺、六合者，主性巧賢德、姿貌秀麗。」一般就女命而言，如見官印相生而不被剋破的話，那她們的容貌都會透露出一種貴氣或秀麗的韻味。她的命局天干為官印相生的情形、月柱神煞中見月德貴人，所以也頗符合三命通會的論述。

古賦說：「女命若犯生旺、臨官，兼有貴人、驛馬、旺祿、合神，皆為不美；犯亡神、劫煞、三刑、六害、羊刃、飛刃，皆為不善。」一般而言，不管男、女命若在命局中見比肩、比劫星為忌用神的話，則在該忌用神所臨四柱的管限期間，他們的事業、財運、婚姻等必會有一次或兩次發生挫折、遭逢阻逆的情形。

此女命的地支不僅是比肩、比劫星旺盛而盤根錯節，且神煞中除了月德貴人為吉曜之外，其餘的寡宿、歲破、飛刃…等都為凶曜；此外，雖然明通賦說：「陽刃喜極偏官，削平禍亂。」又說：「月刃、日刃及時刃，逢官煞榮神，功名蓋世。」她的天干雖見官印相生之貴氣組合，但是偏官星—七煞星之氣卻盡洩於年、月柱的正印星，而不再去剋制地支中破壞格局的比肩、比劫星之惡曜，這就是一個貪生忘剋的明例，因此這是一種「縱有美麗容，卻無富貴命」的八字命局。

民國83年、甲戌年，甲木正官生助月干丙火偏印，而戌土為比劫星、為破財之惡曜、為近親或執友之損財，此流年戌土與命局月支戌土成伏吟之像，這一年她的父母親因經商失敗而虧損累累，她為了要分擔雙親的負債，就將當時所有的積蓄全數交給父母親，自己也因而成為一位貧戶。同樣的在民國87年、戊寅年，這個天干的戊土比劫星為外在之友人、較不親近之人，寅木偏官星又為榮譽、貴氣、負責人、當老板、升主管⋯⋯等含意；這一年農曆的5、6月（午、未月）因為受到朋友的慫恿與鼓吹，在農曆7月（申月）與幾位朋友合夥投資期貨、證券買賣公司，結果到隔年88年、己卯年的戌月（農曆9月）因營運不善而結束營業，也是幾乎將所有的積蓄全部虧損掉。

女性客戶在推算命理時，十個有九個半都會問她們的婚姻、感情方面會是一個怎樣的世界，此姝當然也不例外。她的年、時干各出現乙木偏官之夫星，並且遙相呼應成伏吟的情形，這兩乙木夫星又同時通根於日支亥中甲木正官星，在年、月、時支中又見比肩、比劫星的明現與暗藏，這種命局的架構，不僅是她、就所有女命的感情與婚姻世界而言，一定會有一種難解而矛盾的情形發生。

源髓歌說：「臨官、帝旺未為好，再嫁重婚傷亦早。」筆者跟她說：「妳命局的偏官、夫星出現在年干，一定會有早談戀愛的情形，然而在早戀的過程中，會有失戀、分手等感情的挫折。就流年來看，妳在民國74年時會有異性緣、談戀愛的對象出現，但這一段感情若不是在80年，就是在83年會結束；妳真正的感情線應是在84年、乙亥年才會出現，因此真正要論及男婚女嫁的年齡最好是在35歲以後，這樣子才不會有婚姻或感情上的惱人、困苦之事發生。」

她說：「林老師，我確實是在民國73年底、74年初的時候，經朋友之介紹而認識一位男孩子，也就是我先生，我們兩人從那時候就開始在交往，交往期間雖會爭吵，但卻是沒有分手的情形。我們在民國80年結婚，並在82年生下一男孩；只是很奇怪的是我們在結婚之後，就經常在吵架而談不上有何夫妻感情可言，我們在83年那一年確實爭吵得差一點要離婚，只因為剛生下小孩子，看到這麼無辜的小孩而忍了下來，從那時候起我們夫妻兩人更是沒話可說，婚姻關係形同名存實亡的情形。」

她接著又說：「在84年的時候因為工作關係，我當時在證券、期貨公司上班，認識了一位小我一歲的男孩子，自85年起我們兩人就陷入熱戀之中，我在結婚以前或以後都從未有過這種戀愛的感覺，直到認識他為止。在約2年前，也就是民國87年，他因為無法再忍受我們的這種關係，所以就一直逼我離婚，他說要跟我結婚且我們兩人要一輩子在一起。」說到這裡，她停了下來，臉頰上憂鬱的神情再度顯現出來，她抬起頭望著筆者說：「我現在真的很矛盾與痛苦，我很愛現在這一位男朋友，也很想與先生離婚。林老師，你說我現在該怎麼辦才好？」說完，她的眼眶泛紅，眼皮垂了下去，似乎在等筆者能夠給她一個滿意的答案。

俗話說：「清官難斷家務事。」聽完她的敘述之後，筆者也是陷於思考之中，因筆者本身是法律系畢業，就婚姻之法律關係也是知之甚詳，因此一會兒後即跟她說：「妳的問題確實是一件難解的感情之事。若就命理學的角度而言，我當然是贊成妳跟那一位妳在84年認識的男朋友結婚；但在現實生活、倫理及法律上，因為妳已經結婚並也有小孩子了，所以無法再以命理上的理論來跟妳建議婚姻、感情之事，也只能以一般的常理來勸妳要考慮小孩子的處境，還是不要離婚比較好。這樣子的說法雖然很矛盾，且也無法提供妳解決困難的建議，但這也是現實而無可奈何的事情。我想，妳目前婚姻感情的事情就順其自然好了，但還是要以照顧孩子的生活為重，其它的事就不要再想了。」她聽完，苦笑了一下。

就筆者而言，這是一個難解的三角習題。送她出門，望著她搭電梯離開的背影，筆者真希望她能憑智慧去解決這一段難解的三角戀情。

實例④ 有外遇的男人

◎**乾造：**56年9月11日卯時 建生。

1歲又230日上運，每逢己甲年5月1日交脫大運。

偏官	丁	未	偏印	華蓋．
比劫	庚	戌	正印	勾絞．
日主	辛	亥	傷官	金輿．五鬼．
比肩	辛	卯	偏財	流霞．金匱．血刃．月陰．將星．

3～7	己酉	8～12
13～17	戊申	18～22
23～27	丁未	28～32
33～37	丙午	38～42

命學名著滴天髓說：「辛金軟弱，濕潤而清，畏土之多、樂水之盈。能扶社稷、能救生靈，熱則喜母、寒則喜丁。」辛金為秀氣之金、為珠玉寶石之金，它的氣乃是清朗

溫潤，屬人間五金之質、三秋溫和之氣，所以清潤可觀；忌見戊、戌燥土之厚重，以致涸水且埋金，喜見壬水之潤土養金、癸水之淬厲清洗，如此才得以顯現其珠寶之光芒、晶瑩之秀氣。

此造日主辛金生在寒露後六日，是辛金餘氣用事之令，而九月戌土月令，正是戊土司令的節氣、為母旺子相之時，這時候最喜歡見到強勢的甲木來疏土，以免有土重金埋之憂。不見甲木疏土，則為常人；甲木若見暗藏，即可享衣矜之福祿。

此命造的甲木暗藏於日支下的「亥」中，這個「亥」不僅藏甲木，又暗藏溫養、淬洗日主辛金的壬水，使辛金得以顯現其珠寶、晶瑩之質，而日支乃為夫妻宮，為男命之妻宮、女命之夫宮，所以他在結婚之後必定得力於太太的幫助，而得以在事業上能夠創業有成。

因辛金餘氣用事，戌土又得亥水之潤澤而得以養金，因此日主元神以身強論之，以戊、己、丑土及金星為忌神，故天干所見庚、辛之比劫、比肩星，當然以忌用神論之。地支見亥卯未三合木局、偏財星局而為日主之喜用神，所以這是一個身強、財旺的八字命局。

這種命盤以比劫星為忌用神又透出月干的架構，如果是為薪水階級之上班族者，不管他在公司中如何的打拼、賣力與表現，他的光芒還是都會被其他的同事搶去，且每次逢遇有升遷的機會時，也都會殺出一個程咬金來搶他的機會、奪佔他本可升遷的官職。他的老婆聽完筆者的論述後即說：「就是因為這樣子，所以我才鼓勵及資助他出來創業，不要再受上班的這種窩囊氣，可是沒想到他現在事業穩固、稍有賺錢之後，卻發生外遇⋯⋯」說到這裡，她的眼睛泛著淚水而說不下去。

他原在一個家電公司當業務員，有幾次可升主管的機會，但到結果公司卻調升別人當主管，他一直停留在業務員的職務上。在民國76年、丁卯年認識他的太太，兩人在81年、壬申年結婚，但婚後81、82年的壬申、癸酉兩年的婚姻生活並不順利，兩人經常吵架、起衝突。

他的太太原在一家經營全國連鎖性的小家電、生活用品、文具百貨用品的公司上班—任職會計，當時的薪水為四萬多元，屬於高薪收入的族群。在82年經太太的建議及財力的資助之下，他離職並加入7-11統一超商的連鎖店，獲利甚為豐厚，並在86年的丑月（農曆12月）又另開一家分店，獲利一樣非常的好。因這兩家店的獲利豐厚，所以他在88年的申月（農曆7月）又開了第三家分店，結果第三家分店獲利就不如原先的好，在89年、庚辰年反而出現虧損之狀況，因而在89年的丑月（農曆12月）結束第三家店面。

民國85年、丙子年，這一年他的年齡為30歲、大運在未土之運，由於丙火強力剋去月干庚金、比劫星，子水又是地支亥卯未三合木局的咸池、桃花，另外大運的未土為木庫、為辛金之偏財庫，財星不僅為男、女命在現實生活上的錢財、物質享受，也是男命的異性星、女朋友、太太；在這一年他與剛任職於超商不久的女工讀生發生婚外情，兩人這一段畸戀持續到民國87年、戊寅年的辰月（農曆3月）才被他太太發現，進而引起一場家庭風暴。該第三者雖然隨後即離開該超商，但他們兩人的畸戀卻仍然持續著，兩人並沒有因此而有分手的情形。

他的太太為此事而甚為痛苦，在87年的國曆7月由客戶介紹到筆者服務處，欲了解他先生這一段的婚外情在甚麼時候可以結束。除了前述的分析與論述之外，筆者並跟她說：「依妳先生目前的流年與大運來看，他現在根本還不想結束這一段婚外情，甚至於整個人的心都還在這一位女孩子身上。」她點頭而不語。「他要到89年的農曆3月起才會慢慢淡化這一段感情，並且須到年底才能夠完全結束這一段婚外情。但因為他命局裡的財星、異性星旺盛，也就是說很有女孩子緣，而且大抵也都是女孩子會主動找上門，因此不管現在或以後，妳最好要經常到所經營的超商參與經營、照顧店面，以期盡量避免你先生再犯有相同的毛病。」

他太太在民國90年、辛巳年的卯月（農曆2月）又打電話給筆者，想要再知道他們夫妻間的感情未來會怎樣？筆者仍是照上一段論述的內容回答她的問題，這也是女性客戶所常會問的問題，筆者並問他先生目前的情形如何、該段婚外情是否已經結束？她說：「如林老師你說的一樣，他在去年底跟那女孩子正式分手，但是這中間我也曾與朋友（即介紹她來找筆者論命的那一位客戶）去找那女孩子，告訴她不要破壞別人的婚姻生活，也找那女孩子的父母親，請他們規勸女兒不要破壞我們夫妻間的婚姻生活。我生先目前雖然跟那女孩子分手，可是我們夫妻間的感情並沒有因此而更有進展……。」

在87年他太太來問婚姻感情之事時，筆者寫給他的命盤表中有關未來五年運勢的批註，筆者今列舉88年與89年的批註如下：

民國	年齡	
88年	33歲	工作事業上更加忙碌，再置產吉年，旅行吉運，謀事如願。事業運揚，進財如意，事業見主管、長官之約束。宜專業技藝或知識的再進修、再學習，宜聽他人建言。慎謀為要，勿為錯誤之判斷，不要再擴大投資（5、7、8月）。
小運	戊午	**平吉年**
小限	太陽	

89年	小運	小限
34歲	丁巳	太歲

保守求安

防生活多支出、耗財、開紅單（車、物損，3、4月）勞多獲少。

防事業運阻、損財，有志難伸，宜強迫儲蓄理財，勿當保人。

防資金周轉不靈（3、7、12月），客戶減少，防客戶、朋友倒財。

感情事煩，事多麻煩，防身體違和（3、7月，頭疾、潰瘍）。

實例⑤

歡喜冤家

◎乾造：50年3月28日巳時 建生。

2歲又40日上運，每逢癸戊年5月8日交脫大運。

偏官	辛	丑	偏財		3～7	壬辰	8～12
偏印	癸	巳	傷官	五鬼．	13～17	辛卯	18～22
日主	乙	巳	傷官	金匱．五鬼．飛廉．	23～27	庚寅	28～32
偏官	辛	巳	傷官	飛廉．龍德．	33～37	己丑	38～42

◎坤造：51年11月3日辰時 建生。

7歲又10日上運，每逢己甲年11月13日交脫大運。

傷官	壬	寅	正財	天乙貴人・	8～12	庚戌	13～17
比肩	辛	亥	傷官		18～22	己酉	23～27
日主	辛	未	偏印		28～32	戊申	33～37
傷官	壬	辰	正印	飛刃・寡宿・	38～42	丁未	43～47

他們兩人原來都在「○○油漆製造股份有限公司」上班，在公司因相識而相愛，並在民國76年結婚，且分別於78年亥月生下大女兒、85年子月生下小兒子。夫妻倆結婚後，即與先生的父母親同住一起；由於夫妻倆自婚後的感情也是不融洽而經常吵架，太太又與公婆相處得不是很愉快，在88年、己卯年國曆10月到筆者服務處，欲了解夫妻及公婆相處問題出在哪裡。

1、先就坤造（太太）的命局來分析：

辛金日主生於冬十月的亥水月令，在年、時干又雙透出壬水傷官星，這是一個日主元神平氣、偏於寒冷的傷官格局，以木、火、燥土為喜用神，天干以金、水、濕土為忌用神，地支以金為閒神。

古賦說：「傷官奪夫之柄。」搜髓歌說：「女命若也傷官旺，坐下傷官會罵夫。」這是女命以傷官為忌用神所為的論述；在現實生活上她們不喜歡受先生的拘束，不一定會把丈夫放在眼裡，在家中有驕縱又執拗的脾氣、不滿意先生的行事作為……等。

火之官星雖是她命局中的喜用神，但因為傷官之水星旺盛，地支寅中丙火、未中丁火都被亥中壬水、辰中癸水剋破而呈現衰弱的情形，且日主元神又不弱，因此在平居生活上她雖然會以先生為重、重視先生的一切生活或事業，但卻又不會把先生放在眼裡，這是一種很矛盾的心態，因此夫妻倆自結婚以後必會常有吵架的事情發生。

印星又為長輩、長官的表徵，印星會剋制食神、傷官星，也就是說會去剋制、約束傷官星驕縱、執拗的脾氣。然而她命局的雙傷官星是出現在天干，而天干卻不見任何的印星去剋制，或是財星去引化傷官星；其次，此偏、正印星雖出現在日、時支，但因地支的力量屬於內在性、事後性的作用，因此她的公婆雖有心要管教、約束她的行事作為，卻有力不從心的情形，這也是公婆不和的原因。

古賦云：「傷官疊見無財星，敗室刑夫。」古歌說：「女命傷官格內嫌，帶財帶印福方堅。」她的命局雖是為傷官旺盛的傷官格，但因為地支見財星與印星來引化、約束傷官星之力，此財星與印星又被傷官星隔開而成財印不相礙之情形，這也是為甚麼她不會有離經叛道、不守婦道的行為表現；但因這個喜用神之財星與印星都藏於地支而不見外現於天干，因此唯有在48歲以後的丙火大運起，才得以漸享富貴之福份。

2、其次為乾造（先生）命局的分析：

乙木日主生於巳火月令，四柱干支中僅見月干癸水之生助，此癸水通根於年支丑中之癸，並受年、時干辛金的生助，故日主以身弱之傷官格論之。他命局天干與地支的架構，出現了兩個極端的組合，天干為官印相生並生助日主的組合、地支則是傷官生財而成為洩耗日主的架構，且天干的官（辛金）、印（癸水）又是同宮體用、聚透於年支的丑宮（藏有己癸辛），此癸印又是巳火月令最需要的潤局用神，癸印又得辛官之生，故天干是一用神有情的組合。

現在再來分析他命盤中的六神在現實生活中喜用與忌用的含意：

（1）、偏官─

◎喜用：為人刻苦耐勞、負責盡職、有榮譽感、公司行號、機關團體、主管長官、對自己與他人都有嚴謹的要求、事業上能位居主管職階、能身先士卒且不畏艱難的去完成使命、有爆發性脾氣，宜從事挑戰性、開創性、披荊斬棘性之行業、具一武職性之事業。

◎忌用：脾氣暴躁、有勇無謀、做事易欠缺深思熟慮、碰到困難又表現出懦弱而無魄力、遇事要下決斷時又會考慮過多、結交損友、易犯小人、受友之拖累而惹官司、事業易一敗塗地、事業容易起伏不定、體弱多病。

(2)、偏印——

◎喜用：資賦聰穎、心思細膩、善於思考、領悟力好、理解力強、有專精或專業的學識、精明幹練、鑽研學問、研發新產品。

◎忌用：自我主觀強、有自私與自利心、具神經質而容易煩惱與緊張、輕忽團隊紀律、喜歡獨來獨往、離群索居、易優柔寡斷、為錯誤之判斷、凡事先存疑、難信任別人。

(3)、傷官——

◎喜用：腦筋甚為靈活、反應靈敏、口才流利、事物涉獵廣博、多才多藝、創意與點子多創造力豐富、有旺盛的企圖心、具自信自負的心性、有梟雄的霸氣、想做大事業與賺大錢、開發新產品、開創社會新潮流、喜歡自由發揮才華的工作環境。

◎忌用：愛說話卻易口無遮掩或言不及義、無法掌握過多而不切實際點子與創意、叛逆心強、有驕縱與執拗的脾氣、不尊重主管的教誨、不遵守世俗的約束、愛耍小聰明、做事易虎頭蛇尾、喜搬弄是非。

（4）、偏財──

◎喜用：賺取大筆的錢財、熱情與慷慨、很注重物質上的享受、會誇耀自己的財富、喜歡用名牌的東西、有寬宏的心胸與度量、多情而羅曼蒂克、交際手腕高明、能掌握開創事業的先機、樂觀且進取、事業獲利會福澤於眾人、人脈甚為豐沛。

◎忌用：無法守住錢財、錢財易損失於一夕之間、常為錢財之事而奔走、易沉浸於紙醉金迷的生活、行事好高騖遠、無法吃苦耐勞、喜愛好大喜功之場面、多情而不專一、男命易因女色而惹禍、在工作上易因索賄或受部屬之累而惹官司。

他的天干雖見官印相生並同出於年支丑宮而為有情之用神，但此丑宮本性為土、具有財星的本質，只因暗藏有癸、辛之五行而得為同宮體用、聚透之體；然而今於地支卻見三個強旺的巳火來烘烤丑土，丑中的癸、辛被巳中戊、丙剋合而變質，己土也被烘烤成燥土，其結果乃是官印生助日主的力量也相對的減弱許多。

這種地支為傷官生財、天干為官印相生的情形，其中傷官會剋傷偏官、財星會剋破印星，這是一種「截腳煞」的命局架構，在現實生活上若要一生安穩的享財名之福的話，他的工作性質最好是以薪水階級為要，並以從事具有專業性、研發性、有一技才能的事業為主；若是想要賺大錢而為經商、創業的話，那事業必定會有遭逢重挫而致大起大落的情形。

他原來在高雄市小港區的「○○油漆製造股份有限公司」裡面上班，職務為公司調漆部門之新漆品研發單位的主管，他在公司裡的表現甚佳，本身專業上的學識與技術有很好的口碑，也甚受董事長的賞識，這是官印相生並引用傷官才華之表現的喜用神正面之影響。

然而在公司待了約12年之久後，他終究還是抵抗不了地支強旺傷官星的引誘，認為自己的技術很高竿而可以自己獨當一面，在民國85年、丙子年離職並自行創業，一樣經營油漆製造業，營業的前兩年因有從原來任職的公司挖走了一些老客戶，故營業獲利還算不錯，但自87年、戊寅年起的營業獲利即呈現走下坡的情形，在89年、庚辰年就發生被客戶倒帳的事件，民國90年、辛巳年並與客戶發生財務上的訴訟官司，他因無法忍受多年的虧損及營業規模的減縮，在民國90年的辰月（農曆3月）受同業的聘任而到上海就職任事，一樣從事油漆研發與調配的工作，然而並未關閉他原所經營的油漆公司，仍然有繼續營業的情形，以致成為兩岸空中飛人的常客。

以上是夫妻兩造命盤的分析。坤造因為在89年替朋友當汽車貸款的人頭保證人，該朋友在90年因付不起貸款而落跑，其中的不動產之財產保證人是車主的母親，認為被她女兒所騙而不願承認當保證人，並向法院提起「確認債權不存在」的法律訴訟，坤造因係人頭保證人而被拖累在內，被法院以證人的身分傳喚須於民國90年10月25日出庭應訊。由於筆者是法律系畢業，故也常有幫客戶附帶為法律實務與常識上的服務，坤造因出庭日子將近而於10月15日來請教筆者有關該件車貸法律上的問題，及他們夫妻倆未來幾年的運勢如何。

筆者今就民國88年寫給他們夫妻命盤表裡未來五年流年批註中，僅列舉89年、90年夫妻倆的批註如下：

◎乾造（先生）—

民國	年齡	小運	小限		
89年	40歲	辛丑	太陰	**平吉年**	防受友累，勿多交友，得長輩助力，生活事業平穩發展（下半年）。 事多麻煩，防事業損財（上半年），可化阻力為助力，財有小得。 防身體違和（血壓、頭，1、2、4、9月），謀事如願，勿再投資、支借。 防夫妻口角，防客戶朋友倒財，逢凶化吉。防妻運有損、身體違和。
90年	41歲	庚子	喪門	**保守求安**	防事業運阻、事業損財，勞多獲少，心性及處事方法宜內斂(下半年)。 防小人官訟損財，事多麻煩，生活宜退居幕後，飲用清涼退火之物。 事業壓力重（5、8、9月，肝、骨疾），宜陽宅之堪輿，事業新契機。 防身體違和，防舟車血光之災（9、10月），應酬勿飲酒。

◎坤造（太太）—

民國	年齡	
89年	39歲	**保守求安** 慎選交往之朋友，防交無好友，忌放債、為保人、做會首。 防生活多支出耗財、車物損（7、11月），身體違和（潰瘍，3、7月）。 感情事煩，防夫運有損、事多麻煩，心性宜內斂。 防事業運阻，宜積極拓展市場客源，宜定存及儲蓄理財。
小運	癸丑	
小限	福德	
90年	40歲	**平吉年** 朋友多交往、應酬多支出耗財，防身體違和（筋骨、肝）。 朋友多交往、感情事煩（上半年），職變、異動，宜把握。 財得有失，宜購物裝潢，生活事業平穩發展。財名雙得（下半年）。 防受友累（去年引起之因），得貴人助，可化阻力為助力。
小運	壬子	
小限	白虎	

實例⑥

他因腦溢血而亡故

◎**乾造：**39年10月29日酉時 建生。

0歲又90日上運，每逢乙庚年11月29日交脫大運。

正財 庚 寅 正印 孤辰．劫煞．

傷官 戊 子 偏官 22～26 辛卯 27～31

日主 丁 丑 食神 飛刃． 32～36 壬辰 37～41

食神 己 酉 偏財 天乙貴人．學堂．文昌．將星．金神． 42～46 癸巳 47～51

◎**坤造：**42年9月17日酉時 建生。

4歲又280日上運，每逢戊癸年6月27日交脫大運。

正財	癸	巳	偏印	祿神・血刃・
偏財	壬	戌	比肩	天財・喪門・隔角・
日主	戊	申	食神	文昌・
傷官	辛	酉	傷官	五鬼・金神・金匱・桃花・

26～30	乙	丑	31～35
36～40	丙	寅	41～45
46～50	丁	卯	51～55

他們也是一對夫妻。坤造（太太）命局中的食神、傷官星多見，據乾造（先生）說他們夫妻在年輕的時候，也是常吵架，感情不是很理想，然而在他四十四歲以後，他們夫妻的感情卻漸見融洽而愈來愈好。

乾造自退伍後即進入產險業服務，在任職期間可說是一路平步青雲，於民國83年、甲戌年升任公司的業務部門經理。他是筆者一位三十年老同學的公司業務部門經理，他為人非常的好，對人甚為謙恭與客氣，很照顧部屬，也很受部屬的敬重，在公司、同事與朋友間也有非常好的口碑。

他們夫妻在民國86年、丁丑年中以約新臺幣一仟萬元購買位於高雄市一處熱門觀光區附近的一間住宅，約有一百坪之大，以約三百萬元裝潢得精緻高雅，並在87年、戊寅年寅月（農曆正月）搬進去住，且打算在工作到55歲退休以後，要與太太每一天到該觀光區去散步與遛狗。

他在民國90年、辛巳年（虛52歲）庚寅月戊申日在公司開完會而於中午休息等吃午餐的時候，竟完全毫無徵兆的因腦溢血而急送高醫，當天下午四點左右整個人即完全陷於昏迷不醒狀態，在高醫急診室住院十天並經過兩次的腦部手術無效後，這期間也未再清醒過，他的雙親即拔掉他的人工呼吸器，並接回北部老家與祖先合葬於墓厝內。像這樣一位眾人都稱讚與認同的好人，對家人也都沒有交代一言半句就驟逝，不僅讓其雙親、太太、兒女感到難過、不捨與扼腕，也讓他的長官、同事、朋友感到錯愕並直嘆造化之弄人。

他命局的架構為：日主丁火生於子水月令，四柱中僅見年支寅木的生助，故為日主元神弱的偏官格局，以木、火為喜用神，濕土、金、水為忌用神，燥土為閒神。命局中唯一喜用神的寅木被年干庚金剋破而為「蓋頭煞」的年柱組合，且寅亥又成六合而致丙火被壬水剋破，地支酉丑也成半三合之金局而去剋寅中甲木。

他四柱干支中生助日主的用神都遭逢剋合、剋破，而呈現一日主元神甚弱的命局，像這樣的命局架構要在人生事業上有很好的成就，就必須要靠一生的大運來輔助，並且至少也需要有連續運行20年以上的喜用大運，喜用之運柱也須是在第三、第四柱，或在第四、第五柱。

但我們看他的大運架構並沒有這樣的情形，而是天干為金、水之忌用神運，地支為木、火喜用神運的組合，像這樣五年為忌用、五年為喜用的大運，就他的命局組合而言，能夠在一家規模甚大的產險業公司任職，而可以位居課長的職務，已算是非常好的職階，但他卻一路攀升至公司業務部門的經理職務，就命局而言似乎是不合常理。

依筆者的淺見，或許是因為他把一生應享的福份提早用盡，亦或是受到他太太的日、時柱及連續兩年的食神、傷官運之影響，以致發生英年早逝而讓人扼腕、嘆息的事件，但也因為他生前為人很好，甚為謙恭，所以也走得突然而不受病魔的折騰。

腦溢血也就是腦部的微血管因血壓過高而破裂，以致血液流到腦細胞周圍而造成腦細胞缺乏血液供應氧氣及腦部壓力增高的疾病。就身體構造而言，人體的血液由水分與血球組織所構成，血液量佔體重的十三分之一，血液循環則是由此水分與血球組成的血液在體內循著血管為大循環與小循環之運作，藉此以運送人體所需要的一切物質；而高血壓乃是血液裡面水分的含量過高所至，對血管造成一種往外擴張的壓力，而這高血壓雖是中風、心臟病的徵兆之一，且發病的機率也比較大，但不一定就會發生，乃需視各人的遺傳、體質、生活環境、習慣之不同而異。

中醫就這個血壓、血液循環的論述，認為它是一種氣、血循環的情形，先賢名醫唐容川在其所著的「血症論」說：「人之一身不外陰、陽，而陰、陽兩字即是水、火。水、火二字即是氣、血；水即化氣，火即化血。」

又說：「人身之氣生於臍下丹田氣海中，臍下者，腎與膀胱水所歸宿之地也。此水不自化為氣，又賴鼻間吸入天陽，從肺管引心火，下入於臍下，蒸其水使化為氣，如『易』之坎卦一陽生於水中，而為生氣之根。」又說：「何以言火即化血哉？血色，火赤之色也；火者，心之所主化，生血液以濡周身，火為陽而生血之陰，賴陰血以養火，故火不上炎而血液下注，內藏於肝、寄居血海，由衝、任、帶三脈行達周身以溫養肢體。」這是中醫數千年來將水視為氣、火視為血的觀點。

就命理五行的論述，先賢名著「滴天髓」一書在疾病章說：「五行和者，一世無災；血氣亂者，平生多病。忌神入五臟而病凶，客神游六經而災小。木不受水者，血病；土不受火者，氣傷。」先賢任鐵樵註說：「血氣亂者，五行背而不順之謂也。五行論水為血，人身論脈即血也，心胞主血，故通手足厥陰經。」燭神經說：「金水戰兮憂病骨，水淩火氣眼生煙。」這是歷代命理學先賢將水視為血、火視為氣的五行觀點。

這個水火與氣血的歸屬，在中醫與命理有絕然不同的觀點，就筆者而言，是贊同命理學上的論述觀點，而不認同中醫方面的論述。蓋中醫認為人體內的水分聚藏於肚臍下的丹田氣海之中，也就是說水分儲藏在腎臟與膀胱之中，這個水分受我們從鼻道吸入的天陽、空氣所蒸發而化為氣，故認為水即化氣。同理的，中醫以心臟屬於五行的丁火、火為紅色，並認為血液是從心臟所生出且為紅色，肝臟及血海只是血液的儲藏之處，故認為血即化火。

然而就現今西醫的解剖學理及人體組織構造的觀點而言，已知心臟的功能乃是血液循環的一個推動器官，它負責將血液推送分佈到身體的各個組織、器官，使血液中的氧氣與養份能供給各器官與組織使用，血液並同時將各器官、組織所產生的廢物、廢氣運送給其它不同功能之器官去分解與排出體外，故知心臟僅具備推動血液循環之功能而不具備造血功能；有關人體的造血功能，也就是血球的製造，在胎兒時期乃是以脾臟及肝臟為製造器官，但在出生後則由骨髓、淋巴節及脾臟取代之。

此外血液是由百分之五十五的液體成分（即血漿）與百分之四十五的血細胞所組成，這個血細胞又分別由紅血球、白血球、血小板、淋巴球、單核細胞、嗜中性白血球、嗜酸性白血球、嗜鹼性白血球等所組成而各司其職。血液中因液體成分佔百分之五十五，並由其負責運送血球、運輸營養物質及代謝體內之生產物，流通全身以維持人體功能的正常運作，故這是筆者贊同命理學上以水視為血的觀點。

其次人體因血液的循環而會產生熱量、熱能，以提供人體的保溫之功用，而血液之所以會循環乃是得力於心臟的舒張與壓縮之自律運動的功能，心臟在命理五行歸屬於丁火，而熱能、熱量又歸屬於丙火，這個熱能、熱量又會產生一種無形的熱氣，因為有這個熱氣的作用，所以血液才得以循環，身體之器官也得以運作而不致被凍結、凍傷，故這是筆者認同命理學上以火視為氣的觀點。

其次，位在大腦半球的下方深層，有構成神經細胞集團（亦即神經核）的組織，稱為「大腦核」（詳後圖）。大腦核之所以受到矚目，是因為它有個「內包」的組織；內包又稱為「內囊」，它形成一個重要的神經通路，卻也是腦出血與腦軟化的好發部位。由於腦出血與腦軟化之症狀會使該部分組織遭受破壞，因而對身體造成重大的傷害。

所謂「內包」，則是指被晶狀核組織包在內之意。說得更正確些，它的前方有尾狀核、後方有視床核（在視床中）、外側有晶狀核，被這三種神經核包住而呈現一狹長狀的神經纖維束，即是所稱的「內包」（詳後圖）。自大腦水平斷面視之，內包呈現「く」形狀，由於它是重要的腦神經匯聚或通過之處，但因其血管為「逆行性分歧」的特殊構造，因此而形成一個很容易發生腦溢血或腦軟化（血管閉塞）等病症的重要組織，這個組織若受到侵害、或一點小傷害，都會對身體造成很大的傷害。

古歌說：「甲頭、乙項、丙肩求，丁心、戊胃、己屬腹，庚是臍輪、辛屬股，壬脛、癸足一身由。」這是先賢就干支對應身體部位諸多學理論述之一；現今的命學先進鍾義明老師認為「甲木」為細胞、聲音、髮、鬍鬚、膽囊、痙攣、腦神經元、頭部、燥症，「寅木」為關節、臉部、高血壓。

依筆者的經驗與淺見則認為要發生腦溢血的病情，命局中必須見甲、寅木受庚、申金剋破，及有旺盛的水、火之五行。這是因為木除了為腦神經元、頭部、高血壓…等之含意外，它也代表著身體的血管，所以血管破裂，也可說是木被金剋的病症之一；此外旺水受旺火之蒸烤會產生水蒸汽，它的體積就會膨脹，就身體而言則是高血壓的病症，再見金剋木的血管破裂所隱伏之危機，如此要發生中風、腦溢血的病症是很容易的。這也是為甚麼我們在現實生活上所見中風、腦溢血的病症常發生在冬天與冬春之際的原因。

他命局的寅木受庚金與地支酉丑半三合金局的強力剋破、生於子水的水氣月令又得酉丑金局的生助、日主丁火且通根於年支寅木，這些跡象都在在顯示將會有腦溢血的病情發生，只因命局中的火星氣勢稍嫌薄弱，故而50年來都得以相安無事。

到民國90年、辛巳年之時，他的年齡為51歲、大運為巳火，此大運與流年之巳火雖是喜用神，但卻與命局的酉丑三合成完全的金局，寅木在這內外夾攻的情形之下，已可說是完全被剋破，此時巳火又去蒸烤子水。

或許就是這先天命局隱伏之危機，再逢遇後天歲運生剋的影響，而導致一位為人甚受人誇耀的經理，於90年、辛巳年庚寅月戊申日竟在毫無預警、徵兆的情況下發生腦溢血之疾病而與世長辭。

◎大腦核與內包之構造圖1

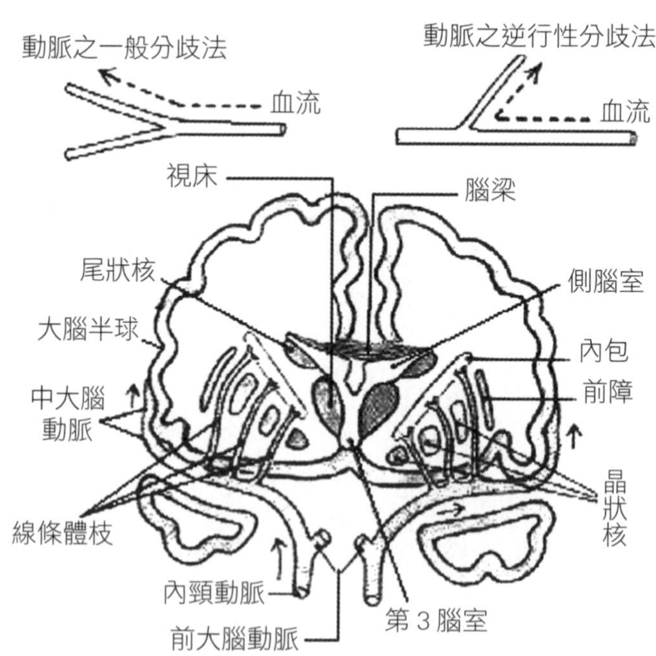

◇腦前頭斷面之上動脈圖

由圖可見到到達腦前半部之動脈，尤其是行向血管的血管與線條體枝。如圖所示，線條體枝為逆行性分歧。
所謂逆行性分歧，是指血管分枝呈逆流狀，血流較不順利，容易引起血管的毛病，此地方是最易發作腦血管的部位。

◎大腦核與內包之構造圖2

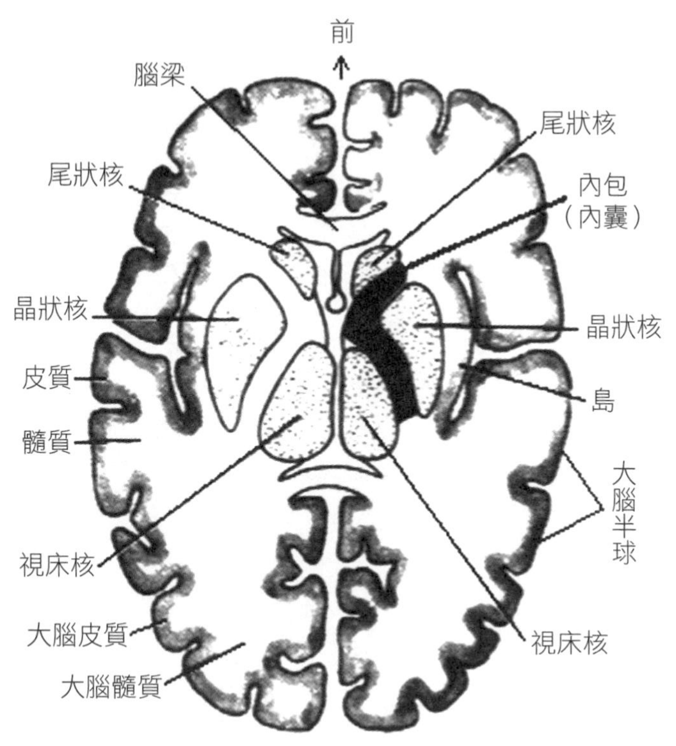

◇大腦水平切面圖

在大腦（基底）核——尾狀核、晶狀核及視床核之間，形成一個「く」形的部份，稱為內包。此處是重要的神經通路，最容易導致出血（腦溢血）及血管閉塞（腦軟化），在臨床上是重要的部份。

實例⑦

他因心肌梗塞而驟逝

◎乾造：50年6月23日未時 建生。

9歲又100日上運，每逢庚乙年10月3日交脫大運。

食神	辛	丑	比肩	飛刃．華蓋．	10～14 甲午 15～19
偏官	乙	未	比肩	歲破．破碎．大耗．	20～24 癸巳 25～29
日主	己	巳	正印	五鬼．	30～34 壬辰 35～39
食神	辛	未	比肩	喪門．隔角．	40～44 辛卯 45～49

◎坤造：51年2月8日早子時 建生。

2歲又70日上運，每逢甲己年4月18日交脫大運。

食神　壬　寅　偏財　　　　　　　　　　　3～7　壬寅　8～12
傷官　癸　卯　正財　飛刃·咸池·　　　　　13～17　辛丑　18～22
日主　庚　戌　偏印　金輿·　　　　　　　23～27　庚子　28～32
偏官　丙　子　傷官　天狗·災煞·月陰·喪門·隔角·　33～37　己亥　38～42

這也是一對夫妻。乾造原是一位職業軍人，在陸軍指揮部當軍官，職階為連長；在87年、戊寅年巳月（農曆4月）因發生突發性的心肌梗塞疾病，經緊急送醫急救無效而驟逝。

命學名著窮通寶鑑說：「三夏己土，時值禾稼在田，急須甘露為潤，取癸為要，次用丙火。夏炎用丙何也？夏無太陽，禾稼不長，愈炎愈長，故無癸曰旱田、無丙曰孤陰。」這一句話先賢徐樂吾評註說：「己為衰竭之土，性質與戊土不同，生於夏令調和氣候，癸水為先。論其性質，宜助宜幫，曰旱田、孤陰之喻，正以示癸、丙之不可離也。」

他的命盤在天干雖見辛、乙剋洩日主元神之五行，但地支全見丑、巳、未等生助、幫比日主元神的五行，日主己土可說是得時又得地，所以是一個日主元神強的命局，因此「宜助宜幫」這句話對他而言，倒是不需要的。至於丙火雖於天干不見，但卻見於日支的巳火中，以為照曬禾稼之用，其差別只在於格局層次的高低而已，因此現今最需要的則是壬、癸水的潤局之用神。

壬、癸水雖都可用為潤局調候之用神，但還是有其差異之處，先賢徐樂吾就其不同處說：「癸為天然之澤，得之自然，故生有相當地位。壬為人工灌溉，得之辛勤，非有好運相助，不得增高地位。」他的四柱干支中雖見生水之源的辛金，但卻全不見壬、癸水來潤局為用，僅於年支見丑土中的一點癸水為用，這個癸水又得丑中辛金的生助，故此丑土—金庫原應是滴天髓所說的：「一個元機暗裡存」的很好用神，不僅為潤局之用，又可助其科第掄元、事業功名之貴。

丑土為喜用神雖美，然而他四個地支中有兩未、一巳、一丑，未為熱土，巳為陽火與陽燥土，丑遭逢未近沖，丑中癸水不僅被未中己土近剋，又被巳中戊土剋合而汲乾，丑中辛金逢未中丁火近剋、逢巳中丙火剋合而變質，於是變成一個吉中藏凶的命局架構。

病源賦說：「丙火炎上，丈夫每忌於實心（心臟病）。」天干中雖不見丙火透出，然而也不見一滴半點的壬、癸水，在地支則呈現出一個火炎土燥的情形，這或許就是無形的八字命理導致他有形的身體隱伏心臟病的凶兆暗藏之危機。

就西醫解剖學而言，心臟的功能乃是在推動血液的循環，其中將血液從心臟輸出到身體各部位的血管組織稱為「動脈」，將血液從身體各部位運送回心臟的血管組織稱為「靜脈」。動脈中的血液乃是在提供身體器官與組織所需要的營養與氧氣，這當然也包括提供心臟本身所需要的營養與氧氣。在動脈連接心臟出口處的地方會形成一個動脈球，這個動脈球下方有一個與大動脈成九十度直角的血管分枝，這個血管分枝就是我們所熟知的冠狀動脈，它從左、右動脈球分枝後即繞行橫走於心臟的周圍，而形成冠狀的形狀，故名之。

心臟可說是全身血液的主幫浦，其結構是由心肌及結締組織所構成。這些心肌之所以能夠持續的收縮與膨脹，乃是完全依賴心臟表面的冠狀動脈來供應血液。冠狀動脈的分枝會深入心臟的肌肉壁裡面，藉此以將血液中的營養與氧氣提供給心臟使用，但因冠狀動脈與大動脈是呈九十度直角的構造（詳後圖），就流體力學而言，在九十度直角轉彎處的流量最慢，也最容易產生阻塞，這就心臟之冠狀動脈血液流通的情形也是一樣的，這也為甚麼冠狀動脈疾病會佔心臟病的最高比率原因。一旦罹患大動脈硬化症，或是冠狀動脈口受阻塞、動脈管縮小、血管內栓塞，其結果使得冠狀動脈本身產生硬化，

◎心臟圖

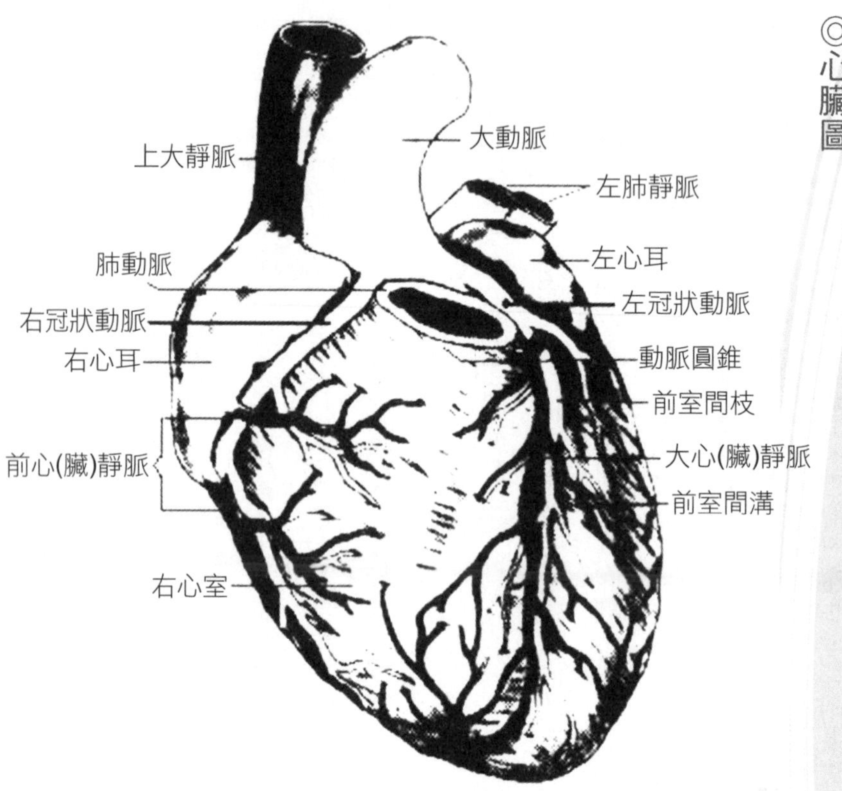

大動脈
上大靜脈
左肺靜脈
左心耳
肺動脈
左冠狀動脈
右冠狀動脈
動脈圓錐
右心耳
前室間枝
前心(臟)靜脈
大心(臟)靜脈
前室間溝
右心室

以致血液無法完全供應心臟所需的營養與氧氣，此時心臟本身的肌肉一樣也會發生硬化的情形，這就是「心肌梗塞」的疾病。若部分血液無法供應，就產生部分的心肌梗塞病變，心臟肌肉就開始壞死，此時病人若醫治得宜，尚可安然生活；若是全部血液無法供應，則整個心臟就壞死，此時病人也全無存活之機會。

一般而言，病患在發作時會出現持續性胸悶、心悸、呼吸困難、頭暈、嘔吐等症狀，且大部分患者在發作前數天至數週，就有不穩定型的心絞痛症狀。除了胸痛症狀外，以心電圖及血液心肌檢查，就可確定是否有心肌梗塞之疾病。一旦發現心肌梗塞之疾病，為避免心臟肌肉一分一秒的壞死，應儘快疏通阻塞的冠狀動脈，來挽救尚未壞死的心臟；否則在六至十二小時之內，心臟肌肉將逐步壞死、結疤，進而喪失功能，壞死範圍愈大，功能就愈差，死亡的機率也相對增加。

就中藥方濟之治療，可用補氣活血合劑：由黃耆、黨蔘、黃精、赤勺、丹蔘與鬱金等以水煎濃縮服用之。就食療方面而言，由於這個症狀主要以氣血瘀阻為主要病因，故應以通利為主，患者應多食用蔬菜、水果以保持大便的通暢，少食肥膩及辛辣刺激性的食物，如咖啡、烈酒、濃茶等，並應控制食量，切忌暴飲暴食，以免食入過多食物而引起腹脹，進而壓迫到心臟。

此外也應避免精神受到刺激，盡量保持情緒穩定，在急性發作期，要充分臥床休息，飲食以流質或半流質為主，待病情穩定之後，再逐漸以少量多餐的方式改食易消化的清淡飲食。平時可多飲用山楂或丹蔘茶飲。山楂中的熊果酸可預防動脈血管壁粥樣硬化，而黃酮類化合物則可增加冠狀動脈的流量，且屬性也溫和。丹蔘成分中的丹蔘酮HA磺酸鈉就有降低血管壁粥樣硬化及降低血脂作用，屬性溫和，常飲無礙。

就命理五行而言，肌肉屬於五行的「己土」，身體中的水分當然屬於五行的「水」。他命局中的水分呈現被熬乾的跡象，故屬於土之肌肉呈現半硬化之形狀，血液也呈現半濃稠之狀態，流年再逢遇87年、戊寅年巳月，巳火不僅更增火炎土燥之勢、戊土又見透干來壞局，這時整個四柱中的金、水用神完全被破壞，心肌血管之血液因水分熬乾而凝滯、出現硬塊，導致他因突發性心肌梗塞之疾病而驟逝。

他當時的大運在辰土、水庫土鄉，這個辰庫是水的大集水區，依理而言，水尚不致乾涸而還能存活（※有些人則會認為這是水入墓庫的情形，故而病逝；就筆者而言，不同意這種水入墓庫的說法），但卻早逝而為不壽的命局，筆者在想這或許與他太太的八字命局，亦或是祖墳、祖德有關而導致這樣的結局。

心臟病的種類很多，以俗稱「冠心症」的冠狀動脈疾病來說，它的危險因子包括：高血壓、高膽固醇、吸菸、糖尿病、肥胖、有冠心症家族、男性大於四十五歲、女性大於五十五歲、停經婦女、壓力等。危險因子愈多，得到冠心症的機會就愈多。至於這些危險因子的調養之道，可分述如下：

1、高血壓：血壓值愈高、愈久，對身體的傷害就愈大。如能將血壓值控制在一百四十～九十mmhg之間，可減少腦中風、心肌梗塞的機會。血壓值之控制除了注意氣候之變化、工作環境之好壞與飲食習慣之外，藥物的服用也須遵照醫師之指示，這也是很重要的一點。

2、膽固醇：每週應有三次、每次二十分鐘的緩和運動，並且要能持之以恆。在飲食方面則是避免油炸類、動物內臟、全脂類食品，以及「任你吃到飽」的大餐。飲食習慣最好就從平常培養起，否則當罹患心肌梗塞或腦中風以後才注意飲食，就已經是為時已晚。

3、糖尿病：乃是體內的胰島素不足或無法有效作用，使得血中糖分無法適度進入細胞內，由於糖分繼續留在血液中，因而造成血管傷害及器官組織的受損。糖尿病最可怕的是在初期並無明顯症狀，等到合併症如視網膜出血、腎功能惡化而洗腎、周邊血管阻塞而截肢、心肌梗塞或腦中風時而後悔莫及。糖尿病的控制則是要注意飲食習慣及多運動，必要時則須服用降血糖之藥物或是注射胰島素等。

實例⑧ 經商創業之可否

◎**乾造：**55年11月11日丑時 建生。

5歲又30日上運，每逢辛丙年12月11日交脫大運。

傷官	丙	午	食神	文昌·學堂·
正官	庚	子	偏印	歲破·大耗·破碎·災煞·
日主	乙	卯	比肩	咸池·
比劫	甲	申	正官	天乙貴人·驛馬·劫煞·

6～10	辛丑	11～15
16～20	壬寅	21～25
26～30	癸卯	31～35
36～40	甲辰	41～45

這是一個日主身旺的偏印格局，原則上是以剋、洩、耗日主元神之五行為喜用神，以生助、幫比日主元神之五行為忌用神。水、木為生助、幫比日主原神之五行，所以當

然的是為命局的忌用神，至於生於十一月之乙木日主的剋洩耗五行喜用神，窮通寶鑑說：「十一月根葉寒凍，喜丙復一陽。用丙火解凍，斯花木有向陽之意，不宜癸水出干以凍花木，故專用丙火。」用火為暖局解凍、生土以培木，故知以火、土為喜用神；金雖會剋制甲、乙木，但它也會生助寒凍之水，且在命局中又見干透支藏，因此乃是以閒神論之。

三命通會說：「正官為六格之首，只許一位，多則不宜；先看月令，然後方看其餘。」明通賦說：「惟官印最宜相會，德政加封。」月柱為官印相生格，這個印星又為冬十一月寒水之偏印，就工作事業而言會從事於靜態性、思考性、內勤性的職務；其次，此寒凍之格局又得年柱丙午火的暖局為用，因此若為薪水階級之上班族者，必定會多得老板、主管的賞識與提拔。

丙、午火是他命局中最重要的喜用神，而丙、午火的十神為傷官、食神星，這食、傷星的本質乃是崇尚自由、不喜歡受拘束、具有一技才藝、想要經商創業、反應靈敏……等的含意，所以月柱雖為命局的樞紐之柱、為官印之柱，職業上應以薪水階級最為適合，但因丙午火出現在年柱，為早運之時的管限之柱，這種情形本人在出社會的早運之期，就都會有想要經商創業的行事作為，然而大運在前三柱並非一路運行喜用之鄉，因此若是從事屬於業務、貿易性質，或為技術性的薪水階級工作是最適宜的選擇，但若為經商創業之舉的話，恐會有錢財損耗、事業破敗的情形。

十一月乙木，窮通寶鑑又說：「得一、二點丙火出干，不見癸破，定許科甲。若二丙藏支，不過選拔；得此不貴，必因風水薄。或壬出干，見戊制，可作能人。丙藏者，秀才；壬多無戊，貧賤。」

他的父親在庚申、辛酉、壬戌、癸亥（民國69～72年）這幾年，因經商失敗虧損了所有的積蓄而宣告破產，而他當時就讀專科學校，大運為壬水之鄉，為了分擔家計就利用下課的時候去當學徒，學習機械模具之製造以賺取些微費用，當學徒期間甚是痛苦，老闆不僅嚴苛且給的薪水也是很少。

丁卯、戊辰、己巳年，這當兵的數年間過得甚是如意，很得連上長官的照顧，僅在77年、戊辰年的亥月（農曆10月）因連上老兵欺負菜鳥，由於他是少尉排長，故被長官訓責一頓。己巳年中退伍後，就謀得一份模具製造工作，庚午、辛未這兩年的表現頗受老闆的賞識，薪水也調高不少。

在80年、辛未年時，天干的辛金為偏官，為升主管、當老板、事業壓力重的含意，辛金又與命局年干丙火成五合，由於生於子水月，故丙辛合化為水、為印星、為長輩之意；另外，未土與命局年支午火成六合而化火、化為食神星，食神星則是投資創業的六神。該年的申月（農曆7月）與其父親、叔叔共同出資，合夥經營蘭花培養與銷售的事業，起先是父親與叔叔在經營，到隔年的81年、壬申年他辭去工作並專心的與父親、叔叔共同經營蘭花的事業。

月柱的神煞見歲破、大耗、破碎等大破財之惡曜，管轄年限為32～36歲之前，地支見子午相沖、為水沖火、為梟奪食，而他的大運在26～30歲的五年期間又運行癸水偏印之忌運，壬申、癸酉、甲戌、乙亥年（81～84年）這幾年的流年又是忌用神之年，因此所經營的蘭花培養、銷售事業到84年、乙亥年底也因不堪數年之虧損而宣告結束，他前幾年工作所賺取的錢財也是全部賠光了。

85年、丙子年只好再回鍋的當一位上班族，工作一樣是模具製造職務，工作場所則是他與老闆總共只有兩人的家庭式公司。滴天髓說：「孤官不貴，必取財印相輔。」又說：「逢財看食傷。」千里馬說：「傷官見財，又官高而財足。」他八字命局年干的丙火、傷官星雖是以暖局為最主要功用，但若能再見到戊土財星來引化丙火去順生庚官，則格局的層次必定是會更為提升，所以他在戊寅年的巳月（農曆4月）又跳槽到另一家規模比較大的公司，該年的酉月（農曆8月）並升任模具開發、生產課的課長之職務，為該單位職階最高之職務，也是公司最重要的部門單位。在88年、己卯年的巳月家中遭逢宵小之光顧，損失雖不重，但是他的信用卡因被偷走而被盜刷2萬5千元，這一年他也替他弟弟清償約一百萬元的債務。

雖說他的事業最好是以薪水階級為宜，但是他命局天干為丙、庚、乙、甲，甲木是日主乙木的比劫星、為忌用神，在現實生活則是損財、損友、搶他風頭或職位的第三者、不安好心的競爭者、固執之脾氣等之含意。一般而言，比劫星的氣勢若是比日主的氣勢弱的話，在工作職場上雖會見到第三者來攪局，但因其氣勢比日主本人弱，所以倒也是無所謂；但因本命局的比劫星為甲木、為向陽參天之木，日主為乙木、為柔弱草本之木，在氣勢上甲木已強勝過乙木甚多。

此外，我們將本命局換成另一個角度來分析，日主一樣是乙木、比劫星仍是甲木，而以地支的申金、正官星視為月令之柱，此官星又透出於庚金，如此而成為一個身強官旺的命局。身強則喜見財官星為輔用，見財為富、見官為貴，但因本命局天干不見財星，故現今僅就庚申金之官星對甲、乙木之影響來分析其優勝劣敗。

庚金對乙木之剋，乃為剋合之剋、有情之剋，由於日主乙木自坐卯木建祿而身強、根固，故不忌庚金之剋，但庚金對乙木只是一種修飾、修剪之剋，讓乙木更顯其雕琢秀氣之美而已；然而庚金對甲木之剋，則是盡力之剋，無非希望甲木能成為一棵棟樑之木，故窮通寶鑑說：「七月甲木堪為戟，然非丁不能造庚、非庚不能造甲，丁庚兩透，科甲可許。」天干雖見丙火而不見丁火，但一樣有鍛金的力量，只是富貴之層次較低而已，此乃先賢徐樂吾就七月甲木之特性在造化元鑰裡所為論述：「秋木喜金剋制，不畏金旺，秋木要強；庚丁同透天干，庚金當旺，得丁火制之，大富大貴之命。丙火雖亦可用，不如丁火之有力，蓋丙為太陽之火，至申病地，非比丁之爐冶之火能鍛鍊成器也。」可知此甲木經庚、丙之輔用，雖不得大富貴之格，也可以成就其中富中貴之格。

前段之論述只是在說明甲、乙木所呈現之貴氣、格局的高低與差異。也就是說像這樣命局的架構，乙木經庚金之修飾、修剪後的才華之表現，在工作性質上最好是以幕僚性、輔助性之職務為要，也是他無法站居在第一線的原因；至於甲木的光環必定會蓋過乙木，因此該第三者的年資或年齡縱使比日主淺、小，但將來在工作上的職階必定會超過日主本人，必也是位居第一線的領導階層。

他所任職的公司同仁中有一位在86年、丁丑年退伍，並隨即進入公司任職的年輕小伙子，該年輕人入公司的資歷比他淺，年紀也比他小，當他在87年、戊寅年升任課長的時候，該小伙子還只是一位技術職員而已。只是造化弄人，該年輕人在進入公司不久即與老闆的小姨子（即太太的妹妹）談起戀愛來，兩人並在88年、己卯年結婚而結為連理，該小伙子就因這一層裙帶關係在結婚後不久就升任公司的廠長，其職階只在老闆與總經理（為公司事業之另一合夥人）之下、剩餘其他員工之上，也當然的比他的職階還高。

該廠長雖資歷、年齡都比他還淺，但因年輕氣盛、少年得志，所以在為人處事方面都表現出盛氣凌人的樣子，也因此而得罪不少的廠商，而這些廠商因與他任職的部門單位有直接交涉、接洽業務的關係，故也令他頗感頭痛與難受，每一次跟該廠長反應客戶與公司的實際運作情形，其結果不僅得不到該廠長的善意回應，他也發現該廠長的經營理念與他完全是南轅北轍，而深覺難以辦事。

就這樣忍耐了兩年，他到90年、辛巳年的午月（農曆5月），年齡為37歲，大運為甲木比劫星忌運，想要離職自行創業而陷於猶豫不決、進退兩難的困境，由於他是筆者民國86年、丁丑年的客戶，到90年也是五年流年批註的最後一年，他也藉著讓筆者再從新批註未來五年的運勢，並請筆者從命盤上給他創業與否、吉凶的建議與分析。筆者除了分析他命盤的架構，讓他知道在工作職場上為什麼會有殺出程咬金的第三者之情形外，並以他目前的大運為甲木比劫之忌運，又是日支卯木比肩管限之柱，且現今的大環境也是不理想為由，勸他還是安於本業，不要再為其它經商創業之舉，以免到時候所賺的錢財又都付之一炬；若真要創業的話，則到51歲以後的晚運再談了；最快的話，也是要在民國95年、丙戌年以後，再來談經商創業之事。

實例⑨ 中小企業家的起伏

◎乾造：38年5月26日午時 建生。

5歲又130日上運，每逢甲己年10月6日交脫大運。

偏官	己	丑	偏官		
正印	庚	午	偏財	咸池．	
日主	癸	未	偏官	飛刃．歲破．大耗．	
正官	戊	午	偏財	咸池．	

26～30	丁卯	31～35	
36～40	丙寅	41～45	
46～50	乙丑	51～55	

命學名著滴天髓徵義說：「日主無根，四柱財官食傷並旺、不分強弱，又無印劫生扶，日主又不能從一神而去，惟有和解之可也。視其財官食傷之中，何者獨旺，則從旺

者之勢。如三者均停、不分強弱，須行財運以和之，引通食傷之氣、助其財官之勢，則吉；行官殺運，次之；行食傷運，又次之；如行比劫、印綬，必死無疑。」

此造在月干透出庚印、在年支出現丑官，由於這個丑支雖為五行的「土」曜，但也是金的墓庫、金之庫地，且先賢沈孝瞻所著子平真詮評註說：「長生、祿、旺，根之重者也；墓庫、餘氣，根之輕者也。得一比肩，不如得支中一墓庫。」故乍看之下，似應以庚金通根於丑庫而有根氣，日主應以身弱之偏財格論之。

然而他生於五月、午火月令，庚金座下見火，火剋金、為「截腳煞」，庚金在五月不見壬、癸水透干，是無以為用的一個五行，今命局中日干雖透出癸水，但卻被時干戊土合去；另外，地支午未合化火，更增火炎土燥之勢，且丑逢未沖，丑中癸水與金辛均被剋破而無法去生助月干之庚金，因此這是一個身弱而財官兩旺的「假從勢格」命局。

他的命局雖因月柱庚金坐午火及年支丑土中的辛、癸被剋破，而以「假從勢格」論之，但因這個癸、辛的忌神仍然存在於年支中而無法根除，也可以說是禍根深埋的命局，就如人體內所潛藏的致命疾病一樣，在身康體健的時候，都不會有任何的不適或異樣，但一旦逢遇不好的歲、運引動的時候，其爆發出來所產生的殺傷力對日主當事人而言，可說是會造成生命或財產上重大的損失。辛、癸是他命局十神（六神）中的印星、比肩星，也就是長輩、兄弟姐妹、近親執友之六親。

他的個子不高，約160公分左右，民國89、90兩年因所經營的PVC塑膠餐飲用具虧損累累，而在90年國曆6月結束該事業。由於處於中年結束事業的窘境，所以在該月經介紹至筆者服務處，想要知道未來事業的再經營及營運吉凶如何。

日主癸水之假從勢格，以木、火、燥土為喜用神，以濕土、金、水為忌用神。在民國61年、壬子年、24歲、大運為辰土，辰土為正官星之運、為升遷或當主管之運，壬子為比劫肩星、為損財或錢財支出之流年，所以這一年他獨自出資而自己創業，經營鐵工廠之事業，由於創業後的前兩年都為比劫、印庫之忌用神流年，所以事業營運上只是不斷的在支出而毫無獲利可言，也可以當作是在建立事業基礎、拓展事業市場的摸索與學習之時期。

俗語說：「只要活著，就有希望。努力去做，就會成功。」筆者從命理學角度與實例經驗再補充說：「努力再配合歲運之助，方能成就一番事業。」從民國63年起到68年止的6年期間，由於都運行木、火、燥土等非常喜用之流年，大運又逢丁火偏財之運而此丁火在神煞中又是日主癸水的天財，因此鐵工廠的營運獲利數仟萬元，這個金額在當時就一個中小企業家來說，已是一個非常大的數目，他也因獲利豐厚而不斷的再投資與擴廠。

俗語又說：「三年一運，好歹照輪。」他不只一運，而是輪了兩運的好運；只是好景不常久，在民國69年的庚申年，申為日主的印星、申中暗藏之壬水為日主的比劫星，申又為丑年生人之龍德、未日生人之劫煞，而年支丑乃是祖輩宮或父母宮之意，日支未則為夫妻宮之代表，這些在在都顯示他在生活或事業上，會因長輩或妻之因素而引動小人入命，這一年的卯月（農曆2月）他與小舅子合夥經營鐵工廠事業之營運。

由於他的本命以比肩、比劫星為忌用神，因此根本不能與人合夥為事業之經營。在合夥事業經營半年後，他漸漸發現兩人的個性與經營理念簡直是南轅北轍，而感到非常痛苦；隔年的辛酉年為偏印星的忌用神流年，因偏印會剋破喜用神之食神星，故偏印又稱為梟神、倒食，萬祺賦說：「梟印…有傷官而平生豐潤，值食神則處世伶仃。」三命通會說：「倒食即偏印，一名吞啗煞，食神最忌見之。」金玉賦說：「犯倒食在命，多被人撓。」由於食神星在事業之經營上乃是生意客源、生財管道、新市場的拓展、新產品之開發…等的含意，這一年起整個事業之市場突然的萎縮起來，工廠的營運也陷入困境。到了71、72年之壬戌、癸亥年，由於這兩年也是比肩、比劫星之損財、破財忌諱流年，奧旨賦說：「食神旺處劫財多，更逢偏印剋食神，須知吃化。」他的命盤雖不明見比肩、劫財與梟印等惡曜，但在流年上卻是連續四年逢遇此梟、劫惡曜，所以在民國72年因不堪數年的嚴重虧損而關閉工廠，並因財務的因素與小舅子翻臉，兩人原是姻親，如今卻成為陌路人。

一個八字命局見財、官星都旺盛且又為喜用神之人，是不甘寂寞、不會甘心雌伏過久而英英美代子（沒事閒晃）的過生活。故他在73年又重起爐灶的做老本行，因上次合夥的痛苦經驗讓他學到教訓，這次則是獨資經營鐵工廠之事業，一樣的在75年到80年間的流年也正逢遇木、火、燥土喜用之流年，頗類似於10年前剛創業的運勢，筆者常戲稱這種情形為「歷史重演」，這6年期間也是獲利豐厚。81、82年逢遇壬申、癸酉之忌用流年，他工廠的事業營運卻不見影響且也有不錯的獲利。

俗語說：「命裡有時終須有，命裡無時莫強求。」像這種逢遇梟、劫損財之流年，絕對是會有損財、破財的事情發生，不可能逃得掉的。他在事業上的營運不僅沒有像前十年的市場萎縮、虧損累累的情形發生，反而是有不錯的營業獲利，但是他卻在股票市場上輸了將近四佰萬元，另外也被親友倒了約兩佰萬元。這結果的情形就是一樣都發生損財之事，只是以東牆補西牆之不同而已，然而卻無法從命理學上去推斷出現實生活上的引爆點、病癥處是何種類型，這也是筆者在本書的序文裡所說命理學上的盲點。雖然從83年起就不再玩股票，該年也有不錯的獲利，但從84年、乙亥年起就開始在賠錢，到85年、丙子年亥月（農曆10月）一樣因不堪虧損而二度結束鐵工廠的營運。

此外在民國82年、癸酉年，癸水為比肩星、為奪財星，財星在六親之表徵又為父親之意，酉是年支丑的血刃、金櫃，也是日支未的喪門、隔角，這一年他本人安然無恙，但父親因病而亡故。

另外就三命通會的六親引例章中所言，以印星為母親、偏財為父親，則他的母親應以庚金論之，被庚金所剋之甲木則是他的外祖父；在72年癸亥年，亥為年支丑祖輩宮的天狗煞，亥與丑、流年癸（子水）三會水方而為水勢氾濫之勢，因水旺則木漂浮，故這一年外祖父因腦中風而逝世。

實例⑩

官印相生乎？殺印相生乎？

◎**乾造**：52年7月11日晚子時 建生。

7歲又50日上運，每逢庚乙年9月1日交脫大運。

正印 癸 卯 比劫

偏官 庚 申 偏官 咸池‧

日主 甲 辰 偏財 金輿‧

食神 丙 子 正印 咸池‧月官符‧將星‧

8～12	18～22	28～32	38～42
己未	戊午	丁巳	丙辰
13～17	23～27	33～37	43～47

民國90年10月的一個週休二日的星期六早上當筆者正在看報紙時，電話鈴聲響起，他在電話的另一端說：「請問林老師、林先生在嗎？」筆者回說：「我就是，哪裡

找？」他說：「林老師，我有購買你所寫的《八字自學講義》書本，寫得非常詳細、寫得很好。」筆者謙虛回說：「還好啦，有買書的客戶，他們的反應都還不錯。有甚麼事嗎？」他說：「我想請你幫我排一下八字，我是民國52年農曆7月11日晚上11點20分出生，你的書本寫說這是屬於晚子時出生。」筆者回說：「沒錯。在晚上11點到11點59分出生的時辰，以晚子時論；12點以後到凌晨1點之前，則以早子時論。它們的差別在於出生日的不同。」他說：「我有給其他的老師排過八字命，有的說應該為11日出生、有的則說要歸屬12日出生，這樣就產生不知道是要官印相生，或是殺印相生格局的疑問？」筆者問說：「是因為不曉得是官印或殺印相生之情形，而讓你感覺到跟現實生活產生不一樣的結果。」他說：「何止不一樣，根本是很大的不一樣，完全都不一樣。林老師麻煩你，請幫我排一下八字命局，看甚麼時候我過去你那邊比較方便。」筆者即跟他約當日下午四點過來。

筆者掛下電話後，一個職業上的直覺疑問念頭即閃過腦海：「他說因不曉得是官印或殺印相生之命局，並且跟他現實上的生活產生很大的落差。」就八字命理學而言，不管是官印或殺印相生，這個官與殺都是剋制日主之六神，其五行都一樣，只是陰陽之不同而已，雖然官與殺在現實生活上也會產生不一樣的事件情形，但其對日主之為喜神、或忌神的情形都是一樣的，也就是說官星為喜用神的話，則殺星也應該是喜用神，其所表現出來在現實生活上的情形怎會有完全不一樣的情形；同為忌用神的話，也是相同的道理啊。

當筆者將他命局的四柱架構排立後，即知道他的問題出在哪裡，也感嘆現今時下部分命師的命理學之程度。筆者以約3個小時的時間用電腦逐字的打完他的命盤表，並以印表機列印出來後置放於桌上，即等待客戶下午四點的來到。

當他坐定之後，筆者即問他說：「你八字命理學多久了？」他說：「我沒有跟別人學，而是自己買書回來看。我原先是學紫微斗數，到現在已約有十二年的時間；至於八字命理才一年左右，在今年6月購買你所寫的書回去看（註：筆者所寫的《八字自學講義》一書分上、下冊，計約72萬字，是在民國90年5月由「益群書店」出版），寫得很詳細、寫得很好，所以今天才要請教高手。」筆者笑說：「我沒那麼厲害，稱不上高手，大家教學相長就好了。」並再問他：「你問過幾位老師去推算你的八字命局？」他說：「沒幾位，像某某地方的摸骨命師說我的出生日應該是12日，為官印相生格局。」說完，他又拿出一張他人已排好的命盤表，他說：「這是在台北市士林區給一位老師算的，上面寫的是11日出生，為官印相生格。林老師，你認為我應該是11日或12日出生？

是殺印相生或是官印相生格？」

筆者並未直接回答他的問題，而是跟他說：「從你的八字命局來看，民國89、90年的這兩年，你生活或事業上嚴重的話，會有因犯小人而致官訟損財事生，其次則是失業、破財而閒賦在家。你是在做甚麼事業？」他聽完並愣了一下即說：「不要說這兩年有官訟之事，從以前我就經常在跑法院、告人家，因為以前我在上班的時候乃是從事債務催討之工作，在幾年前辭職而自己成立討債公司，一樣也是在跑法院替別人催討債務。我這兩年確實是因為一些事情而損失很多錢，目前公司已結束營業而閒賦在家。」

筆者聽完即回說：「你替公司在催討債務，這不算犯官符、有官訟之災，這只是你的工作、你的職業，就像我以前在公司上班的時候，也是在當法務催收的工作，所以這根本與犯官符之事扯不上關係。」他說：「我知道，你的書本後面有寫，你是法律系畢業的。」筆者又說：「在81、82年這兩年則是名多利少、勞多獲少，工作上的壓力也不輕；在83年則是有錢財上的損失，甚至於會有舟車跌撲的皮肉之傷；在84～86年的三年間，工作雖然忙一點，但是卻有不錯獲利；在87、88年這兩年則是錢財有進、有出，也交了不少的朋友，朋友則是幫你介紹不少的客戶，在朋友方面的交際應酬上也有不少的支出。」

他說：「83年因為有做一些生意上的投資而損失錢財，至於身體方面的皮肉之傷，倒是沒有印象；84～86年的這三年確實是賺了不少錢，當時的油水、外路很多。我在86年底進行籌備經商創業之事，並於87年初離職自創業，創業時是有花一些錢，這兩年的生意倒是不錯，有很好的獲利，但支出也增加很多；從去年、民國89年、庚辰年起生意不曉得為甚麼就開始不好，也陸續發生一些麻煩事情。」

筆者說：「你的八字命局根本都不是甚麼的官印相生格與殺印相生格，而是『假母吾同心格』。說實在的，八字命理學的推斷，也真的是要看各人的實力、各人的功力，並不是隨便學一學、以兩三下的功夫，就要幫客戶推算命理、要賺錢，這樣反而會害了客戶，對自己本身也不好，但是話說回來，這也是看客戶的造化了，看客戶能不能找到一位好的命理老師，這就是俗語常說的：『先生緣、主人福』。」筆者隨即翻閱所著《八字自學講義》下冊、第955頁給他看（上面有詳細說明「母吾同心格」的構成要件，請讀者自行翻閱），他看完後而恍然大悟的說：「我知道了。」

以下是筆者寫給他的八字命盤表有關格局分析與建議的部分內容：「命造之心性乃善良、仁慈、固執、榮譽心強且不服輸，偶易有情緒性與爆發性的脾氣反應；在生活上雖有不小的依賴心，但在工作事業上有良好的敬業精神及有很好的才華之表現，然而卻因心存善念或受他人之影響，而無法貫徹其原先所為之有魄力的決策；就工作與生活而言，可說是一種忙極忙、閒很閒的生活模式，也就是說是一種『動極動、靜極靜』的生活型態；與朋友的交往可說是好惡極端分明，可以為好朋友而兩肋插刀，但認為厭惡而不值得交往之人，則是一輩子都可以不相往來。

日主甲木生於七月申金月令、月干又透出庚金，而為殺星干透支藏的架構；另外於年干與時支也見印星干透支藏的情形。本命局乍看之下似應以日主身強之殺印相生格論之，而以火、燥土、金為喜用神，以濕土、水、木為忌用神。

事實不然。今看地支申子辰三合水局、印星局，申金因被合化而變質；其次再看天干，月干庚金被時干丙火剋制、被年干癸水洩氣，此庚金之力因而成薄弱之狀。就命局的八個字觀之，地支的申子辰三字合水局、加上卯字，天干見甲、癸兩字，共計六個字為日主的印、比之星，時干又見一個丙火洩耗日主元神之喜用神，僅於月干見一被剋破之庚金來壞局，故命局應以『假母吾同心格』論之，以水、木、火為用神，以土、金為忌神。

本命局就一般人、或學藝不精之命師的論斷，都會以正格之『水旺木飄』的情形論之，這是一個錯誤的見解與說法。因為年支見卯木，卯木為甲木之帝旺處、為甲木之強根，故此甲木係一根固之樹而不致飄浮，只因缺少火氣而無法發榮而已，因此為一常人之命局。

這是一個水、木兩旺的『假母吾同心格』，滴天髓說：『甲木參天，脫胎要火。…火熾乘龍、水盪騎虎，地闊天和，植立千古。』所謂騎虎，乃是指寅木、帶火之燥木的意思，今地支不見寅木、僅見卯木，故知以「火」為命局中最重要的喜用神，火為本命日主六神的食神、傷官星，而食、傷星則是才華表現、靈感與點子之創新、強調自由、口才能力…等的含意。月柱之偏官星雖被剋合而變質，但終究它還是存在命局之中，且又位居樞紐之柱，所以其所隱伏、潛藏之危機甚重；因偏官為命局的忌用神，在現實生活上則為犯小人、受友之拖累而惹官司、不切實際的職階或榮譽心、愛面子、事業上之壓力、疾病之根源……等。

既以食、傷星為喜用神，以財星及官星為忌用神，則就事業之選擇以薪水階級為最適合，且以幕僚性、企劃性、或能夠自由發揮自身才華與能力之職務為要，且在工作上則以全心全意的去表現自己的才華與能力為主，不要去在意於官階、名譽或錢財的高低與多寡，這是一種聲東擊西、以退為進的就職任事之方式，如此必可因自身才華、能力的表現而得到主管、長官的賞識，並進而獲致升官與發財的榮貴。若是反其道而行，在工作事業上，一心只想追求官貴、財利之舉，而不注重自身才華與能力之表現的話，其結果必是事與願違並會有多勞多累、勞多獲少的感嘆。

由於偏官星是命局的忌用神，這偏官星則是犯小人、惹官司…等負面之含意，所以一生宜防近親、執友或損友之拖累而致損財或惹官司之災。」

由於他已有基本的八字根底，因此筆者再次跟他談「戊癸五合」在本命局的結果、以火之食、傷星為喜用神在現實生活上的就職任事方法之建議，及他身體上因先天八字之關係而與生帶來的疾病，他說：「腸謂疾（下痢）、痰飲、腰酸軟等，這三個疾病都有，但沒有偏頭痛的毛病。」筆者聽完並回看他的大運，沒錯，到目前為止應該是沒有偏頭痛的毛病，但未來可就不保證不會發生偏頭痛的疾病。

養身保健小常識──頭痛治療之偏方

在現代高壓力之下，有很多人都患有偏頭痛的毛病，以下是幾個治療頭痛的小偏方：

1、冰熱療法：冰療法乃是將冰袋敷在額頭或頭頂上，至於熱效療法則是將一塊已預熱好的軟墊或熱燙的毛巾，放在後頭部。對於高熱頭痛之患者，可用酒精擦拭身體，以降低體溫。

2、維他命B：每天早餐後可服用合成維他命B群補充錠或是綜合維他命，以避免因維他命缺乏之症而引起的頭痛病症；另外若能再食用富含維生素B群的食物，如甘藍菜、菠菜、綠豌豆、全麥穀物、柳橙汁、酵母等更好。

3、芳香療法：薰衣草有鎮定神經的療效，可以抹些純精油在太陽穴周圍、後腦勺、髮際之處，也可以滴數滴精油在浴缸裡，泡個薰衣草浴以達到療效。

4、草藥療法：服用繡線菊藥酒，其減低頭痛的療效就像服用成藥一樣好。

5、身心療法：平時應注意規律的生活，避免攝取過多的動物油脂，盡量不要服用菸、酒、檳榔之類的物品，體質虛弱者則忌食生冷瓜果之物。飲食方面也以少量多餐為宜，如此可以穩定體內血糖的濃度，尤其是長期為生機飲食療法及刻意減肥的女性朋友，以避免低血糖引起的偏頭痛。

實例⑪ 她傷官旺、未婚

◎**坤造：**56年6月22日卯時 建生。

3歲又160日上運，每逢庚乙年12月2日交脫大運。

傷官	丁	未	正財		4～8	戊	申	9～13
傷官	丁	未	正財	天乙貴人・	14～18	己	酉	19～23
日主	甲	午	傷官	天德貴人・	24～28	庚	戌	29～33
傷官	丁	卯	比劫	金匱・血刃・八座・飛廉・咸池・	34～38	辛	亥	39～43

甲木生於六月的未月，未月與巳（農曆4月）、午月（農曆5月）都屬於夏季的月令，而三夏正是火氣最旺的時候，不管是四、五、六月的任何一月，都為天乾物燥的節

令，夏木之體都有枯槁之象，窮通寶鑑說：「夏月之木，根乾葉枯，欲得水盛而成滋潤之功，誠不可少；切忌火旺而朝自焚之憂，故以為凶。」所以最忌見火勢旺盛，最喜見旺盛的水氣來潤局，得水滋潤兼調候為用，方為上格；若火勢旺盛又不見水來制火兼潤局調候之用的話，則為下格之命。

她生於大暑後10天，為三伏生寒、金水進氣的節令，而窮通寶鑑也說：「六月三伏生寒，丁火退氣，先丁後庚，無癸亦可。」依此觀之，她的命局似應是不見癸水潤局也無所謂，但先賢徐樂吾註說：「三伏生寒，指大暑之後而言，金水進氣，故無癸亦可也。然五六月，總屬炎燥之時，即使原命局乏癸，不得已而用丁，仍宜運行北方水地耳。」由此可知，水仍是三夏月令最優先考慮的喜用神，何況本命局日主甲木坐下見午火死地，巳、未又都是甲木的病、墓之地，因此這是一棵枯槁之木、一棵死木；此外，在地支見午未合化火、卯未半三合木局來生助火勢，在天干又見三顆丁火透出，成為火勢非常旺盛的情形，因此以壬、癸水來潤局調候兼生身為用，是她命局最重要的喜用神。

書云：「死木得火自焚。」她的日主為死木，四柱干支又是火勢非常旺盛的情形，但卻不見自焚之象（乃是早夭，或是因意外之災禍而不壽），這得歸功於生在大暑之後的「三伏生寒」之金水進氣的節令，雖然這個節令的地表氣候還是很炎熱，但流行於天地之間的寒氣已經開始發動了。

至於所謂的「三伏」，筆者引用現代命學先進鍾義明老師的論述：「古以夏至後的第三個庚日為初伏，第四個庚日為中伏，立秋後第一個庚日為末伏。《釋名》云：『伏者，金氣伏藏之日也。金畏火剋，故三伏皆庚。四氣代謝皆以相生，至立秋，以金代火，故庚日必伏。』」

她出生當年的夏至是五月十五日（農曆），夏至後的第三個庚日，也就是「初伏」之日為六月八日的庚辰日，「中伏」之日為六月十八日的庚寅日，「末伏」之日則為立秋後的第一個庚日，為七月九日的庚戌日。她生於六月二十二日，介於「中伏」與「末伏」之間，也就是在「三伏已生寒而金水將進氣」的夏秋交替季節，所以命局雖明見火勢炎盛之狀，卻不見日主木焚之象。

她的命局為身弱而傷官、財星旺又火勢炎盛的傷官生財格，以水、木、濕土為喜用神，以火、燥土、金為忌用神。其中水是最主要的喜用神，至於金雖是水的源頭，但是原命局中不見水神，流年或大運逢遇金星入命，不但會遭遇命局中強火的回剋，以致使金星產生無力或退縮的情形；另一方面，金星多少也會劈到甲、乙木而更增其火旺木焚之勢，也因此造成日主的傷害。若是命局中有水星，或是逢遇干支為金水組合之流年，亦或是大運為水星而逢遇金星之流年等情形，則金之正、偏官星在水之印星的引化之下，將會有異動升遷，或是名利雙收的吉象。

以下就她的大運及過往現實生活上已發生的情形，為如下的析論：

（一）、4～8歲—戊土大運：

她在9歲之前的家境生活算是頗為安定且無憂無慮，但在9歲、民國64年的癸酉月（農曆8月），她的母親因肝硬化而去世，由於她的父親甚為懦弱無用，整個家庭經濟都是靠她媽媽在維持，故自母親去世後整個家境就陷入困窘之狀，她當時正讀小學2年級。

我們來看一下她的大運，4～8歲之大運為戊土偏財運，戊土又為日主甲木的天財神殺，戊土屬燥土為命局的忌用神，既為忌用神的話，那她在這個幼運時期的家庭經濟應該會不理想，甚至於會陷於困窘的情況，她反而說當時的生活安定且無憂無慮。窮通寶鑑就夏月之木說：「土宜在薄，不可厚重，厚則反為災疢。」這個戊土為厚土而應為命局災疢之惡曜，反而卻有不錯的生活，這種在現實生活上的實際發生情形與命理學上的推論，似乎是產生背道而馳的結果，而會認為命理之推論不準；事實不然，這時候我們就要再來探討她當時流年的吉凶情形，這也是在推論命理的時候，一定要命、歲、運合併推論，如此才能獲得一個準確的論斷，這是非常重要的一個論命觀念。

4～8歲的流年為壬戌、辛亥、壬子、癸丑、甲寅等年，這些又都是她命局喜用的流年，如此就成為大運為忌用之運、流年為喜用之年的情形。唯就筆者的經驗而言，流年對命局的影響比大運來得大、直接與明顯。這是因為大運只是一個人當時身處的一個外在環境、一個五年涵蓋性的框框而已，然而大運中的五年流年則是直接影響到當事人在當時人、事、物的吉凶起伏，也就是說譬如大運為喜用神財運之賺錢運，則這賺錢的大運中會處於一個賺錢或是生活、事業優渥的外在環境中，但這中間若有逢遇比劫、偏印等破財的流年時，該年一樣會發生破敗、損財之事。

她4～8歲的大運為忌用神運，這五年間的流年為喜用神年，而現實生活卻無憂慮，依筆者的析論則是：偏財星為忌神而偏財星的六親為父親，故家境生活雖不見捉襟見肘之情況，但父親卻是一個懦弱無用、整天遊手好閒之人；水星為印星、為六親中的母親，在命盤中不明現但卻為喜用神，故知母親為了這個家的經濟來源而四處奔波忙碌、默默的付出，只為了讓孩子能有好的家境生活。這也正印證了幼年大運逢遇忌用神之財運時，父母親會為了經濟生活而奔波忙祿的命理論述，只是因她當時正逢喜用流年且又是小孩時期，所以只能感受到不錯的家境及無憂無慮生活，但卻無法感受到母親為了這個家庭所做的一切付出；或許這就是母親因過度的操勞，而導致早逝的潛藏危機。

她母親雖於民國64年、乙卯年、她9歲時逝世，但她是要每逢乙、庚年的12月2日才得交脫大運，但她母親逝世的月份在酉月，故仍屬於戊土大運管限之內；而屬印星之母親的五行為水，逢強旺的戊土之剋破，但她命局中又不見一丁半點的金星或水星來相助，水被旺火熬乾、被燥土汲乾，呈現一個火旺木焚、水乾涸的情形，所以可推知母親非常的勞累。

先賢何仲皋所著「臟腑通」說：「肝木生於腎水，三冬雷在地間；先王至日且閉關。肝熱風火相煽，腎精隨之已乾；失精傷腎復傷肝，少腹弦急目眩。」以腎為水臟、肝為木臟，腎臟乃是在調節體內水液的平衡，肝臟則是具疏散、宣泄的功能，在五行中水木為相生之態勢，在中醫學理稱為：「肝腎同源」、「肝腎相生」，在五行命理則稱為「乙癸同源說」。其彼此間有如下的緊密關係：

（1）：肝和腎有互相滋養的關係。肝的疏泄條達和調節血量的功能，必須依賴腎陰的滋養；腎陰的再生，又需通過肝的疏泄而入於腎。

（2）：肝藏血、腎藏精，肝腎既同源，則精血也必同源。

肝和腎在生理上既有如此相互滋生的緊密關係，故腎陰（腎水）若不足的話，必導致肝陰之不足，肝陰不足的話，也一定會導致腎陰的不足，這就是中醫學上所稱「肝腎虧損」的病症。她的命盤不只腎陰不足，肝陰也不足，先賢之中醫名著「素問經」說：「肝者，將軍之官，謀慮出焉。」又說：「肝者，…其充在筋。」故知，肝主謀慮、也主筋骨。她的母親或許就是為了家計生活而過於操慮、過於奔波勞碌，最後終因腎水之不足而導致肝硬化的疾病而逝世，在西醫病理學上應該是因肝、腎之併發症而病逝。

肝硬化之疾病就初期的患者而言並沒有甚麼明顯的症狀，大部分的患者會有舌苔、口臭、消化不良、腹部脹氣、輕度的腹瀉或便祕，甚至有腹痛的症狀，並且會因營養不良而容易疲勞、食慾減退、體重減輕、視力模糊、貧血等症狀。晚期的肝硬化則多半有顯著的症狀發生，除了初期的肝硬化現象之外，尚有小便減少、消化道出血、昏迷及黃疸，男性患者會有女性狀乳房，女性患者會有無月經或月經障礙現象；若繼續惡化，其結果則會吐血、腹腔積水、衰竭、昏迷及死亡。

（二）、9～13歲──申金大運：

申為帶水之金，水得金生並且可以濕潤整個命局為用，申中之庚金得丁火之鍛造、得壬水之淬洗，而得以成為一劍戟之器，並得以顯現她的領袖才華、領導能力，本是一個非常好的大運。但因她本命日主元神勢弱而無法承受申金之偏官星的剋制，且申金又為弱勢日主甲木的絕地，另外，我們再看她這期間的流年都逢遇火與燥土的忌用流年，申中之水不是被火烘乾，就是被燥土汲乾，因此庚金只能當作土、水的通關之神，並用做生水之源頭而已，無法再用為削甲木並使其成為棟樑之才的工具，且弱金又逢強火之爐煉而有銷熔之憂，所以她說：「讀小學期間，在學校是有受到老師的照顧，或許是因為老師知道我家的情形，而帶有一種憐憫與同情的心態。但是我的課業成績並不是很理想，也沒有當甚麼幹部；家境生活也不好，只靠父親工作的薪水在生活。」

（三）、14～28歲──己土、酉金、庚金大運：

她在14歲、民國69年、庚申年小學畢後，為了家境生活而沒有繼續升學，直接出社會到美容院當學徒。就任何行業而言，在剛學習、當學徒的階段都可說是很辛苦的，而她當學徒的前兩年正是庚申、辛酉金的正、偏官星流年（民國69、70年），故辛苦與壓力是不言可喻的。從民國71年起到74年止，可都是水、木之喜用流年，流年之水會剋制她命局中的火，也就是說印星會約束傷官星並使傷官星得以收斂其執拗、傲慢的心性，所以這期間美容院的負責人、主管雖會管教她、約束她傲慢的言行態度，但她的美容才藝也在這數年間進步很多。只可惜的是她不會珍惜長輩的教誨與改進自己傲慢的言行，只認為別人的待遇與處境都比她好，因此這期間也陸續更換了好幾家美容院。

在民國74年、19歲那一年認識了第一任的男朋友，自此以後即進入複雜的感情生活世界裡。19歲～28歲的十年大運都為正、偏官星之地，此正、偏官星又都為女命的異性星、夫星，就未婚女性而言，正、偏官星若為喜用神，當可有一段纏綿悱惻的羅曼蒂克之戀情，但對她而言，卻是一段愛恨交加並徒留悵然回憶的過往情史。

「哪個少男、少女不想飛，哪個少男、少女不懷春。」以正值青春年華的少男、少女而言，有哪一位不曾想要擁有一段美麗的戀情、羅曼蒂克的感情世界？就女孩子而言更是強烈，她當然也是不例外。寫到這裡，筆者想起了一首美麗又充滿少女情懷的詩，其內容如下：

昨晚•夢裡

是誰撥開了我的心扉；

昨夜
讓他
輕輕的飛進了我的夢裡；
窺見了我心底的秘密，
拆散了我心房的防衛，
佔領了我心中的堡壘。

佔領了我心中的堡壘，
拆散了我心房的防衛，
窺見了我心底的秘密，
輕輕的飛離了我的夢裡；
讓他
昨夜
敞開了我的心扉。

就正五行而言，前已論述，帶水的申金也僅能帶給她一個關愛與從旁協助的師長之幫助而已；而這個大運的酉、庚金卻是一個不帶水的金，金雖可削木、雕木而使其成棟樑之才，但乾金逢旺火之爐煉，如不見水來淬洗的話，其結果要不是鍛造出一把質劣而易脆的刀刃，將甲木亂削一番，就是燥金銷熔於旺火之中，所以帶給她的應是傷害大於幫助的結果。

就納音五行而言，大運己酉的納音為「大驛土」，去剋害年柱丁未納音「天河水」，雖然日柱甲午納音「沙中金」可以當為通關之神，但卻被時柱丁卯納音「爐中火」的近剋而自顧不暇，水逢土剋又不見救助之神，故不吉。

與第一任男友認識半年後，兩人就在外賃屋並同居在一起，這一段初戀維持到民國78年、己巳年、23歲，兩人因個性不合而分開、結束。她隨後在79年認識第二任男友，於80年分手；81年認識第三任男友，這一段感情也僅維持一年多而已，在83年、甲戌年初分手。

筆者跟她說：「妳在民國83年那一年的感情會遭遇挫折，且從那時候起的感情線、異性緣要浮現就很困難。」她說：「在83年初與第三任男友分手之後，就不再有機會像以前一樣結交到心儀的男朋友，總感覺從83年起到目前為止（民國90年8月）都是似有若無的情形。」

在民國81年、壬申年底，她在美容院的工作從小妹助理之職務升任為師父級的職務；在83年不僅感情遭逢挫折，這一年底也因與主管不和而換了工作場所，到另一家美容院上班。換了另一家美容院後，感覺上似乎有受到老天的特別眷顧，從84年起到86年底的三年期間，她不僅獲利豐厚，美容技術也進步神速，並且也頗受主管的器重與客戶的讚揚；87、88年這兩年的獲利雖也不錯，但因結交了一些朋友，因此開銷也增加，與三五姊妹淘出去逛街時，經常會有無故「血拼」的購物衝動與行為，其結果是這兩年當然是賺多也花多，幾乎沒存到甚麼錢，反而是身體兩邊的肩胛骨有明顯的酸痛、疼痛等職業病的情形產生。

在88年、己卯年底因與同事間產生摩擦，故又再次的更換工作場所，89年、庚辰年在工作上的表現與獲利也可說是甚為滿意，也因此被老闆調升到另一家分店當店長，獨立負責該分店的一切盈餘虧損。她升官時初期的喜悅及獲得眾人的祝福，卻無法抗拒先天八字命局的架構，正、偏官星既是她命局的忌用神，則在工作職場上若位居主管職階的話，到最後必定會帶來負面的影響，輕者為疾病上身，重者為去官丟職、或是惹上官司是非之災。

在民國90年、辛巳年起因剛接新的主管職務，又是新的分店，所以一切事情都要從頭摸索，這時又逢遇世界經濟的不景氣，臺灣的經濟也同樣受到很大的影響，她負責的分店的營業額不僅不見盈餘，反而出現虧損的業績，她也因此受到老闆的苛責，老闆並進一步苛扣她分店裡員工的薪水，到農曆五月（午月）她忍不住而與老闆吵架並提出辭呈，隨即隻身從中壢市南下到高雄市要再重新出發，只是到申月（農曆7月）為止都還未找到工作，算是處於失業狀態中，迄今、虛35歲為止也是單身未婚。

筆者跟她說：「妳的一生是屬於倒吃甘蔗型，要到39歲以後才能夠漸享財名之福，從那時候起也才會有貴人的相助，妳如果要自創業也是要在38歲下半年才可以；但不管是上班或創業，妳的貴人就是妳當時所碰到的長輩、主管等類型，因此妳若想要在人生事業上有一番出人頭地的成就，就必須要接受周遭長輩或主管的善意規勸與指正，如此妳命局的格局才會提升，現實上的生活層次、事業規模也會更為提升與擴大，獲利也必定會更為豐厚。」

實例⑫ 放牛班與研究所

◎**乾造：**55年10月19日亥時 建生。

2歲又120日上運，每逢己甲年2月19日交脫大運。

正財	丙	午	偏財	
偏官	己	亥	比劫	驛馬．
日主	癸	巳	正財	天乙貴人．金神．
比肩	癸	亥	比劫	飛廉．驛馬．

4～8	庚子	9～13
14～18	辛丑	19～23
24～28	壬寅	29～33
34～38	癸卯	39～43

他在國中的時候是讀放牛班的學生，當然的高中所讀的學校也是不理想，但在當完兵後卻努力的衝刺，終於考上私立夜間部大學並且修完碩士班的學分，畢業於研究所的

建築系。

日主癸水生於亥水月令，為三冬水氣旺相的月令，窮通寶鑑說：「冬月之水，司令當權。遇火則增暖除寒，見土則形藏歸化；金多，反曰無義；木盛，是為有情；土太過，勢成涸轍；微水氾濫，喜土堤防。」他命局見兩個亥水、兩個癸水，其中一個亥水又是月令之五行，可知是一個水旺、日主元神也旺的格局。現在我們就窮通寶鑑的論述來分析他命局的喜用神：

1、火：三冬的月令雖已是寒氣入令的節氣而須見火星來暖局，但是其中最為需要火的則是冬十二月的丑土，雖說丑月之天時已轉二陽，但終究還只是在醞釀之中而已，而丑土本身則是一個金庫之土、一個寒凍之土，丑土月令正是天寒地凍之時，尤其是就癸水而言，乃落地成冰、萬物不能舒泰，因此不管是壬水或癸水，俱都以丙火來暖局為最為迫切之喜用神。其次需要火的則是冬十一月的子水，冬十一月雖也說已是一元復始、萬象更新之節令，但終究它還只是為萬物之甦醒預做準備而已，氣候已接近冬十二月寒凍月令，因此丙火也是迫切需要的用神；十月的亥水月令，剛從九月之燥土—戌土月令交替而來，時序為剛入寒冬之令，氣候雖已有冷意，但卻是水勢旺盛而不見凍結之象，這時候不僅需要丙火來暖局，也需要戊、戌土來阻水之奔波，否則在現實生活上會見東奔西走的奔波忙碌、勞苦之狀。

2、木：三命通會說：「十月之木遇火貴而有壽，蓋冰寒土凍仗火以溫暖其根故也。火、土輔運，富貴雙全；見金，雖無害其根本，未免骨肉相參；得水，則有滋助之意。徐揚人（為丙丁巳午火、南方人之意）利就名成，冀雍人（為壬癸亥子水、北方人之意）貧寒孤剋。」木是他命局十神中食神、傷官星的含意，木星不僅是他秀氣吐露、才華發揮的表徵，更也是地支中水、火相戰的通關用神，可以轉化水剋火之勢，並可以用為生火之源頭，所以木遇火不僅貴而有壽，且是富壽並享，只可惜他命局的木星藏於亥中，亥中的甲木被亥中的壬水浸濕，濕木則是難以生火。

3、土：土可分為戊、戌、未之燥土與己、辰、丑之濕土。窮通寶鑑就冬十月之癸水說：「若一派壬子、無戊，名冬水汪洋，奔波到老；或己透戊藏，與戊透制水者，清貴而富。」先賢徐樂吾註說：「癸水見壬，陰轉為陽，與壬水同論，專用財官，用戊更須丙火為佐也。己透戊藏，仍以戊土為用；己土濁壬，反而生木，不足以止水。」

他命局的天干雖不見壬水透出，但地支見雙亥水，則水勢之旺盛是不言可喻的，而阻擋此旺盛之水勢所最需要的則是戊、戌之類屬城牆、高山型的燥土；未土雖為燥土，但它是屬於田園之燥土，僅能培植甲、乙木，並提供火氣以為暖局之用，至於阻水之力則尚嫌不足；己土為不帶火氣的田園之土，只能濁水以生木，一樣無阻水之力；辰土為水庫土，見到亥、子水、申金，反而更加強旺盛之水勢；丑土為凍土，亥、子水見到丑庫，只會使水勢趨於凍結而不流通，使氣機陷於停滯而不流暢。

由此可知，他的命局最主要之喜用神為木與戊、戌燥土，火與未土則為次要用神；至於金、水與辰、丑、己之濕土則為忌用神。

金、水為命局的忌用神，金為印星、母親之意，水為比劫星、兄姐之意，財星為喜用神、為父親。財星明現於年、月柱，印星不明現，因此他幼年及讀書時期的家境生活還算不錯，但母親的身體長期不好，有氣管、肺等呼吸系統方面的疾病；他本身則有肝火大及容易疲勞、倦困的毛病。

就西醫解剖學而言，呼吸系統是由外鼻、鼻腔、咽頭、喉頭、氣管、支氣管、肺臟等器官所組成。外鼻是指顏面上可見的部分，前下部由軟骨、後下部由硬骨構成。

鼻腔則是外鼻進入顏面的空腔部分，由鼻中隔將鼻腔分為左右兩半；鼻腔內黏膜的表面積分佈很廣，可給予進入肺部之空氣一定的濕度，並且使之溫暖；鼻腔又分為上、中、下鼻道，在中、上鼻道中有上顎洞、前頭洞、篩骨洞、蝶形骨洞等副鼻腔，而副鼻腔則是常引起蓄膿症的地方，尤其以上顎洞為最多。喉頭是可以發音的發聲器，在氣管上方較短的部分，時常呈開放性，由軟骨支柱構成，如甲狀軟骨、環狀軟骨等即是（詳後圖）。

◎鼻腔、咽頭、喉頭構造圖

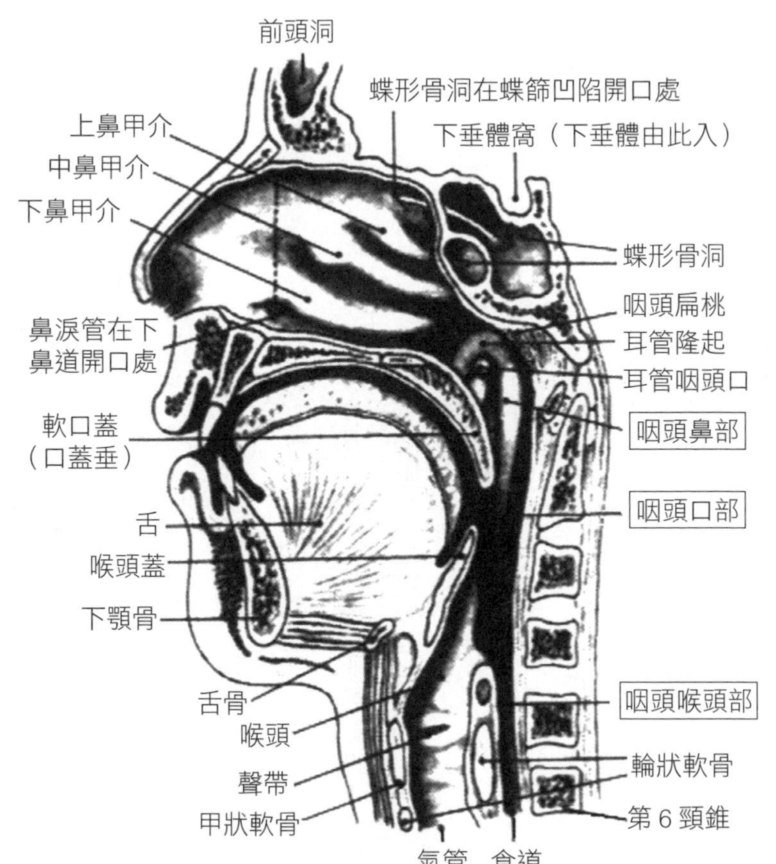

氣管為長約十公分的半圓筒管狀，經常開放、中通空氣；我們若以手摸頸部前方，可以發現喉頭軟骨之下有一個硬管，即是氣管。在食道前方、約於心臟後方，即第五胸椎處分成左右支氣管，右邊的支氣管較粗且短，而我們不小心誤吞入異物時則多半會進入左右支氣管。不論左右支氣管，都向下方延伸，經肺門而進入肺內部，接著又分細支，最後到達肺泡組織。

肺臟被胸膜完全包住，因為心臟位置偏左，所以左肺較右肺小，兩者的體積比是右六、左五；右肺分上、中、下三葉，左肺僅分上、下二葉。在相當於肺臟入口處的肺門中有支氣管、肺動脈、肺靜脈、淋巴管、支氣管動脈、支氣管靜脈、神經等通過其間。支氣管進入肺之後就一再的分枝，最後成為袋狀的肺泡（詳後圖）。

肺臟是由無數的肺泡所構成，肺泡壁非常薄，是由有彈性的薄膜所組成，其中有非常多的微血管，可容納紅血球通過。當胸腔擴張為吸氣運動時，肺中的肺泡也隨之擴張，此時空氣就經由氣道進入肺泡；當胸腔為收縮呼氣運動時，肺泡中的空氣也因肺泡之收縮而被排出體外。在肺臟為吸氣與呼氣之運動時，肺泡內的紅血球即將來自體內的二氧化碳與來自空氣的氧氣進行交換，將二氧化碳經氣管排出體外，將氧氣經由紅血球之攜帶、體循環作用而供應身體營養、熱能之需要。

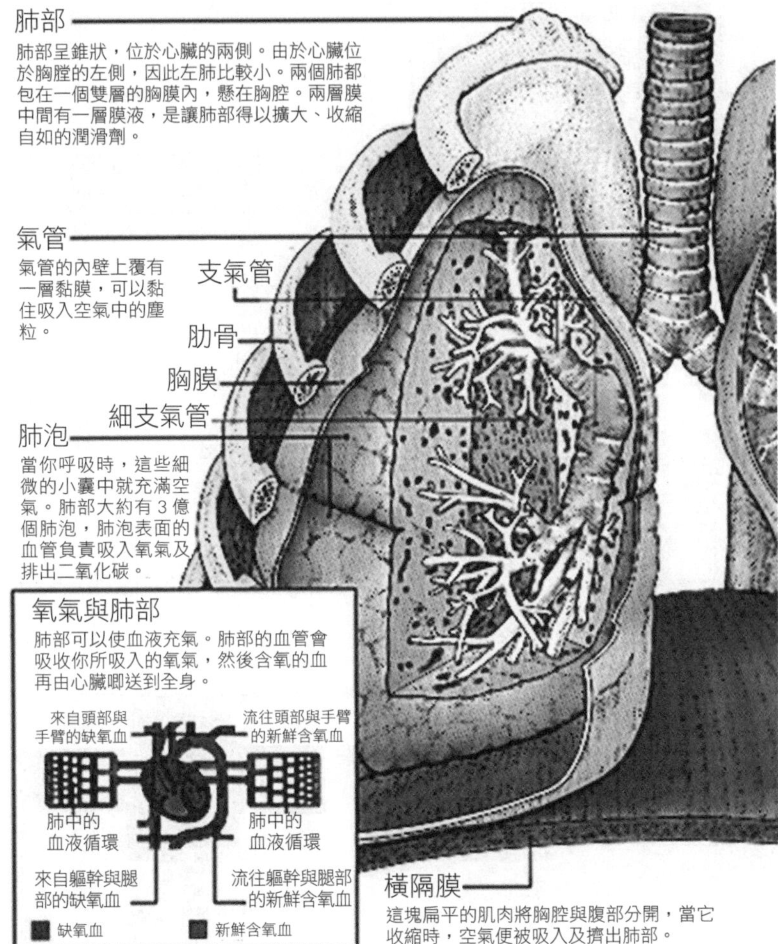
◎肺臟與支氣管構造圖
肺部
肺部呈錐狀，位於心臟的兩側。由於心臟位於胸膛的左側，因此左肺比較小。兩個肺都包在一個雙層的胸膜內，懸在胸腔。兩層膜中間有一層膜液，是讓肺部得以擴大、收縮自如的潤滑劑。
氣管
氣管的內壁上覆有一層黏膜，可以黏住吸入空氣中的塵粒。
支氣管
肋骨
胸膜
細支氣管
肺泡
當你呼吸時，這些細微的小囊中就充滿空氣。肺部大約有3億個肺泡，肺泡表面的血管負責吸入氧氣及排出二氧化碳。
氧氣與肺部
肺部可以使血液充氣。肺部的血管會吸收你所吸入的氧氣，然後含氧的血再由心臟唧送到全身。
來自頭部與手臂的缺氧血
流往頭部與手臂的新鮮含氧血
肺中的血液循環
肺中的血液循環
來自軀幹與腿部的缺氧血
流往軀幹與腿部的新鮮含氧血
缺氧血
新鮮含氧血
橫隔膜
這塊扁平的肌肉將胸腔與腹部分開，當它收縮時，空氣便被吸入及擠出肺部。

以下是幾種常見有關呼吸系統方面的疾病：

1、支氣管擴張症：支氣管在越靠近末梢的部份會越細微，由於某種不明原因的病症，其末梢的部分不但不見細微化，反而變成擴張粗大的情形，這就稱為「支氣管擴張症」。它的症狀是咳嗽和痰特別多，尤其是晚上就寢時特別激烈。痰多半是膿狀的，而且份量很多，同時會有腐敗的惡臭。患者會臉色不佳、食慾不振，偶而會有血痰或咳血的現象；若是小孩患此症，身體上的發育會發生障礙。此症若受細菌入侵，會引起急性炎症。

已經擴張的支氣管，是無法恢復原狀的；根治的辦法就是將支氣管擴張的部位切除。但若擴張的部位很大，或者是肺機能非常衰弱時，是不能手術的。因此，最好是能早期發現並服用抗生素；此外，應採取使痰容易咳出的姿勢，以防止惡化。

2、氣喘：氣喘也就是「哮喘」，是由於支氣管痙攣、支氣管黏膜發腫，或是大量分泌黏液，使支氣管變得狹窄所造成，主要的症狀則是會有「滋滋」聲音的發作性呼吸困難。這種疾病與遺傳性的體質有密切的關係，在平常多半是吸入空氣中的灰塵、黴菌所引起，有時是對某些物品反應過敏，如食物、藥物、動物皮毛、花粉等，有些人在焦慮或過度興奮時也會發作。

氣喘是無法預防的，但若能注意以下幾點的防範措施，也許可以減少發作：一、切勿吸菸。二、避免進入塵埃滿佈或煙霧瀰漫的場所。三、傷風、咳嗽應及早治療。四、作息有序，保持睡眠充足，避免情緒波動及過勞。五、要練好身體，按身體狀況多做運動。運動類型中的游泳不僅能夠增加肺活量，還有助於練習控制呼吸，且游泳池中也無花粉或塵埃之存在，故應是最適合的運動。六、避免過度的飲食及太冷、太熱的氣溫。七、隨身攜帶治療氣喘藥物，以為隨時治療之需要。

3、肺癌：癌症是人體組織細胞發生病變之後，即漫無限制的擴張、增生繁殖且侵入其它器官組織，或為局部性的侵蝕，並繼續的再攝取人體營養，以致人體內的組織遭受破壞而失去其正常的功能。

由於大多數的癌症病因不明，所以很難以事先得知及預防，肺癌之病症也是如此。肺癌的潛伏期很長，等到症狀出現時，最常見的現象是咳嗽，同時胸部X光片也能顯現出它的面積，然而也有症狀可能相當輕微而被忽略，但癌細胞仍然繼續擴大，直到變成一個直徑三公分大的腫瘤時，X光片上已可清楚看到它的存在。此時症狀是相當明顯，咳嗽是最常見的，痰中可能帶血，也可能大量咳血，體重可能減輕，呼吸也可能不順暢，也可能有靜脈炎與血栓形成，也可能在肺的同一處反覆產生肺炎，也可能淋巴腺腫大、上腔靜脈阻塞、心胞膜及肋骨腔積水或肝臟腫大等。到末期時會出現頭痛、胸痛、腰酸背痛、手臉浮腫和呼吸困難等症狀，整個人很明顯的變得非常衰弱。

在平常若是發現久咳不癒、痰中帶血時就應立刻就醫治療。一般而言，每半年一次的例行胸部X光檢查或痰液檢查，是發現早期癌症的最好方法。若想減少得肺癌的可能性，最好的方法則是戒菸，並且共同致力於改善空氣污染；或者是身體有任何不適時，縱使輕微，仍應立刻找合格的醫師診治為佳。

就中醫學的病理觀點，先賢名醫唐容川就臟腑器官中的肺臟有如下精闢的論述：「肺為乾金，象天之體，又名華蓋，五臟六腑受其覆蓋；凡五臟六腑之氣皆能上薰於肺以為病，故於寸口肺脈，可以診知五臟。肺之令，主行制節，以其居高，清肅下行，天道下際而光明，故五臟六腑皆潤利而氣不亢，莫不受其制節也。肺中常有津液潤養其金，故金清火伏；若津液傷，則口渴、氣喘、癰痿、咳嗽；水源不清而小便澀，遺熱大腸而大便難。金不制木則肝火旺，火盛刑金則蒸熱、喘嗽、吐血、癆瘵並作。皮毛者，肺之合也，故凡膚表受邪皆屬於肺，風寒襲之則皮毛洒淅，客於肺中則為肺脹、為水飲沖肺，以其為嬌臟，故畏火、亦畏寒。」

又說：「肺開竅於鼻，主呼吸，為氣之總司；蓋氣根於腎，乃先天水中之陽，上司鼻，肺司其出納。腎為水、肺為天，金水相生、天水循環，腎為生水之源、肺即制氣之主也，故凡氣喘、欬息，皆主於肺。位在胸中，胸中痛屬於肺，主右脅，積曰『息賁』，病則右脅有動氣。肺之為義，大率如此。」

就八字命理學的古經命典方面，三命通會說：「鼻塞酒齇、語蹇、氣結、咳嗽者，屬肺家，庚辛申酉金受虧，主病也。」又說：「庚辛見丙丁巳午多者，內主腸風痔漏、糞後下血、痰火咳嗽、氣喘吐血、魍魎失魅、虛煩癆症，外主皮膚枯燥、肺風鼻赤、疽腫發背、膿血無力。」滴天髓說：「金水傷官，寒則冷嗽、熱則痰火。」先賢任鐵樵就此註說：「金水傷官，過於寒者，其氣辛涼、真氣有虧，必主冷嗽；過於熱者，水不勝火，火必剋金；水不勝火者，心腎不交也；火能剋金者，肺家受傷也。冬令虛火上炎，故主痰火。」

由以上可知，中醫病理學及八字命理學都將五行中的「金」，視為人身體上的大腸及肺，其中以辛、酉金為肺臟，庚、申金為大腸、腸腑。他的命局中五行的「金」星完全不見，且又呈現水、火兩強相戰之情形，金為印星、又為母親之含意，這或許正是母親有呼吸系統方面毛病的徵兆。

古先賢之醫藥名著「醫方集解」就「癆瘵」之治療，有如下之藥方：

名稱：十四味建中湯。

提綱：祛寒之劑。

功能：虛損陰斑。

組成：黃耆、人參、白朮、茯苓、甘草、半夏、當歸、白芍、熟地、川芎、麥冬、肉蓯蓉、附子、肉桂，加薑棗煎。

主治：治氣血不足，虛損勞瘠，短氣嗜臥，欲成「癆瘵」，及陰證發斑，寒甚脈微。

製服法：以三碗水煎熬至一碗水，而為服用。

方義：足二陰陽明氣血藥。

（1）黃耆：益衛壯氣，補中首藥。

（2）四君：補陽所以益氣；四物：所以養血，陰陽調和，則血氣各安其位矣。

（3）半夏：和胃健脾。

（4）麥冬：清心潤肺。
（5）蓯蓉：補命門相火之不足。
（6）桂附：引失守之火而歸元。
（7）於十全大補之中，而有加味，要以強中而戢外也。

加減方：

（1）八味大建中湯：除茯苓、白朮、麥冬、川芎、熟地、蓯蓉。
（2）樂令建中湯：除川芎、熟地、白朮、附子、蓯蓉，加柴胡、細辛、陳皮。主治臟腑虛損，身體羸瘦，潮熱自汗，將成勞瘵，大能退虛熱、生氣血。

由於筆者已經事先從介紹他來推算命理的客戶處，得知此他為研究所畢業、目前在建築師事務所上班，因此在論及他的學歷時，筆者跟他說：「你讀小學時的成績還不錯，但從民國69年，當時為虛15歲，應該是讀國二時期起，課業成績就有一百八十度的轉變，連續五年到高中畢業，書都讀得不理想，而你的讀書運也要從民國75年起才見好轉，可是前幾年並不是好的讀書運，所以高中畢業後要能夠馬上考上大學，恐怕是不可能的事，因此最有可能的情形則是在當完兵後，才考取大學並繼續完成碩士學位。」

他說：「我小學的成績都是在班上前幾名，但不曉得為甚麼，在讀國中的時候，書就讀得不理想，在國二分班時被分到放牛班，讀書的成績當然是不用說的，高中讀得也是私立學校，畢業後就去當兵了。76年5月（農曆4月）出操時腰部受傷，下半年退伍後並衝刺了一年，在77年順利考上夜間部大學建築系，82年大學畢業並如願的考上研究所，84年從研究所畢業。」以上是他的讀書求學過程。

就學歷之高低及考運之好壞，筆者在所著的《八字自學講義》下冊，論「學歷高低與考運」中有詳細之論述，今引述如後：

星平海會論科甲歌說：「魁星歲駕五經名，甲旺提綱榜眼清。火明木秀從魁印，金白水清甲第新。重疊玉堂登紫閣，調和水火貫黃金。木生春令逢傷食，甲宿文場義理深。財印兩輕官煞是，甲第連科一舉成。根苗天乙俱榜眼，為魁木火定解英。相涵金水親黃榜，遞立丙丁侍紫宸。金水秋氣火方取，魁星官煞貴分明。煞重身輕休道弱，如逢印綬作魁星。誰知議此分高下，熟記猶如徐子平。」（註：煞星又稱為七殺星，是偏官星的別稱。）

這篇論述乃是以官煞印星之強弱，及五行調和之是否恰當，做為能否有才高八斗的文學義理，與能否取得科舉魁星的命理依據。這是由於印星乃為學術、文教之星，正官、七煞星為位階、榮譽之星，官、煞均能生印，故官印或煞印二者並稱為學術之星；其次十神中的食神、傷星官則為才華發露、天賦揮灑之星。此外神煞中的文昌貴人，主獲得有才學之人的相助；學堂、學館貴人，則是本人具有文學之才華與能夠榮登科舉甲榜之名；華蓋則主具有追求藝術、文學生活的雅趣，且生性聰明。

1、日主強且財官印配合得宜、相生為用之人，不僅是一富貴並享之命，並也是一高學歷之人。

2、命局用神配合得宜，四柱不見刑沖破害者，可獲取高學歷。

3、官印，或煞印相生為用之人，命局不見傷官剋官無情、或是食神制煞過重、亦或是財星近貼日主並損壞印星者，可獲得高學歷。

4、傷官配印為用之人，命局不見財星損印者，此人大抵都具有聰穎之天賦，歲運又逢生助者，必可獲取高學歷。

5、身旺、官煞亦旺之人，得食神制煞或是傷官駕官為用者，可獲取高學歷。

6、身強、比劫祿刃旺之人，得食神、傷官洩秀為用而不逢印星壞局者，可獲得高學歷。

7、月令為印星或官煞星，如為用神且不逢剋破者，可獲得高學位。

8、五行之金水文華、水木相涵、木火通明、火土文明、土金皇富等，五象相成而有祥和之氣，不見刑沖剋破者，此人必定是才高八斗、文華洋溢之人，如又得歲運之助時，不僅是可獲取高學歷，並且可在文學的領域上綻放光芒。

9、木旺土崩得火之焙土、土旺水縮得金之生水、水旺木漂得土之阻水、金旺木缺得水之生木、火旺金熔得土之護金、金寒水冷得火之暖局、火炎土燥得水之潤局等，通關、調候之神得用，歲運又不背逆者，可獲得高學歷。

10、官煞印食傷等用神被剋破，或是坐下逢空亡，命局不見救應之神者，若於歲運第二、三柱見救應之神，且於青少年、國中求學之數年又得相助之運者，也可獲得高學歷；若是大運吉、流年不好者，僅能獲得一中等之學歷而已。

11、官煞印食傷等用神坐下為文昌、學堂、將星……等吉神貴人者，易獲取高學歷；若早年之歲運再行生助之地者，例如官煞星行財鄉、印星行官煞之地、食傷星行財鄉等，必可獲得高學歷。

12、官煞印食傷等用神氣聚於年、月柱者，在年輕之時即已嶄露其文華之光芒，而得以如甘羅少小拜相、孔融早年揚名般的獲得高學歷；但用神若是聚於日、時柱，且大運在第三、四柱起始行喜用之鄉者，則於中年後會興起再求學之念頭，並也都能如願的獲得高學歷。

13、專旺格、從勢格及化氣格之人，大運之第二、三柱不行背逆之鄉者，必可獲得高學歷。

滴天髓說：「巍巍科第邁等倫，一個元機暗裡存。清得淨時黃榜客，雖雜濁氣亦中式。秀才不是塵凡子，清氣還嫌官不起。異路功名莫說輕，日元得氣遇財星。」相國陳素庵說：「看科第之發，不外清貴，但於清貴中尋其秀氣，是為科目；或秀之極、或秀而奇，則廷對及第、闈試掄元。舊取木秀火輝、金白水清等格，往往有驗，然五行生剋合法，皆可以掇巍科第；舊又取最吉之運，方發科第，不知大貴之人，即及第掄元，不必遇最吉運始貴，次吉之運可以得之，最吉之運乃其乘大權躋極品時也，若科第必登於最吉之運，則其成就有限矣。」

1、八字格局清奇、用神真假分明、閒神與忌神各有所歸、大運又不背逆者，則一生之考運可說是無往不利，每考必中。

2、命局為煞印相生之貴格，或是官印雙清之美格，考試之流年逢遇官煞印用神之地者，考試可上榜。

3、用神輕微、喜神暗伏而秀氣深藏之人，流年逢遇引動喜神之地者，可得榜上有名。

4、身、印兩旺，流年行財星之鄉；身、比兩強，流年行官、煞或食、傷之鄉；身、官或身、煞兩強，流年行食神制煞之地，或是傷官駕官之鄉；身衰、財旺，流年行比劫祿刃之地；身弱、印旺，流年行官、煞之地。以上命局之大運若不背逆者，均可榜上有名；但若是大運為背逆之鄉時，雖也能考上，然而都是為吊車尾之名次。

5、命局金寒水冷之象，流年逢遇木火暖局之鄉；或是火土炎燥之格，流年逢金水潤局之地；亦或是干支用神與它柱成沖剋之狀，又無救應之神，流年走通關之路者。由於這類之命局都為過於偏枯之命，故須大運也為不背逆之鄉，才得以有科舉中第之機，否則單憑流年之力，恐怕會力有所未逮，否則縱使上榜，也一樣是吊車尾之名次。

6、特殊格局之命，流年行旺神之鄉時，必定金榜題名。

7、命局之用神被剋破者，流年行制化該剋破之物的喜用之鄉時，考試可得榜。

8、命局官煞混雜而並旺者，流年行去官留煞，或是去煞留官之地時，可金榜題名。

9、流年與命局用神合化成用神，或與忌神合化成用神者，可金榜題名。

他接著問說：「林老師，因現在建築業處於很不景氣的時候，我目前在建築師事務所的待遇並不理想，想要自行創業，不知可不可以，是否行得通？」筆者以他命局的財星不是外露，就是被沖剋，跟他推了在84年被近親友人損財的情形，他點頭說是被兄長虧了一筆錢，目前還在清償中。筆者建議他若要創業的話，最好是以SOHO族的營業型態為之，現今是90年11月，再等個2年，在92年底創業最好。

實例⑬

少年得志的多情郎

◎**乾造：**59年9月10日酉時 建生。

9歲又290日上運，每逢庚乙年6月30日交脫大運。

偏印 庚 戌 偏官 華蓋．

偏財 丙 戌 偏官 天財．月德貴人．華蓋．

日主 壬 戌 偏官

正官 己 酉 正印

11～15 丁 亥 16～20

21～25 戊 子 26～30

31～35 己 丑 36～40

41～45 庚 寅 46～50

滴天髓說：「壬水通河，能洩金氣；剛中之德，周流不滯。通根透癸，沖天奔地，化則有情，從則相濟。」通河，即是天河的意思。壬水為陽水，為星河、為湖泊、為大海之水，長生於申，而申居坤位，位於天河之口，所以說壬水為天河之水，能洩西方庚、辛、申、酉金肅殺之氣，為百川之源，其性為周流而不停滯、易進難退，所以有剛中懷德的特質。

十二支體象詩說：「九月河魁性最剛，漫云此物易收藏，洪爐巨火能成就，鈍鐵頑金賴主張。海窟沖龍生雨露，山頭合虎動文章，天羅雖是迷魂陣，火命逢之獨有傷。」一九月戌土為金的餘氣、火之墓庫，金旺賴戌中丁火鍛鍊、水旺賴戌中戊土阻擋。能沖開辰庫而吉凶分判，見寅午戌三合火局則文章顯揚，故說戌為文華之庫、丑為武威之庫；丙臨戌宮入墓，須得水來潤澤，才得化凶為吉，如不見水潤，必受損傷。

他的日主壬水生於九月戌土月令，天河之水逢遇文華之庫，本應該是會產生一個文武兩全的人才，只可惜的是這是一個身弱的八字命局。整個命局中僅於日干見一壬水，則勢弱之水流不但不需要戌中戊土來阻水，戊土反而會變成一個汲乾壬水的元兇，在現實生活上則是周遭的損友、小人。

年干庚金通根於時支酉金，得戌中丁火的鍛鍊，本也是可以成就一件劍戟之器的寶物，只可惜庚金緊臨丙火，這個丙火對庚金而言，只能為暖局之用，並無法為鍛金之功，但是九月為燥土之月，氣候為天乾物燥之令，況且他的命局又是一個火炎土燥的情形，此時的丙火不但不能為暖局之功，反而會成為一個熔金的大火爐，就命理而言就是財破印的破局架構，在現實生活上則是長輩有愛莫能助、無著力感或愈幫愈忙的情形，他也會因酒色、財氣之事而惹上麻煩，招來不測之禍。

戌中丁火雖能鍛金，但丁火之氣卻洩於戌中戊土，強旺之戊土會去剋破日主壬水，而使日主受到傷害，此時幸得庚、酉金來洩耗戊土之力，並得順生日主為用；唯月干又殺出一個丙火來熔金而壞局，又丙火雖說自坐戌墓而力量減弱，然而戌中丁火又為丙火之根，所以丙火對庚金也會造成一定程度的殺傷力，因此整個命局中最需要的用神就是水星；水不僅可以制丙火，使庚金不因自坐戌墓而受傷，水也可滋潤燥性之戌土，使其得以生金，如此才得以成就殺印相生的美格。

命局中的喜用神不見，則唯有靠歲運的相助，才能夠成就一番事業，至於事業成就之高低，那就要看各人命盤格局之架構而定，這正如五言獨步所說：「有病方為貴，無病不是奇，格中如去病，財祿兩相隨。」先賢張神峰並就這一句話演繹為病藥說，因此神峰通考說：「若病重而得藥，大富大貴之人；病輕而得藥，略富略貴之人；無病而無藥，不富不貴之人。」

這一段話所謂的病與藥之用，須原局已有喜用神，但是卻為其它干支所剋制，以致不能被日主所用，則這個剋制喜用神的惡煞，就稱之為病，今在歲、運得去病為用之神，就稱之為藥。

本命局為日主元神弱的偏官格，戊土雖為日主壬水的偏官，但戊土也是火庫，所以也是壬水的正財庫。他的地支中見三個帶正財庫的偏官，在天干見一個丙火的偏財星，以年干及時支的庚、酉金為用神，以庚、酉金之偏、正印星化煞為用，但庚金逢丙火近剋，所以這可以說是一個財、官旺盛的重病而需要重藥醫治的大富大貴格局。

一個八字命局雖已有成為大富大貴的條件，但是在現實生活上是否能夠真正成為一個大富大貴之人，則需要靠後天的大運來相助。依筆者的經驗，至少需要有連續十五或二十年以上的喜用大運來生助、幫比命局，且在運行喜用大運之中又要逢遇數年的喜用流年，也就是說要得到歲、運的同時相助，才能成就一個大富大貴的社會菁英；若是只有十年以下，或是五年喜用大運、五年忌用之地，而大運為喜用卻逢遇忌用之流年，或是大運為忌用而逢遇喜用之流年等情形，那頂多只能成為一個中富中貴，或是小富小貴的社會人士而已。

由於他命局的財、官星都很旺盛，而財、官星又都是屬於火炎土燥之物，另外又見到兩個受牽制的印星在生助日主，因此本人在現實生活上是不會甘願屈服於一個寂靜無聲的場所，他一定會為了要賺大錢、享榮貴的慾望而奔走於商場之上，這時候最需要的就是要獲得大運的相助，現在我們來看他的一生大運，在40歲以前的前三柱大運，都是五年忌用運、五年喜用運，像運行這樣子的大運，在社會的現實生活上一定會有大起大落的情形，因此在商場上縱使能讓其獲有豐厚的利潤，但也只是曇花一現而已，無法成就其大富大貴的夢想。

16～20歲的大運為亥水，亥水是日主壬水的臨官之地、祿神之位，亥位居北斗星處，故為天門、為天河之水、為日主壬水的最大喜用神；26～30歲的大運為子水，子水為日主壬水的帝旺之鄉、為陽刃之地，滴天髓說：「五陰皆陰癸為至。」以癸水又有陰寒的特性，因此就本命局而言則是一個非常好的潤局之物。大運前兩柱地支都運行非常喜用之鄉，這也是他所以能夠少年得志的原因；但美中不足的是他在運行喜用大運之鄉時，卻不得喜用流年的相助，反而是在運入忌用之地時，卻見相助的流年，這也是他無法成就大富大貴的原因之一。

千里馬說：「出現偏財，少愛正妻多愛妾。」古歌說：「偏財財位發他鄉，慷慨風流性要強，別立家園三兩處，因名因利自家忙。」又說：「偏財別立在他鄉，寵妾嫌妻更剋傷，多慾有情妻妾眾，更宜村酒野花鄉。」財星除了是男、女命的錢財、物質生活與享受的含意外，也是男命的妻星、異性緣、女朋友。在先賢、古經命典的論述中，都將正財視為男命之正室，偏財視為男命之偏室、寵妾。但是依筆者的經驗而言，命局中若僅出現一位財星，不管其為正財或偏財，也不管是否透干或藏支，也都只能一位正配論之，並非是見到正財就論以正室、見到偏財就論以偏妾；若是天干或地支各出現財星二、三位的情形，不管其為正財或偏財，才得論以感情豐富，本人有可能是在婚前會有數次的戀情，或是婚後會有婚外情、金屋藏嬌的感情生活。

他命局的地支見到三個正財庫，戌中丁火、正財星又都暗合日主壬水，在月干也見到丙火、偏財星緊貼日主，這種命局中財星明暗多見，係一眾姐妹爭合日主壬水的情形，也正是他在現實生活上是一個風流多情郎的最佳寫照。

五行中的水、金是喜用神，水為比肩、比劫星，金為正印、偏印星，事實上戌土雖為火庫、燥土，但也為金的餘氣，其中辛金餘氣佔9日、丁火中氣佔3日、戊土正氣佔18日，因此金在他的命局而言還算不弱，只因受到火的約束而無法顯現出它的功用；此外，燥土也只能存金而無法生金、養金，需要濕土才能生金、養金，也就是說燥土需要見到水來潤局才得以發揮生金、養金之功能。

現就喜用神分析如後：

1、水：為比肩、比劫星，為同輩、同儕、朋友、兄弟姐妹、同事等人，是他命局最為需要的用神，見水入命，猶如久旱逢甘霖般的喜悅，此時萬物復甦、生氣蓬勃，整個命局氣機呈現出一片天和地潤、欣欣向榮的景象。古歌說：「傷官不忌比相逢，七煞相逢理亦同，身弱無根喜比助，身強遇比卻嫌重。」水星入命，在現實生活上則是多見得力於同儕、同輩的助力，可以承受命局中官殺的壓力，並轉而為事業之建立、聲名之遠播、身分地位之提昇等；同樣的，在事業上不僅可以獲致豐厚的利潤，並且也可以與他們共同來分享獲利之成果。

2、金：為正印、偏印星，為長輩、貴人星，在他的命局原是不弱的五行，只因受到火的剋制而無法彰顯其功用，須在流年逢遇水年，或金水組合之年，如壬申、癸酉、乙亥、庚辰、丁亥、壬辰、己亥、庚子、辛丑、辛亥、壬子、癸丑、庚申、辛酉、壬戌、癸亥等年，印星之力才得以發揮，並在印、比星相互配合的助力之下，他必定會有驟然發跡之際，一旦風雲之會，並得以享財名、富貴之福份，所以妙選賦所說：「煞為武藝、印為文華，有煞無印欠文采，有印無煞少威風，絕妙煞印雙全，宜其文武全備。」

筆者跟他說：「你在讀小學、初中時的成績算是不錯的，尤其是小四到國一的這幾年可說是頂呱呱的；但在讀高中時，因當時的年齡正是青少年時期，所以有可能因愛玩、交女朋友，或是想要賺錢等因素，以致課業成績一落千丈，其中尤其是在民國77年、當時應該是高二，這一年一方面來自學校的訓導主任、教務主任，或教官等師長：等人很大的壓力與苛責，然而另一方面又有來自班上導師或課任老師，或同學等關照與相挺，而得以相安無事，而這些關照、幫忙你的老師也會回過頭來對你訓示一番；高中像這種成績而要考上大學，那是不可能的事。」

筆者又說：「民國81、82年這兩年可說是吃香喝辣的流年，如果已經是在做生意的話，以你當時的年齡而言，這兩年可說是讓你賺翻天了，而這事業的成立應該是在退伍後的民國80年，並在父母雙親或近親長輩的資助之下而創業，只是創業不到一年就能夠有這樣豐厚的獲利，實在是不簡單；但是到了民國83年時候，又因遭受到周遭損友、小人之拖累而損失慘重，這有可能是被他們倒債、損財的情形，以致造成事業上的一個重挫，以前所有的獲利幾乎虧損殆盡，在84年又從頭開始的東山再起，到86年底止，這三年事業上的經濟還算是不錯，也有不少的獲利；到了民國87年時又重演83年的歷史，也應該是受到周遭損友之拖累，以致事業之經營再次的損失慘重，這個時候再次遭遇到人生事業上的第二次滑鐵盧之役；這種低潮慘狀一直維持到88年的農曆9月左右，到10月時又再度的重新出發，歷經幾個月的再衝刺，在去年、民國89年的將近10個月期間，又讓你再一次嚐到甜頭。以目前這一、兩年大環境的經濟不景氣狀況之下，你又能夠大賺一筆錢，說實在的也是不簡單的，這有時候不得不讓人相信命理的事情。還有，你的父母親中，有一人會有骨頭、關節等痛風、風濕方面的毛病。我這樣子大概分析了你以前的事情，你認為如何？」

他笑了說：「林老師，你說得真準，我小學四年級起讀書都是班上第一名，國中的成績也不錯；我高中讀書的情形就是你說的這樣子讀過來的，高一的時候就開始在做直銷的生意，當時確實也有賺到錢，並也開始在交女朋友，課業成績當然是一落千丈，在高二，也就是你說的民國77年那一年，學校的校長、訓導主任等人都主張要將我退學，幸好有班上導師及同學們的幫忙與照顧，才得以逃過被退學的命運。這或許是因為我當時在做生意有賺錢，對班上頗為慷慨，對老師們購買直銷的產品也有特別的優待之原因吧。」

他又說：「我民國78年、20歲畢業後，就去弄了一張腎臟疾病的醫院證明而得以不用當兵，在資訊行業上班了約二年時間，民國80年下半年在父母親的資助之下經營起資訊通信服務、器材買賣事業，81、82這兩年確實賺了很多錢，約有一千多萬元，也同時在81年結婚。就因為錢好賺且當時又年輕，因此從83年起就經常跟三五好友（也可以說是狐群狗黨之朋友）往酒家、娛樂場所去玩樂，當時可說是過著紙醉金迷的生活，已無心於事業的經營，同時在這一年發生外遇、婚外情，其結果當然是生意一落千丈，先前所賺的錢也同時揮霍、虧損殆盡。」

他續說：「民國84年又在長輩與朋友的相助之下，重新經營植物精油的批發事業，到86年底的三年間也有很好的獲利，只是沒有81、82那兩年的好；在86底年又因受到朋友的影響及鼓吹，再為其它事業之胡亂投資，結果在87年又是虧損累累，而不得不在88年國曆4月（農曆3月、辰月）再次的結束事業，中間困頓了半年；88年國曆11月（農曆10月、亥月）又再一次的經營生化科技之美容、瘦身產品的直銷事業，在去年、89年的一整年，也可說是大賺錢的流年，但今年的業績就有下滑的現象，獲利也不如去年的好；至於父母親的身體，母親方面確實有關節風濕、痛風方面的毛病。」

他接著問說：「林老師，那依你看，我未來的事業要如何經營，才不會再有大起大落的情形；還有我未來的婚姻及太太是怎樣？」

筆者回說：「依你命盤的架構來看，你事業的經營一定要有長輩及平輩的相助，人數以一、兩位即可，也就是說長輩以一位、平輩以兩位為最恰當的人數，不用太多人相助；人太多的話，則會有意見分歧、多頭馬車的情形。還有，你事業上的獲利也絕對、一定要給幫你的長輩及平輩分紅，給他們分紅愈多，你事業的經營也就愈順利，獲利也會增多。」筆者並以開玩笑的口語跟他說：「你如果要好做，就要給他們好過；如果給他們好過，你不只好做，也同樣會好過。」介紹他來的筆者客戶（現為他們生化科技公司的副總，職務僅位居他之下而已）在旁聽了即說：「沒錯，去年底我們公司就是這樣子的情形，有兩位長輩輩份的經理，結果真的是兩位意見都不合，還彼此有勾心鬥角的情形發生，其中一位在今年初離職後，公司的內部經營就不再有囉嗦的事情發生。」

筆者又說：「你的異性緣很好，感情這一條路走得也是非常精彩與豐富。這種異性緣好的原因，並不是說你對女孩子會甜言蜜語、花言巧語，而是女孩子會認同於你的做事精神與態度，此外你對女孩子也是非常的慷慨與大方，這些都是女孩子對你傾心、迷戀的地方；但是你最好不要在32歲之前結婚，以免會有婚姻上的危機；如果沒有結婚，但同樣會有感情方面的挫折。至於你的太太類型，你是喜歡那一種比較有個性、有主見的女孩子；若是個性過於溫順、隨和的女孩子，也就是說屬於傳統類型之個性的女孩子，在交往初期，你雖然會覺得不錯，但到最後你卻會產生反感，甚至於會有看不起這一類型女孩的感覺與表現。」

他說：「確實是這樣子。我81年結婚的太太，她的個性是屬於傳統典型的女人個性與脾氣，溫和而不會管我在外面的事，一心只想在家養育女兒。在我83年事業失敗而最需要別人幫助的時候，我發現到她根本不能、也沒有給我任何的幫助，從那時候起我們兩人的關係就陷入谷底，我們並在85年離婚，女兒歸我扶養。我在85年且同時認識了我當時公司裡的一位女孩子，並進而生活在一起，也生了一個兒子；我在台北買了一棟房子給她住，她現在同時在照顧我的女兒與兒子，但卻一直吵著要出來上班、工作，並說不喜歡待在家裡照顧孩子。」

他跟同事（筆者的客戶）一起來筆者服務處論命時，並同時帶著一位據稱是他們公司的女同事，他在聽筆者論說他的八字時候，偶而會抬起手去搭著這位女同事的肩膀。一般而言，命局中火旺的人，他們本身的熱量與火氣也就比較大，因此也就比較難以安靜於一個地方，一定會找事情做而東奔西走的動個不停，至於處事的堅持性與持久性，則需看個人命局的架構而論。他不只火氣大，而這個火又是他命盤中的財星、男性的異性緣或女朋友，而他本身的日元因有得到印星的化煞為用，所以並不算說是很弱，因此他本身的體內必充滿旺盛的熱火、慾望，這種情形如果又得到適度水氣來滋潤的話，則整個命局氣機會呈現出一種陰陽調和、精力旺盛的情形，在現實生活上，具有這種命局架構的人，一定很會找機會或花錢去咻！咻！嘿咻！嘿咻的去發洩多餘的精力，這也是他身邊常會伴有女朋友的原因之一。

事實上就八字命盤來單看一個人，他（她）本人在現實生活或事業上，需不需要長輩、平輩或晚輩的助力，以及幫助或不幫助的結果會如何，從他（她）本命日主的天干與其它五行，彼此間的生剋制化去分析與建議，是很容易得出答案的；但是如果他（她）有競爭對手，而同樣單純的再以他（她）本命日主的天干與其它五行，彼此間的生剋制化去分析與建議，那是錯誤與學藝不精之人所常誤用的命理分析，這也是我們常在電視媒體上看到及聽到，頗多受邀的命學從業人員，他們在電視媒體上所共同會犯錯誤的說詞，譬如就以目前最熱門的總統、立委、縣市長或縣市議員之競選為例，大體上都會說：「某人從他（她）的八字命局或是外表觀之，他（她）的日主天干五行屬金，或是他（她）的外表看起來是金型臉，而他（她）是屬於需要被幫助類型之人，因此只要找其他八字命局之日主天干為土或金命之來幫助他（她），就會產生助力；至於他（她）的競爭對手的八字命局或是從外表觀之，是屬於水命之人，或是水命的外表，因此只要找其他八字命局之日主天干為土命之人來剋制競爭對手，即可獲致勝選的機制…」等說詞。

諸如這類的說詞如果單以對當事人一個人而為分析與建議，是正確而可行的；但是若用為有競爭對手的分析與建議，那絕對是不正確且錯誤百出的，並也可歸為是學藝不精或是江湖術士的說詞，這也為什麼我們常會發現頗多命學從業人員，他（或她）們在電視媒體上常就多位從事中央或地方競選人士所為之分析與建議，其結果卻是大爆冷門，並與這些命學從業人員在選前所為的分析大相逕庭，譬如民國89年3月的總統選舉就是一個很明顯的例子，並讓社會上大多數之人對命理學產生懷疑與排斥的心態，這確實是一件頗令人感覺難過與痛心的事情。

一位命學從業人員若是對八字命理有專深研究之人，他（或她）們知道對於就有競爭對手之事件，要從八字命理去為分析與建議，絕對不是這麼簡單的從當事人八字命局的日主天干去分析與建議即可，必須還要再深入的去分析命理其它的生剋制化之架構，如此才能畢竟其分析與建議之功。

實例⑭

潤下格的女命

◎**坤造：**57年10月19日卯時 建生。

0歲又100日上運，每逢己甲年1月29日交脫大運。

偏官 戊 申 偏印 學堂．

食神 甲 子 月刃 陽刃．金匱．將星．

日主 壬 子 比劫 金匱．月德．

比劫 癸 卯 傷官

2～6 癸 亥 7～11

12～16 壬 戌 17～21

22～26 辛 酉 27～31

32～36 庚 申 37～41

三命通會就潤下格的論說為：「壬癸日見申子辰全，忌引卯巳死絕之地、三刑四衝之鄉，死絕則不流、衝刑則橫流，歲運同。或曰水太泛，須柱有土神一兩位制之，得成堤岸；既有土，怕會木為凶，如有木傷土，要金印救解，終是一生成敗。運喜西方，不宜東南。」

星平海會就潤下格的論說為：「此格以壬癸日要申子辰全，或亥子丑全是也。忌戊己戌未官煞鄉，喜西方印地，不宜東南相沖剋，歲運同。」

古歌就潤下格的論述則為：「壬癸日逢申子辰，局名潤下最為真，必須巳午並辰戌，申字當權貴絕倫。」又說：「天干壬癸喜冬生，更值申辰會局成，或是全歸亥子丑，等閒平步上青雲。」又說：「壬癸生臨水局中，汪洋一會向流東，若然不遇堤防土，金紫榮身位至公。」

筆者就潤下格的構成要件，依據近代命學先進的述說及筆者自己的經驗，而為如下之分析：

1、日干為壬、癸水人，生於亥、子水月，它支須再見亥、子水，亦即地支須有兩顆以上水星，且天干在其它三柱須有壬、癸水透出，則潤下格成局。水星干透、支藏愈多，格局愈貴。

2、日干為壬、癸水人，雖非生於亥、子月，但生於丑月，地支見亥子丑三會水方；或是生於申、辰月，地支成申子辰三合水局；此外天干須透出旺神壬、癸水於其它三柱，則潤下格成局。

3、潤下格成局，以水星為用神，以正偏印金星、食傷木星為助用之喜神。命局中除以印星引化官煞之氣為用外，如地支能再見寅木食傷星者，則歲運不但不忌官、煞之運，且更倍增其富貴、權勢之氣，蓋寅中藏有丙火得以暖和整個命局，使氣機得以更為流通，所以格局最美，要發達的機運也最強。

4、命局中最忌見到戊己戌未土之官煞星，與丙丁巳午火之財星，也就是說以財、官、煞星為忌用神；四柱中如見財官煞星干透支藏，或藏於地支又未被合化者，即成破格之局，不得再以潤下格論命，而須以一般正格論斷。

5、惟此財、官、煞忌用神僅一粒虛浮於天干而地支無根，在天干又被它柱剋合者，例如天干現丙或丁，被辛、壬剋合；天干見戊或己，被甲木剋合等。命局逢遇這種財官煞忌神，單顆現於天干又被剋合之情形，則以破而再成之「假潤下格」論斷。

綜合右述的論說及比較後，可以得知三命通會的論說較不足採信。因為潤下格是為專旺格局的一種，而專旺格局之命局的氣勢要從其旺盛、強勢及生助之五行，命局氣勢過於旺盛、強勢，則輔以順洩之五行為要，絕對不能用剋制、阻礙其旺盛氣勢之五行。

潤下格的旺盛氣勢為水、生助水的五行為金、順洩旺盛水勢之五行為木，這金、水、木都是潤下格命局最喜歡的用神；至於犯其旺盛水勢之五行的土星，則為最忌諱的用神；至於火星則是消耗旺盛水勢之五行，為次要的忌諱用神。

她的命局為日主壬水生於子水月令，地支見申子半三合水局、時干透出癸水，又見甲、卯木順洩旺盛水勢為用，僅於年干見一個虛浮的戊土來壞局，故這是一個論以「假潤下格」的命局。

戊土是潤下格命局的最大忌用神，戊土為潤下格日主的正、偏官星，這正、偏官星又是女命的異性緣、男朋友、夫星；此外，由於潤下格為專旺格的一種，因此生為專旺格之女命，她們的一生必有感情或婚姻上的挫折或遺憾，也必會受到男朋友、丈夫（或前夫）的拖累，當然的，她也是不例外。

她的年干為戊土偏官星，為她的異性星或夫星，此戊土被月干甲木近剋、土氣又盡洩於坐下之申金，所以戊土是一個氣勢非常弱的五行。命局中單就這一個氣弱的戊土而言，她要早談戀愛或早婚的機會，根本是微乎其微，然而她大運的第二柱為壬戌，戌為燥土、為年干戊土通根之處，此時偏官星的氣勢因干透支藏而轉弱為強，此大運戌土的管運又是17～21歲期間，因此她在讀高中的時候就已墜入戀愛的情網之中。

民國76年、丁卯年、20歲畢業後，經過同學的介紹而進入一家廣告公司上班；隔年的77年、戊辰年，本命年干戊土官星再次獲得流年戊土的助力，辰土與命局的申子又三合為水局，這一年與相戀多年的男朋友在眾人的祝福之下，步上紅地毯的那一端而結為連理，夫妻兩人隨即於78年、己巳年生下第一個愛的結晶，為一男嬰。

她結婚後仍然待在廣告公司上班，在民國82年、癸酉年的未月（農曆6月），她的父親在毫無預警的情況之下，因突發性的腦溢血而暈倒，經送醫即救無效而病逝。筆者跟她說：「從妳的命盤來看，父親的氣勢是比較弱，但無法看出有高血壓方面的毛病；反而是妳的母親有高血壓及筋骨痛風方面的毛病比較明顯。」她說：「沒有錯，我媽媽常有頭痛及骨頭酸痛方面的毛病。」

83年、甲戌年，流年甲木食神星與命局月干甲木，裡應外合的強力剋破命局年干之戊土偏官星，流年戌土偏官星又是忌用神而讓她產生壓力、反感、排斥，本命年支的申金又是流年戌土神煞中的驛馬星。這種流年的引動，就工作而言，是一種「危機就是轉機」的情形，這一年她忽然感覺到往後的日子如果一直在這家廣告公司上班，好像不會有甚麼很好的發展，也不會有賺很多錢的機會，因此在壬申月（農曆7月）經朋友的穿針引線之下，跳槽到一家外商保險公司當保險業務人員。

民國84、85、86年這幾年在保險公司的收入還算不錯，87、88年由於為寅、卯木之食神、傷官星的流年，因此業務上的客源增加不少，業績也因此增進很多，當然的獲利也相對的倍增；只可惜，福份總是難雙至的，流年雖見寅、卯木之喜用神，卻也伴隨著戊、己土之忌用神。筆者跟她說：「妳的婚姻若不是在民國84年，就是在民國89年會出現危機，這種危機的發生有可能是你先生的事業不順遂，或是好吃懶做，要不就是出軌、發生婚外情之事。另外，87、88年這兩年的業績與獲利雖然增加不少，但另一方面卻也受到主管的壓力、苛責，或者是受到先生的拖累。」

她說：「在公司方面倒是沒有感受到主管的壓力，至於84年則是因與第一任的丈夫個性不合而離婚，在86年又再婚；然而我在88年發現第二任的先生有外遇，我們兩人並在89年的國曆1月離婚。由於第二任的先生在離婚之前就已經信用破產，又用登記我名字的房屋向銀行貸款，我到目前還在清償前夫所積欠的債務。」

她在89年、庚辰年卯月（農曆2月），因「腎臟炎」之疾病而住院十天，同年的午月（農曆5月）又因呼吸系統方面的過氧症而病倒；90年、辛巳年卯月，又因急性腸胃炎的疾病而再度住院。

就現今西醫的解剖學理而言，泌尿系統包括腎臟、輸尿管、膀胱、尿道器官等構造，筆者在此單就她罹患疾病的腎臟器官來分析：

1、腎臟位於脊柱兩側，附著於後腹壁，不會移動，右腎的位置比左腎略低。腎臟縱長約十一公分、寬約五公分、厚約三公分、重約130公克。將腎臟由前面切斷，觀察其剖面，可見到有周圍皮質與內部髓質的區別；在髓質部有十數個腎椎體，腎椎體頂點稱腎乳頭，自此可以泌出尿液，流入腎杯與腎盂，接著尿液又自腎盂流向輸尿管（詳後圖）。

2、腎臟是一重要血液過濾器，身體中不需要的物質，幾乎完全由腎臟排出體外。腎臟中約有一三〇萬個絲球體，為微血管群，存於腎皮質，為過濾血液及製造尿液的場所，可自血管壁將尿液過濾，排至尿細管中。球絲體又稱為腎小球、脈球體，與包在外面之囊，合稱腎小體。

3、尿中含有各種成分，球絲體在尿細管中又可將尿中的水、納、鈣、氯、尿素、氨基酸、葡萄糖等再行吸收，其他如肌酸、硫酸、檸檬酸、馬尿酸等有毒物質，則被排至尿中、排出體外，不再吸收。

4、腎臟上端附著一個三角形的器官，它與泌尿系統完全無關，是分泌腎上腺素、可體松等荷爾蒙的內分泌器官；其所分泌之荷爾蒙進入微血管，被送往全身。

腎上腺素是一種具有刺激交感神經作用的荷爾蒙，它有收縮末梢血管、促進心臟搏動、擴大支氣管及增加血糖的作用。

5、當腎臟呈現貧血狀態時，體內會被迫增加血液，故需要提高血壓作用，以便將大量血液輸向腎臟，因此當腎臟發生毛病時，通常也會引發出高血壓之併發症。另外腎動脈先天細小狹窄者，其腎臟容易貧血，也易患先天性高血壓症。

6、腎臟既然是製造尿液的器官，故當在我們小便時，若發現排出尿液有血尿或尿蛋白的情形，這是已經罹患腎臟疾病的症狀，也就是說腎臟組織中的絲球體遭受破壞，或因感染細菌而發炎所致，例如絲球體腎炎即是。

正常的尿液是清澈並呈現淡黃色，且只有一點淡淡的尿味；不正常的尿液則是尿液中有血色，或含有葡萄糖，或是大量的蛋白質，這種情形表示著可能罹患糖尿病、腎臟疾病、感染、腫瘤等方面的毛病。因此當我們發現排尿有惡臭、變色，或是有血污、過多泡沫的情形時，這可能已是罹患腎臟方面的疾病，此時就要趕快到醫院做尿液檢驗；若是疏忽或不在意的話，就很容易發生急、慢性的腎臟病。大抵而言，腎臟病都會引發全身倦怠、頭痛、血尿，有時除了頭暈、噁心、嘔吐外，血壓還會升高，甚至於會有抽筋現象的發生，拖到最後則是形成尿毒症，其結果則是因意識不清且痙攣而死亡。

中醫就腎臟的學理論述，則是以癸水為腎臟、為骨髓，通於耳，為鹹味，對應北方玄武七宿。

1、腎藏「志」，心之所繫為志，神生於精、志生於心，即心火照腎水而反射，故為記憶、知覺的表達，為智慧之意；若腎臟虛耗者，則每多健忘或失憶。

2、腎者，水臟；水中含陽，化生元氣，根結丹田；內主呼吸、達於膀胱，運行於外則為衛氣，此氣乃水中之陽，別稱之名為「命火」（命門之火）。

3、腎為先天之本，是藏精之臟，所藏之精除藏本臟之精（即男女媾精的精氣，女子主天癸、男子主精血，水足則精血多、水虛則精血少，為先天之精）外，尚藏有五臟、六腑水穀所化生的精氣為後天之精，能滋養臟腑及肢體各部之組織。

4、腎於體主骨髓，腎精並能滋養骨和髓，素問經說：「腎生骨髓，腎充則髓實」，因此骨髓痿則屬於腎疾。腎病者，臍下有動氣，腎上交於心則水火既濟，不交則火愈亢；位在腰，主腰痛（註一）；開竅於耳，故虛則耳聾、耳鳴；瞳人屬腎，虛則神水散縮、或發內障；虛陽上泛，為咽痛、頰赤；陰虛不能化水，則小便不利；陽虛不能化水，小便亦不利。

◎腎臟圖

腎

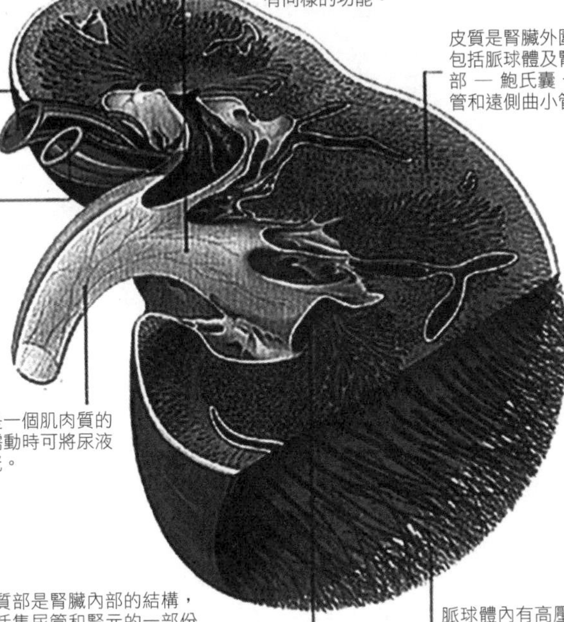

集尿管收集腎盂內的尿液。腎盂內的細胞有很好的防水作用，可防止尿液的再吸收。膀胱和輸尿管的內壁也有同樣的功能。
皮質是腎臟外圍的部分，包括脈球體及腎元的上半部 — 鮑氏囊、近側曲小管和遠側曲小管。
腎靜脈送出已過濾的血液。
腎動脈輸入未過濾的血液。
輸尿管是一個肌肉質的小管，蠕動時可將尿液壓入膀胱。
髓質部是腎臟內部的結構，包括集尿管和腎元的一部份亨利氏環。
脈球體內有高壓力的血液，水和某些化合物經此過濾至腎元中。

腎元

血液流過鮑氏囊時，其中的葡萄糖、胺基酸、鉀及鈉離子、水，由近側曲小管再吸收回血液中。腎元內壁的細胞像一個唧筒強迫鈉離子通過內壁而進入微血管內濃度很高的溶液中，殘留的鈉離子必要時可在集尿管內再吸收。

近側曲小管
遠側曲小管
脈球體
亨利氏環
鮑式囊

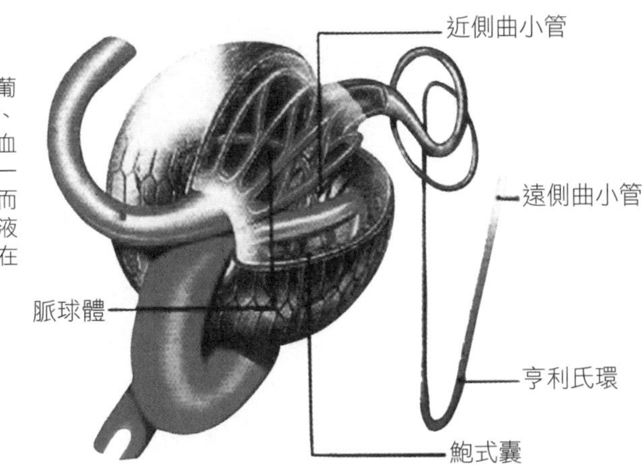

5、腎水充足，則火之藏於水中者為韜光匿彩、龍雷不升，是以氣足而鼻息細微，若水虛，則火不歸元，喘促虛癆，諸症併作如：咽痛、聲啞、心腎不交、遺精失血、腫滿、咳逆、痰喘、盜汗；如陽氣不足者，則水泛為痰、凌心沖肺，發為水腫、腹痛、奔豚、下痢、厥冷、亡陽大汗、元氣暴脫。

6、肝腎又同源，以肝藏血、腎藏精，肝的疏泄條達和調節血量的功能，必須依賴腎陰的滋養；腎陰的再生，又須通過肝的疏泄而藏於腎；肝和腎又均有相火，相火源於命門，故精血也同源。腎之機病有如此者。

此外，清末民初的四川名醫何仲皋所著的「臟腑通」又說：「腎脈貫膈注肺，二經金水相滋；腎經水氣向肺移，跗腫小便不利。又有金水不相生，腎經由之而虛；瞳神散大磁朱醫，吸鐵引針神劑。」關於這一句話的論述，筆者引用現代命學先進鍾義明老師的述說於後：

「此為金水不相生之病。金本生水，何以水不受金生？情形有三：

1、冬天金寒水冷，命書所謂『母慈滅子』。

2、金多而水少，為『金多水濁』。

3、水多金少，為『水多金沉』，尤其是冬天的金，醉醒子云：『北金戀水而沉影』也。另外，夏月之金被火強烈剋制，也無力生水。

跗腫、小便不利是腎臟病的症狀；瞳孔散大（疼痛、恐懼皆會引起），在中醫看是『腎水不足、卒中』，屬危症，須以現代醫學急救。

磁石色黑、性辛鹼、屬水，能引肺金之氣入腎；朱砂味甘而涼、色赤、屬火，洩心經實熱。孫真人《千金方》有『磁朱丸』，乃道家黃婆（脾）媒合嬰（腎）、姹（心）之理製成；李時珍曰：『蓋磁石入腎鎮養真陰，使神水不外移；硃砂入心鎮養心血，使邪火不上侵；佐以神麴消化滯氣，溫養脾胃生發之氣。』能治目病。」

八字命理的命盤格局，分為正格與特殊格局。正格的取用，則是以日主元神的強旺度在命局中達於中和、中庸的程度為準則；特殊格局又分為專旺、從強與棄命從弱等類型，其中專旺與從強格的命局則以日主元神達到強旺之極的程度為要；而棄命從弱格，則是以日主元神達於至弱、無生存之地的程度為主。

八字命局雖有正格與特殊格局之分，但是從八字命局來論斷身體的疾病，則完全以日主元神達於中庸的程度為論斷之標準，不再有正格或特殊格局之分。她的命局雖為「假潤下格」而以金、水、木為五行命理的喜用神，但就身體的疾病而言，則是以水勢過於旺盛而為病根之處，因此筆者在書寫給她的命盤表上就身體疾病方面，則列有下痢、暈眩、心悸、泌尿系統、呼吸系統等病狀，她看完後說她身體上確實有這些毛病。

八字命理同中醫一樣，都以五行中的癸水為腎臟之表徵，水勢過旺或不足都會有腎臟方面的疾病。滴天髓說：「金水枯傷而腎經虛。」又說：「土燥不能生金，火烈自能暵水，腎經必虛。」近賢金子樵說：「水為膀胱、腎，忌土入水，主患膀胱、腎病。」病源賦說：「水敗腰駝，莫用岐黃之法。」縱觀古經命典及先賢有關腎臟疾病，都是以水受燥土之剋制為發病之因，事實上他們卻都忽略水勢過旺也會導致腎臟疾病的發生。

民國89年為庚辰年，辰與命局申子三合成水局，整個命局呈現出一汪洋之象，水多則金沉，為金水不相生之病；此外就中醫的六沖化氣之疾病論述，庚辰年之辰與戌相沖，化為太陽寒氣，主小腸、膀胱、腎臟、頭痛、腰部、傷風、傷寒等疾病。她發病的月份為己卯月，己土為爛泥巴、濕泥之土，時柱的癸水受己土剋制而成混濁之狀，卯又暗合申金，由於這些種種不利因素的碰在一起，再加上她本命就有泌尿系統方面的病因，故而導致腎臟發炎之疾病。

因癸水受己土剋制而成一混濁的爛泥巴之狀，腎臟就病徵而言，則是一腎水腫的疾病，為腎臟機能萎縮、急慢性腎炎的症狀，可服用經過提煉的「濟生腎氣丸」之科學中藥，這是一劑治療脾腎兩虛、腎臟機能萎縮、小便不利、水腫積脹、慢性腎炎、虛症水腫等疾病的中醫複方藥濟，中藥成分則有「熟地、山茱萸、山藥、牡丹皮、茯苓、澤瀉、肉桂、炮附子、車前子、牛膝」等。

◎註一：八字命理學與中醫學都將腰背酸痛的毛病，歸咎於是因腎臟之疾病所引起，關於這樣的論點，筆者就從事命理、五術行業多年以來的經驗與心得而言，並不贊同這種論點與說法。筆者將在後面另以一範例來論述自己的心得與觀點。

實例⑮ 正官格行傷官大運

◎**乾造：**37年2月24日卯時 建生。

0歲又240日上運，每逢戊癸年10月24日交脫大運。

比肩	戊	子	正財	飛刃・月陰・
正官	乙	卯	正官	勾絞・咸池・
日主	戊	午	正印	歲破・大耗・災煞・
比劫	己	未	比劫	龍德・飛廉・

31～35	己 未	36～40
41～45	庚 申	46～50
51～55	辛 酉	56～60

他是購買筆者所寫《八字自學講義》之書本的客戶。在民國90年國曆6月一個豔陽天高照的午後，筆者正在大啖剛從外面購買回來的「黑砂糖剉冰」，以消暑南部酷熱

天氣的當兒，身旁的電話聲突然的響了起來，筆者中斷了正在大啖「黑砂糖剉冰」的清涼感並接了電話，他說：「請問林老師在嗎？」筆者說：「我就是。」他接著說：「我購買你寫的《八字自學講義》書本，寫得很好，我現在想請你替我排個八字、算個命，看我這一、二年的運勢如何。因為我在今年初經過朋友的介紹到新竹給一位老師算命，他說我目前是走傷官大運，今年又是傷官的流年，並說甚麼『傷官見官，禍患百端』的話，說我今年嚴重時恐有死亡的災禍。我聽了很不舒服，就到書局去買八字命理的書，想要了解甚麼叫做『傷官見官』，直到半個月前購買你寫的書本，發現你書本寫得非常詳盡且很客觀，因此今天打這通電話，並請你幫我排個八字，看我今年是否真的如新竹那位老師所說『傷官見官，禍患百端』，而會有死亡的災禍⋯⋯。」

在分析他的八字命局之前，我們先來論述「正官」及「傷官」的構成條件。

1、正官：

以日主為我、為基準點，並看其他之干支，如有剋日主之五行且為陰陽異性之剋者，如日主為甲，其他干支見有辛或酉者，即是；此剋日主之字如在月支者，整個命局就稱為正官格；但如在其他之干支者，就稱為正官。古歌云：

「真氣官星月上推，無衝無破最為奇，中年歲運來相助，將相公侯總可為。

正官興旺喜身強，遇印逢財大吉昌，七煞傷官并滿局，刑衝破害大無良。
正官仁德性情純，詞館文章且立身，官印相生臨歲運，無衝無破是榮昌。
年上官星為歲德，喜逢財印旺身宮，不逢七煞偏官位，富貴榮華比石崇。」

2、傷官：以日主為我、為基準點，並看其他之干支，如有被日主所生之五行且為陰陽異性之生者，如日主為甲，其他干支見有丁或午者，即是；此被日主所生之字如在月支者，整個命局就稱為傷官格；但如在其他之干支者，就稱為傷官，又別稱為剝官神、羊刃煞。古歌云：

「傷官傷盡最為奇，尤恐傷多反不宜，此格局中千變化，推尋須要用心機。
傷官不可例言凶，有制還他衣祿豐，干上食神支帶合，兒孫滿地壽如松。
傷官遇著本非宜，財有官無是福基，時日月傷官格局，運行財旺貴無疑。
傷官傷盡復生財，器識剛明實偉哉，縱使祖財無分有，等閒玉帛自天來。」

「傷官見官，禍患百端」，這一句話出自明通賦中：「傷官見官，禍患百端。逐馬逢馬，勞苦千般。」的述說。這一句千古名言在命理學上確實產生著不小的影響與震撼力，尤其是初學命理學，或是學藝不精之人，很容易受到這一句話的影響；尤有甚者，甚至有不少的江湖術士之流輩會以此句話來蠱惑客戶，以賺取不當的暴利，這是不道德且逆天理的行事作為，其結果也必遭天譴的。

由於在古時科舉時代的社會裡，以做官、當上幾品大官，為人生最大職志，為光宗耀祖的最大喜事，因此「官階」、「官位」等被視為神聖且不可侵犯的最高價值，無上之寶物，而這個在現實社會上的「官階」、「官位」，就是八字命理學中的「正官星」與「偏官星」，同樣的，此正、偏官星也是不喜歡受到傷害；顧名思義，在命理學中會傷害正官星的則是「傷官星」，就因為傷官星會剋害正官星，所以才會有這一句話的產生。

事實上，這一句話是不完全正確的，不可完全採信。「傷官見官」或是「官見傷官」之為喜、為忌，尚須看整個命局的架構而定，因此滴天髓說：「傷官見官最難辨，官有可見、不可見。」四言獨步說：「傷官見官，格中大忌；不損用神，何愁官至。」古經命典說：「傷官傷盡，亦有不作福者；傷官見官，亦有不作禍者。」這些論述在在都說明了傷官見官未必皆為凶事，而是端看在何種情形之下，官、傷相見以論斷吉凶。

傷官既是日主所生而與日主五行陰陽不同的產物，因此傷官之類型可分為火土傷官、金水傷官、木火傷官、土金傷官及水木傷官等五種。這五種類型的傷官，由於它們構成的條件不一樣，因此見到官星後，也會有不同的吉凶結果，所以命學古經說：「傷官火土宜傷盡，金水傷官要見官，木火見官官有旺，土金官去反成官，惟有水木傷官格，財官兩見始為歡。」今就這一句話詳細論述於後：

就「傷官火土宜傷盡」與「土金官去反成官」而言，這是傷官忌見官星的典型例子。蓋火以水為官、以土為傷，其中水畏土剋，土得水無益，所以說宜傷盡；唯此火命人如生於巳、午月，格局火炎土燥，雖說土傷剋水官、不宜明見官，但夏炎之命局最喜見水來潤局，所以此時命局如見一、二點水星，或是辰、丑濕土、亦或是申金為用者，才得以成就其富貴之命。又土以木為官、以金為傷，木畏金剋，金得木無益，所以去官，格局反貴。這正如古歌所言：「傷官原是產業神，傷盡真為大貴人，若是傷官傷不盡，官來乘旺禍非輕。」

其次就「金水傷官要見官」而言，顧名思義乃知是庚、辛金生於三冬亥、子水月，正為金寒水冷之時，金以水為傷、以火為官，水雖會剋火，但凡生於三冬之物如不得火星暖局者，萬物皆成瑟縮之狀而毫無生氣，同理，金水傷官一樣須以火官來暖局，況且水得火溫，即成「水火既濟」之功，如此傷官之英華秀氣才得以發露，格局才得以見貴；此時命局或歲運如又逢遇木財星者，則富貴之命不可言喻。

至於「木火見官官有旺」，則是指木生於三夏的巳、午火月之意，真寶賦說：「木火盛衰不均，功名蹭蹬而夭折無疑。」因此木火傷官須分兩方面言之，其一是命局如果火旺，則木將焚盡而化成灰，此即真寶賦所說：「木衰火盛變灰飛，功名遲而難逃夭折。」此時即須水星來生助夏木並兼潤局之用，唯夏水無力，須得源頭庚、辛金的生扶，水才得成其調候之功，所以千里馬說：「火炎有水，名為既濟之文。」另外，如果是木氣過旺，則火將熄滅，這就是「火賴木生，木繁火熄」之五行反生剋原理，此時旺木須得強金砍削，才能成就木火通明之象，本人方能享榮華之福，所以三盤賦說：「火明木秀，斯人必負經魁。」不管木旺或木衰，都須以金為輔用之神，金為木之官，金官則需要旺，木方得以斬削、火也得以生旺，相對的金也因火之鍛而得以成「器物之象。」

最後則來論說「惟有水木傷官格，財官兩見始為歡」。水以木為傷官，水得木洩則其秀氣才得以盡吐，但如果水勢過旺時，木將成漂浮之木而無法成就「水木清華」的格局；水旺，則須以土來阻水之勢，並以火為生土之基、兼以暖局之用，此火與土則為水之財與官，故說：「財官兩見始為歡。」

當筆者排出他的八字及大運之後，就大概了解別人跟他說「傷官見官，禍患百端」及恐怕會有死亡災禍的話語、箇中玄機。由於他住台北市，筆者即將寫好的八字命盤表以掛號信寄給他。

以下是筆者就他的八字命局所寫的內容：

「命造之心性乃善良、自信、固執、個性強、毅力與魄力足，富人情味、講道理，偶易有情緒化的脾氣反應；肝火大，遇到困境時，在內心裡雖有急燥且心煩的憂慮，但卻不會表現於外在的臉色與行為上；對周遭的事物具好奇心與研究心，遇到不了解之事物，都有想要親自去嘗試、研習的念頭與行為；在工作上則是富敬業精神、行動力與操控力，並且講求團隊紀律之精神與溝通協調的方法，就事情的處理上雖是守法、不逾矩，凡事要求按步就班、照規矩去行事，但也有投機理財的心性或行為表現；與朋友交往則是好惡極端分明，認為是值得交往的好朋友，可以為他們兩肋插刀而在所不惜，但對於討厭且認為不值得往來的親朋好友，彼此間縱使一輩子不相往來也無所謂。

日主戊土生於卯木月令、月柱乙卯木之正官星為干透、支藏，就四柱干支觀之，呈現一火炎土燥而日主身強的正官格局，以『濕土、金、水、木』之五行為命局的喜用神，以『火、燥土』之五行為忌神。其中陽『金』之五行（庚、申）於八字命理類化為『食神』之喜用神，陰『金』之五行（辛、酉）於八字命局類化為『傷官』之喜用神，陰『木』之五行（乙、卯）類化為正官之喜用神，『燥土』之五行（未、戌）類化為『比肩、比劫』之忌用神。

首先來論述『正官』在命局中為喜用神的含意：行事守法、自我約束力強、重協調性、責任心重、愛面子、重榮譽、注重團隊紀律、理性正直、嫉惡如仇、公私營機關團體、官階、名譽、職位……等（請參閱本人所著《八字自學講義》第595頁）。

其次來論述『傷官』在命局中喜用神的含意為：才華之表現、口才流利、反應敏捷、廣學多涉獵、創造力強、好勝心強、自負、不喜受拘束、具雄心壯志、梟雄霸氣、旺盛企圖心與高昂戰鬥力、為達成目的而犧牲別人之利益…等（參閱《講義》第793、794頁）。

最後關於『比肩、比劫』在命局中為忌用神的含意：行事急進、欠缺三思而後行、固執、主觀意識強、過於自信與自負、脾氣剛硬、有強烈的自尊心、耗費金錢、男性沙文主義、結交損友、受朋友或同事、同儕之拖累、心胸狹窄、容易有激烈而情緒化的行為表現、疑心病重、搶奪官階之第三者……等（參閱《講義》第822、842頁）。

五行為金、木、水、火、土，其彼此間存在著生、剋、刑、沖、合等的關係。生的關係為：水生木、木生火、火生土、土生金、金生水。剋的關係為：金剋木、木剋土、土剋水、水剋火、火剋金。至於所謂的『沖』，則是十二地支會產生六組相沖的情形，因此又稱為『六沖』，分別為：卯酉沖、寅申沖（這兩組都為木金相沖）、子午沖、巳亥沖（這兩組都為水火相沖）、辰戌沖、丑未沖（這兩組都為土的互沖）。請詳閱《講義》第15、16及36～40頁的論述。

一個火炎土燥而日主強的八字架構，最喜見強旺的木星來疏土，並見水星來生木及潤土為用，其次再見水星之源頭—『金星』來生水，如此五行之氣機得以流暢，命盤之格局也才得以彰顯其富貴之氣；最忌諱再運行火與燥土的大運與流年，行入此忌諱之運，必定會有損財、工作不穩定、身體違和或長輩離去之負面的情事發生。

今就本命局觀之，係一火炎土燥之正官格局，雖於月柱見干透、支藏之乙卯木正官星來疏土，但僅於年柱的地支見一『子水』來潤局，此子水又受天干的戊土剋合，命局水星的氣勢甚為薄弱，並且又全不見金星（庚、申、辛、酉，為水星的源頭）來生水，這是病根之所在；這命局中不見之五行，惟有等待大運與流年來相助，在事業上才得以有奮發沖天的傲人之表現。

現就一生的大運與流年觀之：

1、在民國66～68年（30～32歲）的三年期間，由於大運與流年都為火與燥土的非為喜用之地，故可說是到目前為止而言，最為不順暢的時期，在財運與工作上都可稱為不如意，甚至於長輩之運勢或身體都可說處於乖違之處境；但幸運的是，這個時期的年紀並不算大，也是剛出社會在開創未來之事業而已，因此所造成的損失與損害也不算嚴重。

2、在36～40歲的五年期間，雖然是運行未土、燥土之忌神大運，然而這五年的流年卻都是喜用之年，因此當時的工作環境雖說是勞累或煩瑣，但卻也是異動、升遷及掌權的大好時機。

3、大運自41～50歲之十年間運行『庚、申，五行為陽金』之食神喜用大運，這個食神星乃是內斂性之才華表現的大好機會，庚、申金與月柱乙、卯木之正官星又呈現有情剋合的情形，申金又是含水之金，因此這十年間可說是一生中最輝煌得意的黃金時間，不僅工作之性質舒暢輕鬆且獲利佳，並不像前十年的煩瑣而勞多獲少，在工作事業上也因職務上的稱職之表現及內斂修為的個性而屢獲主管、長官的賞識，其中在民國81、82、84等年，更是升官、發財的大好流年。

4、自51～60歲的十年期間為『辛、酉，五行為陰金』之傷官喜用大運，由於『食神』與『傷官』星都是展現才華、開創新格局的用神，因此這十年也可說是延續前十年的開創新氣機之運。命造本命之格局為正官格，因此這十年的傷官大運可說是『正官逢傷官』的情形，也就是說陰木見陰金之情、為卯酉相沖之狀、為金剋木之勢、同性之剋為無情盡剋之意。

就本命局的五行論之，此正官格的乙、卯木位居月柱而為干透、支藏，此月柱又是樞紐、提綱之柱，另外於三春月令正是木氣當旺而金氣休囚的時節，所以雖見金剋木，但卻為衰金剋旺木之情景，縱有損傷，也不足以撼動整個正官格局的氣勢，況且年支又見子水、財星緊鄰護衛著卯木正官星，此酉金傷官星反而會去生助子水財星，子水財星再去順生卯木正官星，這種情形即是命學術語所稱『貪生忘剋』的情形。

由此可知，傷官大運入命且為喜用神，反而是另一個開創新格局的氣機，更應須好好把握，但先決條件是子水財星須不受燥土之比劫星的剋破，可知命局的病機是在比劫星忌用神之大運或流年的入命，而不是在傷官大運之入命，請參閱《講義》第797頁的論述。

5、民國87、88年（51、52歲）雖然天干見戊、己土之比肩、比劫星損財之五行，但在地支卻為寅、卯木之偏、正官星，所以在工作上雖稍見口舌、同事排擠、或是名多利少、錢財耗費或支出增多，就身體方面則有皮膚、腰腎等疾病外，倒也是相安無事；反而去年的89年為食神、偏財星的流年，外在的社會經濟大環境雖不見理想，但本人也是財名雙得的好時機。

6、至於從今年（民國90年）起至92年的未來3年期間的流年，由於地支為巳、午、未的火與燥土之非為喜用之年，會直接剋損到命局年支中的子水財星，此時月柱乙卯木正官星就會受到大運酉金、傷官星的衝擊，而會產生一些吉中藏凶的損傷（請參閱《講義》第797頁的論述），然而卯木與酉金都是命局中的喜用神，這個時期只要內斂心性並以韜光養晦之心境去任職、用事，不受外在人事物的影響與誘惑，絕對是可以安然度過這一波不穩定的外在經濟環境與不甚理想的流年（請參閱未來五年運勢之批註）。

本命局因為時柱干支見己未土之比劫星為干透、支藏的情形，而時柱為子息宮之代表，又為晚運管轄的年限，以命造本人目前的年齡已將漸漸進入時柱管轄的年限範圍，因此本人在心性上絕對要更為內斂，不要隨意受到他人的影響而為去官、離職的去從事經商、創業等行為，如此一生奮鬥的積蓄與聲名方得以永存而不至於付諸東流。

古書所言的：『傷官見官、禍患百端。』這一句話說得太過武斷，並不全然正確，因為是禍、是福，還是需要看整個命局的架構來綜合參論才得以論斷。因此一位命學的從業者若僅憑傷官見官就直接對客戶之命局來論斷禍患百端的話，那對客戶而言也是太殘酷的一件事，也不是我們所樂意見到的一件事。是否這位從業之人會因此而告訴客戶需要藉助一些做法術之事而為改運、改命之舉，如此方可避開這禍患百端之災。

一個人的八字命局於出生時已然確定，並無法從後天人為的方式去改變，因此所謂的藉助術、法之類的方式可以為改命、改運之說，跟本是癡人說夢話而可斥之為無稽之談。若要談更改命局，也只能說是改造而已，並不能說改變；由於先天命局可以影響一個人後天行事作為的六、七成，剩餘的三、四成就靠每一個人的後天造化的如何去改造，以期將好的人事物推到極點，將不好的凶災、損害降到最低，以達到趨吉避凶之目地。

而這後天改造天命的方式首推行善積德，其次則為陽宅堪輿之改造，這兩個因素佔絕對的影響力，可佔約二、三成的力量，而且也是要日積月累的達其效果，其餘則是前述主頁裡所寫方位、顏色、擺飾品、職業…等的改造方式。所以說想要單純的藉助術、法之方式而要達到坐直升機、臨時抱佛腳式的速成之效果，那是不可能的事情，故鼓吹此方式並藉此賺錢之命學從業之人，也可將其視之為江湖術士之流。」

他收到筆者所寄的八字命盤表後，隨即打電話來道謝，並說很認同筆者所寫的內容論述，筆者並問他說：「在新竹幫你排八字、算命的那一位老師說你今年『傷官見官』而會有死亡之災，他有沒有就像我寫給你命盤表後面所說：要跟你說要改運或做術法之類的事？這個收費據我所知，可是不便宜的。」他說：「有啊！那個老師跟我說要改運才能夠避過今年這一劫，他還說這個改運分為兩種法事內容，簡單的法事，需要新臺幣柒萬元整，隆重的法事內容則要新臺幣參拾萬元整。」

筆者聽完後，不禁搖頭並深感痛心，並繼續問他的工作類型及職業種類，他接著說：「我現在任職於○○公司（註：這是一家美商公司，為全球性知名的手機製造與銷售公司）在台灣地區總公司的總裁（亞洲區的總公司設在新加坡）。在30～32歲那幾年，因中美斷交緣故，結束了我在『美國在台灣機構』的任職工作，並赴美國再進修，這期間的工作、生活確實較為困苦。在美國進修兩年後就回台灣謀職、求發展，36～40歲那幾年的工作發展是很辛苦，壓力也不小，但也是升遷不斷，一路上可說是頗得主管、長官的照顧而平步青雲。」

他又說：「尤其是從民國81年起，當時奉公司的指派到中國大陸去開發市場，從那時起在大陸市場的開發有如貴人助般，諸事順暢如意，公司之產品也已佔據大陸市場的大部分；到現在為止，我也見過大陸方面的許多高幹、最高階層領導人，而台灣這邊的政商人物我也都很熟，也可說兩岸的政商人脈關係都很熟，現在幾乎可以說是成了兩岸的空中飛人。民國83年我的母親逝世；89年因投資國內外的股匯市而賺了不少錢，但也因一些旁務之事以致支出了約所賺之錢的三分之一；90年再次投資股匯市，但結果是所有的資金都被套牢至今。」

到目前為止（民國90年11月底）的幾個月期間，他陸續有撥電話跟筆者聊天及談論命理之事，並也介紹幾位朋友給筆者推算八字命理。在11月下旬的某一天，他再度撥電話給筆者問說：「林老師，公司打算年底或明年初再次調派我到中國大陸去開拓市場，不知好不好？」筆者請他拿出他的八字命盤表，並請他看筆者幫他批註91年的流年運勢（詳後表），並建議他接受亞洲區總公司的調派命令，這是一個好的異動、良性的調動，就命局之運用我們要採取「知命、認命、用命、順命」的態度，要順勢掌握命局而為進退攻守的運用，絕對不要逆命而為，如此人生事業、婚姻家庭的進展與維持才得以安穩、順遂如意，而不會有大起大落的挫折與遺憾（註）。

平吉年	進財如意，財得有失，工作或事業更加忙祿，勞多獲少（下半年）。謀事如願，旅行吉運（上半年），職務量小增加，防小人口舌。可為居家物品之添購或裝潢，防受部屬之累，防近親友人借款。異動、小升遷或調新單位（宜把握），勿信他人言，勿多交友。

◎註：他在民國91年農曆年過後，即調派至大陸去開拓市場，職務不僅高升、薪水也跟著調升；他在民國91年國曆7月又從台北撥電話給筆者，詢問有關陽宅堪輿的一些觀念問題。

實例⑯ 在家修行唸經文

◎**坤造：**57年11月27日晚子時 建生。

3歲又140日上運，每逢壬丁年4月17日交脫大運。

偏印	戊	申	比肩		5～9	甲子	10～14
正財	乙	丑	正印	天乙貴人．	15～19	癸亥	20～24
日主	庚	寅	偏財	歲破．大耗．驛馬．月德貴人．	25～29	壬戌	30～34
偏印	戊	子	傷官	金匱．五鬼．	35～39	辛酉	40～44

她的命局為日主元神強、印旺、財不弱而過於偏冷的正印格，以木、火為喜用神，土、金為忌用神；此外，水雖然可以洩耗強旺日主庚金之氣，但因地支的申、丑、子都

富含水氣，而子、丑又為凍土、寒水，且先賢醉醒子說：「北金戀水而沉影」，歲運再見水星入命只會更增寒凍、氣機轉為不流暢之勢，其次由於在天干見雙戊土透出，故不忌見水星入命，因此命局中的地支以水為忌用神，天干則以水為喜用神。

她在民國77年、戊辰年畢業於專科的會計系，隨即任職於會計事務所，到81年換跑道，任職於電腦資訊公司。81、82年為壬申、癸酉年，壬、癸為食神、傷官星，在天干為喜用神，為腦筋靈活、反應靈敏、事物涉獵廣博、多才多藝、創意與點子多、創造力豐富、喜歡自由發揮才華的工作環境……等的含意。

其次，申、酉金是她命局的比肩、比劫星，而此兩星在八字命理學中為喜用神、為忌用神，在現實生活上的含意則如左述：

1、為喜用神：比肩為與日主同五行、同陰陽之物，比劫則是與日主同五行、不同陰陽之物，這「比肩、比劫」字，顧名思義即是與我並駕齊驅、不分軒輊之意，為同輩、同儕之人。故本人在與人相處、往來，都秉持著互相尊重、互相提攜扶持的信念，對朋友真心交往、很重視朋友之間的情誼，不喜歡侵犯別人、也不喜歡受人侵犯；有旺盛之企圖心、為人積極活躍，具有熱誠的服務精神及見義勇為的英雄氣概。

有很強的榮譽心與自尊心，因此凡事都以光明正大的行為態度去運作、去達成，碰到困難不畏縮、不推諉責任，也不輕言放棄，會自己扛起重擔，並憑藉其強韌的意志力與堅毅的自信心去克服萬難，以期能達成目的；自主性與操控力強，凡事都喜歡在自己的掌控之下及依照他的意思、他的觀念去實現、去完成。

他們個性開朗活潑、不耍心機、不悲天憫人，就事理之分析甚為果斷、有魄力，具有劍及履及與實事求是的精神，任何事情一經審慎規劃之後，即會全力以赴，絕不拖泥帶水，也不會自不量力的去從事逾越本份與本身能力之事；常會幫助兄弟姊妹、朋友，同理，也常得到他們的幫助，屬於「合則兩利、分則兩弊」的類型。

2、為忌用神：本人個性會非常固執而難以溝通，由於精力過於旺盛，所以任何的行事作為都甚為急躁、說做就做，欠缺三思而後行的深慮，對自己又過於自信、過於膨脹，無法接受別人的意見，到頭來總是以碰壁、損財為結局之場面。

因個性過於剛強，有濃厚的個人英雄主義，在團隊中無法忍受孤獨角色，也不能接受團隊紀律生活，時時想表現自己而不在乎破壞團隊的紀律。平時交友雖然廣闊，大家且都稱兄道弟，然而卻盡是些酒肉朋友，幫助沒有、害處卻是一堆，將來遭逢逆運時，也是最先受到這些損友之累而拖垮。

在公司中因行事特立獨行，故無法獲得主管、長官的青睞，常遭受同事排擠，是一位標準的獨行俠；在職務上難以有升遷的機會，縱使有，也會殺出一個「程咬金」而將其應得之官職搶去。對金錢看得很薄，沒有儲蓄、理財的觀念，賺多少、花多少，為一及時享樂主義之人；對女性不善於表達感情，也不懂得憐香惜玉，有強烈的大男人主義。

因比肩、比劫星為她命局的忌用神，所以民國81、82年她在工作上有關電腦資訊方面等專業知識與才華，進步神速、收獲良多，但在與同事的相處上卻出現困擾，彼此間多見勾心鬥角、互相排擠、搞小團體的情形。83年、甲戌年國曆2月初，在過完年後又跳槽到另一家電腦資訊教學公司，她從那時候起到民國90年7月止的7年多時間都在從事電腦教學之工作，並且非常滿意於這一份電腦教學的工作。

她在84年的農曆5月結婚，並分別於85年農曆11月、90年農曆3月生產，兩胎都為女嬰。在86年、丁丑年的未月（農曆6月）因做產前檢查而發現有卵巢瘤，隨即開刀動手術並同時拿掉一個已懷孕2月的胎兒；該年的下半年，夫妻的感情跌落到冰點，她與婆婆的關係也處得不好，在年底的時候曾有想要離婚及自殺的念頭，但都因受到父母親的關懷及考慮到女兒往後的生活而忍了下來。

卵巢瘤為女性生殖系統的毛病，就西醫解剖學理而言，女性生殖系統包括卵巢、輸卵管、子宮、子宮頸、陰道及陰戶（詳後圖），今就其構造及功能分述如後：

1、女性生殖系統以卵巢及子宮為重要的生殖器官，卵巢左右各有一個，有製造卵子的功能，同時也是製造女性荷爾蒙的內分泌器官。

2、卵巢位於腹腔骨盆之兩側，呈扁桃狀、約拇指大小，如帶皮杏仁，含有成千上萬個卵細胞，能產生卵及雌性激素，並促進女性第二性徵的發育。女性在青春時期腦下腺會分泌生殖激素，促使卵巢發育成熟並製造女性荷爾蒙，促進第二性徵如隆乳、豐臀、性器官發育等等。

3、兩個卵巢之下各有一個開口，通向兩條輸卵管，輸卵管並再連接子宮。輸卵管長約10公分，管端接近子宮處十分細薄，接近卵巢的一端則狀如漏斗；受孕都是在輸卵管中完成，受經卵便順著管子到達子宮。

4、青春期過後的三、四十年間，女子每月固定行經一次，每次均有一個完全成熟的卵等待受精，經輸卵管而排出至子宮。卵子順著輸卵管緩慢的進入子宮，如果沿途碰到精子並受精，則受精卵即在子宮上著床，以便分裂而成胎兒；未受精之卵子便在週期末與厚軟的子宮內膜，一起隨著經血排出體外。女子於受孕後一、二年間，卵巢會暫時停止製造卵子，並分泌其它激素以做為養育胎兒的準備。

5、子宮位於膀胱與直腸中間，是一個極富彈性的肌肉囊帶，內部襯著一大片豐厚柔軟的組織，可分體部與頸部。體部是指上半部寬廣的部分，頸部是指近膣（陰道）的下半部。子宮體部之腔為向左右擴張、呈扁平狀之構造，子宮頸部則為細紡錘之頸管。

6、子宮會因月經與懷孕而產生極大的變化。在到達性成熟期之後，子宮黏膜以約二十八日為一週期，其子宮腺會發達、肥厚充血，其上層部分會告脫落而出血，以後又恢復原狀，如此週而復始；在懷孕時，受精卵膜和子宮黏膜共同形成胎盤。子宮在平時約如梨子般的大小，然而在懷孕後，會隨著胎兒的成長而擴大。

7、母體和胎兒的血管密佈在胎盤的兩面，但並不互通，母體的養料、氧氣輸往胎兒，和胎兒的排泄物、二氧化碳排除於母體，完全靠兩方血管間的擴散作用。受精後約過二百八十天左右，胎兒即自子宮脫出而生產，在此同時胎盤也隨之排出母體外。

8、子宮的下端便是圓軟的子宮頸，向外延伸到陰道。子宮頸的中心部位有一個狹窄的通道，連接子宮中空的部位與陰道，以便經血之排出。產婦在分娩時，子宮頸口會完全張開，以便能讓嬰兒順利的出生。子宮頸也是女性最容易長腫瘤的器官之一。

腫瘤是身體內某一局部組織細胞，因受到外在或內在不確定因素的刺激，以漸增生長的速度在生長，由於過度的增生以致於形成一個不正常的細胞組織團，可分為良性和惡性兩類。良性腫瘤細胞為分化成熟且生長慢，其特性是不轉移；惡性腫瘤細胞（即俗稱的癌細胞）則是細胞分化不成熟、生長快，增生的癌細胞可經由血液或淋巴帶至全身，以致會蔓延到附近組織或造成全身移轉，並會對鄰近或全身正常細胞組織產生壓擠、侵犯和破壞的力量。

卵巢瘤（或卵巢癌）發生的原因有兩種：一種是除了胃瘤（或癌）以外，其他部位發生的腫瘤能夠轉移到卵巢，而發生卵巢癌；另一種則是直接發生在卵巢上的原發性卵

女性生殖器官

女性的生殖器官每月製造卵細胞，卵細胞通過輸卵管時如遇到精子，就發生受精的作用。其後九個月中，子宮就像孵卵器一樣將受精卵育成胎兒。
子宮原來的大小並不比一個緊捏的拳頭大，其後擴張大到足以容納一個嬰的面積。

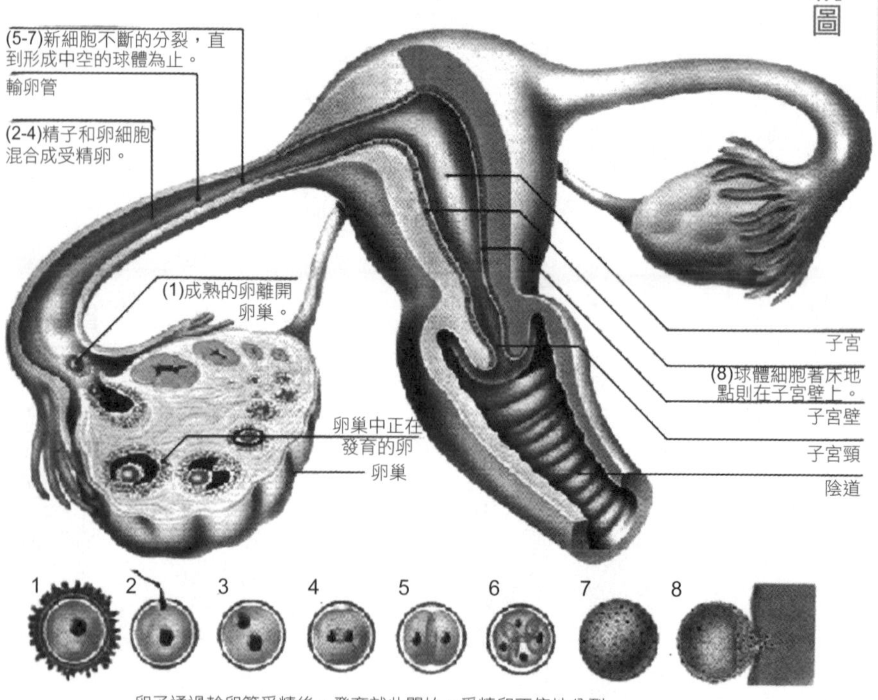

卵子通過輸卵管受精後，發育就此開始。受精卵不停地分裂，最後形成一個空心的球體，然後附在子宮壁上(8)。由胎盤供應胎兒發育的營養。

巢瘤，若為良性的腫瘤，則稱為卵巢瘤，為惡性的話，就稱為卵巢癌。

卵巢瘤的患者以更年期以後的婦女居多，年輕婦女偶而也會罹患此病。良性的卵巢瘤病症，卵巢囊腫就如平常一樣，沒有病發性之症狀；但惡性之腫瘤，則是當癌細胞擴大之後，會形成微微發硬、凹凸不平的腫瘤，患者可以在下腹部觸摸到，因此比較容易發現。

卵巢癌最常見的類型是癌細胞在囊腫狀的袋子內側不斷的增生，然後發生破裂而擴散到周圍的組織，它的病徵是很容易有腹水的現象。癌細胞若只是侵害卵巢時，單施行手術就可以完全治療；但如果擴散到周圍的組織，尤其是擴散到腸管的表面時，單靠手術是無法根治癌細胞的，到此一時期則需要再配以放射線之療法。

就八字命理五行而言，男女命的生殖系統為十神中的食神、傷官星，為五行中的壬水；此外，五行中的戊土為隆起、為硬塊、為刀傷（手術），庚金為腫瘤、為骨骼，辛金為癌細胞、為刀傷。她命局的天干雖透出兩戊土為忌神，但大運在29歲之前都運行壬、癸、亥、子水運，故並無生殖系統方面的毛病；然而命局所帶之五行是與生帶來、一輩子跟著本人的，而大運或流年則是隨著年歲的起落、出現及消失。

她的日主為庚金受到兩個戊土強力的生助，戊土又會回剋早期大運所運行之水運，這些都在在顯示她的生殖系統早已隱伏禍根。到86年、丁丑年、虛30歲，這一年的農曆4月17日為大運交脫之年，為剛從壬水大運交脫至戊土大運；此時命局的兩個戊土不僅通根、得力於大運戊土之力量，又受到丁火的生助，壬水不僅受剋並且也明顯不見；另外，就神煞方面論之，我們又可將大運之戊土視為年支，則本命之申金為戊土之天狗、丑金庫為戊土之金神煞，其中天狗為破相之意，金神煞又稱為暗金的煞，為流血、傷殘、癱瘓、腸胃疾之意。在農曆的六月、未月，未與大運戌、流年丑構成丑戌未三刑又沖的局面，命盤之壬水完全被剋破，故而引發生殖系統中—卵巢腫瘤的疾病。

她命局的地支呈現較為偏寒之情形，僅在日支見一燥木、燥火等屬熱性之寅木，但寅木卻受年支申金之沖剋、月支丑庫之凍結及剋傷，因此寅木之力量也難以發揮其暖局之功，所以她身體的下半身乃是屬於血海虛寒之情形。這個大運戊土雖然加強命局戊土忌神的力量，但因戊土為地支之大運，戊中藏有丁火，這個丁火為碳火、爐中之火，就她血海虛寒的命局，會產生暖局的力量，因此戊土對她而言，會發生雪中送炭的功效，使整個命局的氣機呈現溫暖之狀；另外，流年的丑入命，雖為忌神而更增寒氣之勢，但是丑為十二歲君神煞中的太陰煞，值太陰煞為男否、女泰，這正也是她僅罹患卵巢瘤之病，而非卵巢癌之絕症，並且單施以手術即可根除、治癒原因。

讀到這裡，讀者或許會產生一個疑問，也就是說在前面既已論述女命之生殖系統包括卵巢、輸卵管、子宮、子宮頸、陰道及陰戶等器官，那筆者如何正確判斷她在民國86年這一年會罹患卵巢瘤，而不是罹患其它器官之疾病；亦或是筆者在這裡所寫的內容，乃是就已知她所罹患之卵巢瘤，而再來為事後諸葛之分析。

沒有錯，就八字命理的論斷而言，筆者在當時也僅能跟她說：「妳有泌尿、生殖系統方面的疾病」而已，而無法正確的說出她會罹患生殖系統的哪一個器官之疾病，事實上這也是筆者在敘文及第一篇所說是命理學的盲點，因此本篇有關卵巢瘤的論述，當然是事後諸葛的分析，只是她日主為庚金，庚金又為腫瘤、骨骼、大腸之含意，所以在生殖系統方面的疾病，卵巢瘤產生病變的機率就相對增加。同樣的道理，讀者們也可以將本篇之論述引申為男、女生殖系統其它器官之分析，只是不同器官所產生的病變，在西醫解剖學方面就要為不同的論述與分析。

一般人在正常的生活情況之下，會想到要去自殺，或是真的為自殺行為的實行，是不可能發生的情形，只有在被逼到絕路、走頭無路的時候，整個人的心思、心境會陷於封閉而絕望，或是發生失控瘋狂之狀態，對人生頓時感覺無望、沒有美好的將來，因此才會走上自殺的途徑。這種因封閉絕望或是失控瘋狂之情形而產自殺的行為舉動，就西醫心理學而言，則是憂鬱症與躁鬱症的病症；也就是一個人的心理在受到刺激而沒有得到適當的治療與宣洩，或是生活在自我封閉、不正常的生活環境中而沒有適度的與外界溝通等，以致於會發生這些心靈層面的疾病。

就命理學而言，有關於心靈、精神層面的屬性歸類，則首推偏印星，因為偏印星是生助日主之物，它與日主又是五行陰陽屬性相同之物，譬如本例的日主為庚金，則戊土即為偏印，所以偏印對日主之生助，若是為命局喜用神，則是盡力之生；若是為命局忌用神，則為無情之生。

一般而言，偏印星會成為命局的忌用神，那當然是日主元神為一旺盛之氣勢，此時就不喜歡再見到印星，尤其是偏印星的生助，這會造成日主「過旺則崩傾，過剛則脆裂」的危機，就如同一顆汽球或是一個輪胎，已經呈現飽和之狀態，我們如再繼續給予灌氣的話，那麼這顆汽球或輪胎到最後一定會爆裂的情形一樣。

至於憂鬱或躁鬱症的發生，就命理學而言，一個人八字命局的日主必須呈現旺盛之勢，且又為正格的命局，此時再來觀看這個命局有沒有呈現過於寒冷或過於燥熱等偏枯的情形。若是命局過於寒冷，歲運再逢遇子、丑等正、偏印星，尤其是偏印星，屬於寒冷特性的干支入命，其中尤其是丑庫，此時整個命局的氣機會更增寒凍的狀態，一個人的心思也因印星之過於生助而封閉、凍結、鑽牛角尖，到最後出現脆裂之狀態，這就是我們所說的憂鬱症之病症，這也是在現實生活上我們看到有些人會以上吊、服安眠藥、割腕，或一個人靜靜的跳海、接汽車引擎廢氣入車內、燃燒木炭……等，屬於內在性、安靜性之形式的自殺方式。

至於躁鬱症則是命局過於燥熱，為火炎土燥或木火炎盛之情形，且日主元神又旺盛，歲運再逢遇甲、寅、丙、巳等正、偏印星，這時整個命局氣機會陷入一片火海，或是火旺土裂的危機，一個人的精神狀態處於瘋狂、崩裂的情形，到最後在喪失理智的情形之下做出自殺或傷人等遺憾之事，這就是我們所說的躁鬱症之病症，這也是在現實生活上我們看到有些人會突然的發狂，在要自殺或為傷人之時，都會以很勁爆的行為表現出來，例如開瓦斯、在自殺現場叫囂、大聲嚎哭取鬧、與執法人員發生激烈衝突…等，屬於外在性、瘋狂性的自殺方式。

就她而言，86年、丁丑年，丑土入命又為正印星，不僅再次的生助已經過旺日主之氣，且也更增加命局寒凍之氣，使得她整個命局氣機處於停滯、不流暢、凍結之狀，整個人的心思也因而陷於封閉、鑽牛角尖之象牙塔的思維裡；此時幸好得流年丁火通根於大運戌中丁火之助力，命局的氣機才得以稍加流暢而不會陷於凍結之狀，因此雖會有自殺的念頭，但尚不至於走上自殺之路，但因印星終究是命局的忌用神，印星又為長輩星，這個丑庫又帶有辛金之比劫星，因此這一年不僅夫妻感情不好而差一點有生離死別之災，她與婆婆的相處也陷於惡化之狀態。

印星既為心靈、精神層面的十神，那它在現實生活上它除了代表著一個人精神官能器官外，也是宗教信仰、文教研習、學術機構…等的表徵。因此一個八字命局若是為身強印旺的架構，則這個人對宗教的信仰，及對第三度空間靈體的感應，會比一般人來得虔誠與敏感。

她的命局出現三個印星，日主不僅得時且又得地，所以這是一個身強印旺的典型命局代表，就宗教的信仰虔誠度，或是對第三度空間靈體之感應，必定比一般人來得堅持與強烈。由於她的年、月支都明現、暗藏比肩、比劫星，就婚姻而言，若是早婚的話，對婚姻都會造成很大的殺傷力，然而她又在民國84年、28歲結婚，就她的命理而言是屬於早婚的情形，因此當筆者在跟她推論命理時，也建議她跟先生彼此間應該維持互敬互重的夫妻相處之道，可多共同為旅遊、宗教團體活動之參加，或是共同為文化、學術活動的參與……等，看夫妻倆如此心靈活動的共同參與，是否能將先天命盤所隱伏的婚姻危機化解掉。

她說：「我在去年、民國89年的國曆4月起，即與先生在家共同為修行之行為，並供奉一尊觀世音菩薩，夫妻倆每天早晚都誦讀大悲咒。」她並問說：「林老師，我是要在家修行比較好，還是要出家修行呢？」關於這個問題，也是筆者經常聽到客戶問起的問題。

就命理而言，印星乃是慈善之星、宗教之星，屬於心靈派之物，也就是所謂的「唯心主義」；至於財星則是物慾之星、享樂之星，屬於物質派之物，乃是所謂的「唯物主義」。由於財星會剋破印星，一個人的八字命局若是印旺且日主元神也見過於旺盛之象，又不見財星壞印的話，命學名著搜髓賦說：「印綬太多身更旺，為人刑剋，主孤貧。」拘集云：「印多則清孤不免。」古歌也說：「身旺無財可依，非僧即道。」像這樣的命局架構，大運又不見運行喜用之財鄉，則本人是適合出家修行的，因他（她）們不受財星、物慾的引誘，則可以很全心且無旁騖的為出家修行之證果。

若是見有財星壞印的話，由於「財為養命之源」，因此命局若為印旺且財不弱之架構的情形，由於在現實生活上他（她）們會受到錢財、物質的引誘，會有想要賺錢享樂的念頭。像這種一面想著賺錢以享樂，一面又想要追求精神層面、心靈生活的人，要他（她）們完全放棄世俗的利祿功名之引誘，而全心的為出家修行之事，跟本是無法悟得宗教中高深的禪學之理，充其量僅能領會宗教學理表面上禪意而已。

有這種命盤的架構，筆者都會建議他（她）們只要在家為修行之行為即可。由於就每一個人的命局終究是不同的，因此每一個人的行事作為，或是修行行為也不見得要一樣，只要有心為修行之舉，縱使是為在家之修行行為，也是可以悟得宗教上高深的禪理，因為社會大學之歷練，畢竟會讓一個人獲得人生中更深入的學問與更貼切的體驗，這種社會大學的歷練也是年紀輕輕即為出家修行之人所無法體會與獲得的。

她的命局正是為身強、印旺而財星不弱的典型格局，因此筆者告訴她目前的這種夫妻共同在家為修行之行為，是非常好及適合的方式，所以不管是現在或將來，不需要再考慮出家修行之事。

只要有心為修行之舉，任何人都是自己的一位菩薩，譬如慈濟義工團體那種大愛無私的表現，就讓人欽佩，他們的那種毫無私心而完全奉獻的在家修行之行舉，並不見得會輸於出家修行之人；也因此，不管任何人，只要有心，在任何環境、任何場所都有可能因頓悟而立地成佛，而證修得道。終究宗教方面的修行與信仰，完全是看一個人的心念而已，並不在於他（她）們所處的環境為何；當然的，一個人的八字命局如果是適合出家修行的話，若能再覓得一處更為清悠空靈的環境，那對修行而言是會有錦上添花的效果，但不管如何，宗教之修行還是以「心念」為主。

◎一則令人痛心的新聞報導—90.10.13. 自由時報

改運 挪用公款七千五百萬

女會計吃官司 做法事至今竟從未見過高人

90. 10. 13

〔記者吳岳修／台北報導〕你大概不會相信，請人改運，竟要花七千五百萬元。

一家美商公司的沈姓女會計，昨天被公司察覺她長期挪用公款，金額達七千五百萬元，經追問，沈姓女會計才說出，她因家庭不睦，聽信何姓女友人之言，請人改運，爲法事、牲禮之需而付敬金，自去年底迄今，已付出七千多萬元。

美商公司怒不可遏，將沈姓女會計扭送台北市警松山分局，警方將何姓女友人傳喚到案，但何女卻說，她的確曾口頭告知沈女有一位高人可以爲她改運，她也承認曾陸續向沈女收取一百卅萬元，轉交給那位高人改運之用，但絕無沈女所稱的七千多萬元之多。

警方根據沈姓女會計的供詞調查，發現她利用職務之便，自去年十二月起，迄前天爲止，挪用公款達五十七筆，每次少則六十、八十萬元，多則一百八十萬元，總計達七千五百萬元；次數頻繁、金額驚人。

沈姓女會計聲稱，她因和婆婆、丈夫相處不睦，頗爲苦惱，才聽信何女之言，一再如數付出改運用的敬金。

但離奇的是，沈姓女會計付錢以來，迄昨天爲止，竟從未見過何女口中所稱的高人。

警方調查，沈姓女會計說，這是因爲何女聲稱高人做法時，當事人若在場，法術將不靈驗，所以她從未見過高人。

由於案情離奇，警方一方面先依業務侵佔罪嫌偵辦沈姓女會計侵吞公款的部份，同時積極調查何女被指誆稱神棍詐財的部份。

實例⑰ 含金湯匙出生

◎**乾造：**48年1月24日辰時 建生。
8歲又290日上運，每逢丁壬年11月14日交脫大運。

正財	己	亥	偏印	學堂·亡神·
食神	丙	寅	建祿	祿神·勾絞·驛馬·月德貴人·
日主	甲	申	偏官	飛廉·
偏官	庚	辰	偏財	華蓋·

9～13	乙丑	14～18
19～23	甲子	24～28
29～33	癸亥	34～38
39～43	壬戌	44～48

日主甲木生於寅木月令（農曆正月）、年支見亥水生助，四柱財官又是干透、支藏的情形，一般人看到這樣命局的架構，都會以身強、財官旺盛的建祿格論之，並以五

言獨步所說：「建祿生提月，財官喜透天，不宜身再旺，惟喜茂財源。」之千古名言來加諸於他身上，因此就五行喜、忌神之用，必以火、土、金為喜用神，以水、木為忌用神，以做為論命之依據。事實上這是陷於凡見建祿格，即為身旺，以財、官、煞、食、傷星為喜用神的迷失思錯誤之中。

本命局的月支寅木雖為日主甲木的通根地，寅亥又合化木，也合成甲木之臨官地，以這樣子的命局架構而言，照理說應是為日主身強之格局，然而我們來分析他四柱干支的生剋制化情形，以便來看是身強，或身弱之格局。

1、地支：年、月支的寅、亥合化成木星，日支的申金得時支辰土的生助，地支成為金、木相剋之狀況，照理說，應是木勝、金敗的情形，但是月干透出丙火來盡洩木氣，又此丙火之氣雖也洩於年干己土，以及耗於剋制時干庚金之上，但因丙、己為陽、陰之生，為有情之生，故丙火之洩氣緩且慢；另外，丙、庚之剋為無情之剋、為盡力之剋，則丙火之氣耗於庚上應是急且速；此外，丙火在剋庚金之前，已受被庚金劈開之甲木的生助，此時丙火之氣反轉旺盛，其剋金之態勢也得以有力而持久。依此觀之，地支的金、木相戰變成一五五波的對峙狀態。

2、天干：四個字中，除日主甲木之外，剩餘的己、丙、庚，全都是日主的耗、洩、剋之物。丙火生助己土，加強己土乾燥之性，此時己土再去暗合坐下亥中甲木，這樣子的合，多少也已約束、消耗寅亥合的力量；時支的「辰」，具有水、土庫的雙種特性，若單就庚辰的組合而言，這時的辰應該歸類為水庫之五行，但本命局時干的庚金因受到月干丙火的強力剋制，故時支的辰就當劃歸為土庫之五行，這也是日支申金得時支辰土庫生助，而得以抵抗寅亥合木之因。

本命局的地支既成生助與剋耗抗衡之狀態，而天干又都是剋洩耗之五行，故日主元神變成由強反弱的格局，也就是說日主元神本是不弱，但因剋、洩、耗之物過多，以致成為一財、官旺盛而日主元神稍弱的建祿格，因此當以水、木之五行為喜用神，以火、土、金之五行為忌用之物。

氣象篇說：「過於寒薄，和暖處終難奮發。過於燥烈，水激處反有凶災。過於執實，事難顯豁。過於清冷，思有悽涼。」這一句話對他而言，也不適用，因他的命局並不寒薄、不燥烈，也不執實與清冷，只是因財、官、食過旺，以致日主元神反強為弱而已，因此只要見到印星來制食神及化煞為用，或是見到比肩、比劫星來抗官殺、分財為用，則命局中的財、官之物反成為人生中一個財名雙享的好東西。

金玉賦說：「搜尋八字，專論財官，次究五行，須求氣候。」四言獨步說：「月令建祿，不住祖屋，一見財官，自然發福。」金玉賦說：「『財官格局俱損，不貧寒而功名蹭蹬之士。』」這些先賢的論述在在都說明了，財官星不管其為喜用或忌用神，它們在八字命局中都佔有重要的地位。

1、正財星：

繼善篇說：「納粟奏名，財庫居生旺之方。」所謂的財氣生旺，乃是指財星得地、干透支藏、自坐生旺庫地、逢食傷源頭之生，又不遭逢衝剋、比劫奪損者，均得稱為生旺。真寶賦說：「財庫疊逢得印生，少年受福。」定真篇說：「財旺生官，少年承澤。」一身強以財官或財印相輔為用之人，如果財官印現於年月柱者，本人在少年時期即已嶄露頭角，且出生之家境也必是富貴人家，本人甚受祖父母及父母親的疼愛；將來創業謀生也必多得父母、長輩及貴人的助力而發跡、顯貴，這是一個「少年得志」的命局。

奧旨云：「身弱財多，喜兄弟羊刃為助。」又說：「財旺者，遇比無妨。」明通賦說：「財逢印助，相如乘駟馬之車。」古歌說：「財多全仗印扶身，喬木家聲有舊名，不但妻賢兒子秀，晚年財帛累千金。」又說：「財多如何不發財，只因身弱少栽培，運到比肩身旺地，富貴榮華次第來。」他因財、官、食神星過旺而致日主元神相對的呈現弱勢，故大運若能得印、比星生助的話，必也能夠盡享富貴榮華次第來的福澤。

2、偏財星：

古歌說：「偏財格主人慷慨、不吝財，與人有情而多詐。若是得地，不只財豐亦能旺官，以財盛自生官，運行旺鄉，福祿俱臻，一遇官鄉便可發福。如柱中原有官星便做好命看，若兄弟輩出，縱入官鄉，發福必渺。」日主身旺以偏財為用之人，而命局中的財星如得地生旺者，那財源的豐沛是不言可喻的，若再搭以官煞之星者，此人必是一富貴之命。

滴天髓說：「按孤官不貴，必取財印以為輔；孤財不富，必用官印以為佐。故有逢官看印、以財為引，及逢財看食傷等說。」身旺以偏財為用，但命局如不見官煞或食傷星來衛財或生助財星者，本人只能說是生於富貴之家、亦或是一生不愁吃穿而已，要談到富貴及榮顯的層次，恐又不及。唯此偏財如得食神、傷官星之生助者，由於食傷星都是經商生財管道、財星源頭，因此以此為用之人，最適宜往工商界等經商創業之途去發展，所以驚神賦說：「偏財身旺，趨求商賈之人。」

玄機賦說：「財多身弱，身旺運以為榮。身旺財衰，財旺鄉而發福。」偏財星同正財星之理，若是財旺而身弱之命局，大運若逢遇比肩、比劫星幫助的話，也可說是只能以人間之寵兒來形容，此人一生中必定多得力於同儕、兄弟姐妹之扶持而得以無憂無慮的過著公子、少爺般的生活。

3、偏官星：

消息賦說：「庚辛臨於甲乙，君子可以求官。」幽玄賦說：「七煞佩印，足為烏臺之論。」四言獨步說：「煞不離印，印不離煞，煞印相生，功名顯達。」要訣云：「以煞化權，定顯寒門貴客。」妙選賦說：「煞為武藝，印為文華，有煞無印欠文彩，有印無煞少威風。絕妙煞印雙全，宜其文武兩備。」子平真詮說：「亦有煞重身輕，用食則身不能當，不若轉而就印，雖不通根月令，亦為無情而有情，格亦許貴。」

煞印相生為用，主要是以日主身弱者而言，蓋印能生身，煞能生印，如此轉化順生日主，使日主得因印星的生扶而能任煞。以印星為慈善之星、學術之星、長輩衛護之星、貴人相扶之星，及為依賴之星。所以命局見煞印相生之人，可說是最為幸運兒之一，平時之外在行為總見不疾不徐、溫文儒雅、謙和有禮又不與人爭，心思卻是極為敏捷且細膩，具有堅強的意志及耐力，做起事來可說是面面俱到、剛柔並濟，敬業的精神非常好，有工作狂的傾向，因此一生中處處得長官主管賞識、貴人扶持、長輩照顧，雖其創業過程也須歷經一番艱困期，但每逢阻逆時，總是會有貴人適時出現，並幫其化解一切阻礙而使事業能再次往前邁進一步。

以上是財、官星為日主之喜用神的分析。就他的命局而言，財、官、食傷星應為忌用神，則上述的分析、論述應該是不適用於他的命局，此時我們要看的就是他一生大運的運行助力如何？神秘賦說：「一世榮華，命高逢好運疊至。」他從虛9歲上大運，大運的前3柱及第4柱的上半柱都運行水、木喜用之運，水為印星之地，可以化煞為用，以成煞印相生的佳格；木為比肩、劫星，可以幫身、抗官殺之剋及分財為用。

由此可知，他因得力於大運的相助，日主元神再次的從弱又轉強，命局中的財、官、食神星卻成為一反凶為吉的用神，而財、官、食神星又為干透支藏之態勢，這也為甚麼筆者說他是一個含著金湯匙出生的「好命子」。

他前三柱半運行喜用大運的大概情形為：「出生時家境就很好，吃穿不僅不成問題，而且又是非常的優渥，出生迄今未曾嚐過苦頭。他很會讀書，民國63年考上雄中，67年考進台大土木系，但因志向不合而在大二為插班考，如願的考取法律系並降轉一年。72年、癸亥年畢業後即入伍當兵，在部隊中讓他很能夠表現其法律上的專業能力，也可以說是吃香喝辣的當兵生活，2年的部隊生活在快樂的環境中瞬間即逝，並在民國74年退伍。

他在75年、丙寅年結婚，婚後夫妻兩即飛到美國，他留學美國並攻讀法學碩士學位，由於太太在75年懷孕、76年生產，因此這兩年的課業成績算是平平、讀得馬馬虎虎，並於76年老婆生產後再次重讀一年。民國78年、西元1989年取得碩士學位，畢業後即在美國執業律師，執業約一年後，到79年中結束所有在美國的一切事業與生活，並打道回臺灣，回臺灣後無業休息了2年，於80年任職於北部的某知名之律師事務所。

在律師事務所工作到84年提出辭呈，隨即換跑道至證券公司上班，職務為公司副總經理之位階，當時的年齡僅為37歲，可說是少年得志的風光時期。他的家族在他現今認職的證券公司佔有三席董事之人事權，他妹妹是現今臺灣某家大型化工公司的老板娘。

84年到86年的兩年多期間，在證券公司的表現甚受主管的賞識及部屬的讚揚，87、88兩年的表現則是維持原本之情形，並沒有太過突出的表現；在89年農曆的7、8月因受到朋友不當之鼓吹，而為一筆不小金額的業外投資，結果在90年的農曆4月因虧本而結束營業。」

就他的大運來看，應是在虛44歲、民國90年的農曆11月14日才交入戌土之不完全喜用之運，唯五行生剋賦說：「火未餤而先煙，水既往而猶濕。」、「禍旬向末，言福可以迎推；纔入衰鄉，論災宜其逆課。」因此在89年、庚辰年起，他即因公司總經理的能力不足而心生不滿，並且經常與總經理產生磨擦與意見之爭；這個不滿之情緒沿續到90年不但不見降低，反而更為高漲，他甚且在90年農曆7月起即向公司請長假，並揚言公司如果不將總經理辭退的話，他即不到公司上班（由於他的家族企業在他任職的證券公司也有投資，故他也是股東、董事之一），因此目前是處於留職停薪之狀態。

由於他現今有意要取代公司總經理之職務，也想要競選下一任的證券工會理事長之位階，並問筆者未來該意願、壯志能否順利實現？筆者以他未來的大運也將要進入土、金等非為喜用之運，他的雄心壯志縱使能夠實現，但恐怕也會因此招來毀譽參半之名聲，其結果是錢財花費不訾，然所得的只是虛名虛利而已，故也委婉的告訴他爭取這些官銜、職階，對他未必有利。只是他能否聽得下筆者的建議，也只能看他的造化了。

實例⑱ 自閉症與中耳炎

◎**坤造：**62年7月18日申時 建生。

7歲又180日上運，每逢辛丙年1月18日交脫大運。

正印	癸	丑	正財	
偏官	庚	申	偏官	龍德．
日主	甲	申	偏官	
偏印	壬	申	偏官	月德貴人．

9～13	辛酉	14～18
19～23	壬戌	24～28
29～33	癸亥	34～38
39～43	甲子	44～48

本命局扣除日主甲木後，剩餘七個字中，見一個庚金、三個申金、一個寒凍之丑土金庫、一個壬水、一個癸水等之五行。日主甲木遭逢四個陽剛之金、一個助紂為虐之

金庫的剋制，而顯得招架無力，此時雖得壬、癸水印化煞為用的生助，但因癸水居於年干，以致有力不從心之憾，故整個命局的活命之機在時干壬水通根於地支申、丑中壬、癸水為用。

時干壬水雖為活命之機，但甲木為無根之木，地支又是土蕩、金旺、水相、寒凍的情形，故甲木為一無根而旺水凍結之木，整個命局全不見暖局之火星，係一氣機偏於寒凍、非常不流暢的八字命局，以木、火為喜用神，濕土、金、水為忌用神，燥土為喜、忌俱有之閒神。

她在9～18歲求學期間，由於大運為辛、酉金之非為喜用之地，因此這一個時期她本人非常內向，有嚴重的自我封閉行為表現。讀小學時，課業上的成績則是平平、不突出；就讀國中後，因得力於民國75～78年之丙寅、丁卯、戊辰、己巳年等連續喜用流年的相助，故國中畢業後即考上公立高中，但她沒去報名，反而去讀商職學校的會計科。

81年自高職畢業，由於81、82之壬申、癸酉年都不是喜用之流年，所以這兩年的工作僅能以「一年換二十四個老闆」的情形來形容，到83年、甲戌年才算是找到一份不錯的工作。民國85年、丙子年，她的大運24～28歲剛好交入戌土之運，戌土中含有丁火喜用神之五行，丁火能爐煉庚金成一劍戟之器，因此丙子年她又另覓得一份更為滿意的工作，上班地點是補習班，職務為會計兼打雜之工作，這個工作一直待到民國90年、辛巳年的農曆3月，因心生厭倦而辭職，目前仍在覓職中。

氣象篇說：「過於寒薄，和暖處終難奮發。」大運雖為不錯之運，但因她本命過於寒凍，日主又身弱，此外會計之工作就五行之屬性而言，也不是她的喜用神，所以在補習班上班的這幾年中，她在工作崗位上雖然具有高度的敬業精神，也很努力的在工作著，但是她的老闆並沒有注意到她才華能力表現的一面。才華不受老闆之器重，倒還無所謂，反倒是在民國86年、丁丑年的農曆10月下旬，罹患嚴重的中耳炎，以致在醫藥上花費了不少錢財。

以上是她自述從以前到現在，於生活上比較明顯且有記憶的一些往事。自我封閉在西醫學而言，乃是「自閉症」的病症，以目前的西醫學技術還沒有可以治療這種病症的方法。基本而言，這種病症大都發生在小孩時期，會有自我設限、害羞、不與人交往、不喜歡和其他小孩玩耍、常常獨自一人玩耍、不愛說話、對自己沒有自信、不愛說話⋯⋯等。

這是一種不正常的人格發展行為，應及早帶往兒童心理衛生中心或精神科醫生處診治並給予行為治療，使他們儘早學會說話、學會和其他人溝通，以及注意自己的需要⋯⋯

等，讓他們儘早適應這個社會上的團體生活與人際交往關係。此外，父母親的養育態度和小孩的生活環境，有很密切的關係。父母親應經常和小孩接近，付予關心、愛心，引誘小孩從自閉的蠶繭中走出來，這也是一種比較有效的治療方法。

就八字命理而言，十神中的食神、傷官星乃是才華之表現、口才流利、反應敏捷、創意與靈感、學習能力、能屈能伸、廣學且多聞…等的含意，是一種內在秀氣、才華、才能展現、表露於外的象徵；此外，五行中的火曜，則是一種躍動、光亮、熱情、生生不息的象徵，而火就身體之表徵，以火為心臟之表徵，也為血管、心火、熱能運送者之含意。

就中醫學理論身體感官而言，先賢名著《素問經》說：「心者，君主之官也，神明出焉。」又說：「心藏神。」先賢唐容川註說：「以心為火臟，燭照事物，故司神明，神有名而無物，即心中之火氣也；然此氣非虛懸著，切而指之，乃心中一點血液，湛然朗潤，以含此氣，故其氣時有精光發現，即為神明。」可知，火除了為心臟之含意外，也是精神、知覺等屬身體感官功能方面的表徵。

就她的命局而言，日主為甲木，而甲木又為腦神經元、頭部的表徵，而被她日主所生的食、傷星之五行又正為火曜，也是命局的喜用神之一，然而卻完全不見火曜在四柱干支中，這也表示著她生性本就不喜歡說話；其次，剋制日主甲木的庚、申金及丑土金庫，在命局中卻是干透支藏，庚、申金之偏官星是命局的忌用神，乃是約束、拘謹、放不開、無魄力、膽小、內向…等的含意。

大運9～18歲的辛、酉金之忌運，不僅加強金剋木的力量，使日主本人行為舉動更為畏縮、膽小，而羞於與人接觸；這個金煞又更加強生水之力量，五行之水是火的剋星，水是她命局的正、偏印星，為忌用神，乃是鑽牛角尖、心性化不開、生活在象牙塔裡、不喜歡與人交往…等的含意。

9～18歲的大運既已不好，我們再來看看她這一階段的流年，她從9歲到13歲期間、民國69年到74年間，又都走金、水、丑庫之流年，她就在這先天命局之架構與後天行運的影響下，產生了人格發展上的偏差行為，其心性所表現出來的是害羞、畏縮、不敢與人交往、整天躲在自家裡面的行為舉動，這正也是西醫學理所說的「自閉症」之病症。

耳朵是西醫解剖學上的感覺器官之一，屬於平衡性的聽覺器官，可分為外耳、中耳、內耳三部份（詳後圖）。外耳與中耳以鼓膜為界，鼓膜外為外耳、內為中耳。中耳之整個耳腔稱為鼓室，裡面有長約三～四公分的耳管與咽頭聯絡，詳細的說，就是與位在咽頭中最上部之咽頭鼻部聯絡。

一般人都有共同的經驗，那就是當我們登高山時，有時會感到耳鳴，但只要吞一口唾液，耳中如有「崩」的一個聲響，耳鳴即告消失。這是因為吞嚥唾液的動作可打開耳管，使中耳的空氣與咽頭的空氣相互交流，如此鼓膜內外的壓力即告相等，如此因壓力之抵消，耳鳴也因而消失。

在中耳有槌骨、砧骨、鐙骨等三個耳小骨，可將鼓膜傳來的聲音之振動傳向內耳。內耳可分為蝸牛、卵形囊、球形囊、三半規管等部分。蝸牛是司聽覺之組織，形狀如蝸牛殼般繞兩個半迴轉；卵形囊與球形囊上的平衡斑有小的石子，將這些小石子引向重力的方向處，就能將身體的姿勢傳達到中樞神經去，以做為調節身體平衡之用；三半規管中流著淋巴液，而三半規管的膨大部位可以感覺到身體的迴轉。內耳由於這三個組織的作用，故知內耳乃是掌管身體平衡感覺的器官。

有關引發中耳炎的疾病及治療之方法，請詳閱後述第28例：「剖腹生產的人造八字」（P.347）的論述。

◎耳朵構造圖

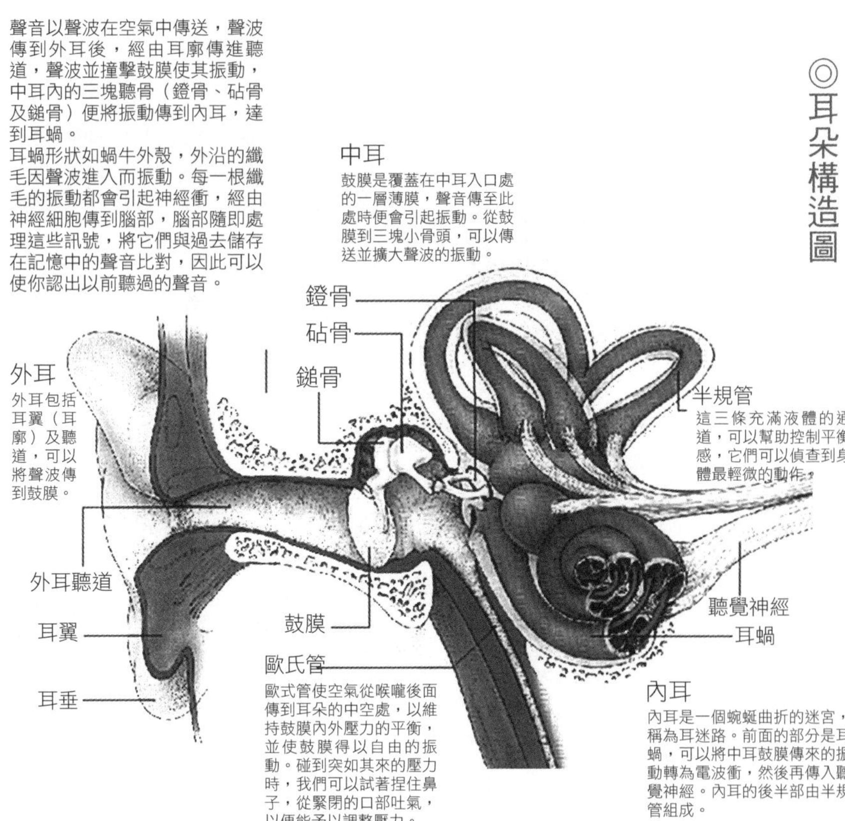

中醫學理及八字命理學都以水為五臟中腎臟的代表，腎臟又為頭部感官器官七竅中的耳竅，《素問經》說：「腎在竅為耳。」《靈樞・脈度篇》也說：「腎氣通於耳，腎和則耳能聞五音矣。」這也就是我們平常所聽聞「腎開竅於耳」的緣由。以耳為腎之感官，腎精足，則聽覺聰靈；腎精虛，則兩耳失聰。就中醫之診治，只要透過耳朵聽覺的變化，就可以推斷腎氣的盛衰情況。

就八字命理的正格架構而言，都是求其達到中和、中庸之勢，在命局中的日主或任何一個五行若呈現太強、太弱、過冷、過熱、過燥、過凍等的情形，都是不好的，這不僅在一生的運勢上會產生很大的起伏與落差，在身體上也會產生疾病，這是因為先天的五行產生失調，會導致後天的人身發生失衡的緣故。

癸水除了為腎臟之表徵外，也可以將其擴充、引申為身體其它器官的代表，在此筆者引用現代命學先進鍾義明老師的見解為：「耳朵（聽覺、耳蝸液體）、平衡器官、腺體、內分泌系統、汗腺。」由於她的命局本已是金旺、水相、冰凍的情形，民國86年、丁丑年的丑庫、凍土入命，又加強她命局寒凍之勢，她說：「在國曆11月因一次的感冒發燒後，就感覺耳朵有不舒服的情形，只是不太去在意這個疾病，沒想到過了約2個星期後，病情卻愈來愈嚴重，後來到大醫院檢查才知道得了中耳炎的疾病。為了治療這個疾病，在醫藥費上花了不少錢，也覺得很心疼。」

實例⑲ 破除江湖術士的迷思

民國90年12月13日晚上收看電視第四台中「馬妞報報」的節目，當天的題目是有關「算命」的話題，筆者聽了主持人與來賓的談話後，深感心痛與難過，這個心痛與難過並不是因為她們談話態度、心態，而是從她們談話中所牽扯出來的內容，很多都是被江湖術士、不學無術之輩所渲染、所蠱惑、所誤導，並被這些不肖之術士用來詐財、騙色，其中一位來賓（共三位來賓，一位是名主持人于美人，另兩位則是平面媒體之記者，從電視看過去是坐在最左邊的那一位）更指出她先前曾給一位算命老師算命，而這人目前正當紅於第四台的電視節目上，該算命老師說她有破財之憂，而需要花錢消災，並當場拿出一家房屋銷售的廣告單，要她購買該棟房屋才能化解這個破財之厄，該老師也留下她的電話與行動電話，隔天起就猛打她的電話，催促她去購買該棟房屋…等語。她又說該算命老師還兼有在向客戶推銷其它所謂可以改運、進財的符令、佩飾…等物。

其她的來賓又說：在民國89年的總統大選時，一位從香港來而且具有所謂特異功能之人士李建軍，說他能憑一張名片就能對當事人，施以隔空法術之能力，以致某天去採訪該特異功能人士的所有記者們，都不敢遞出名片，以免遭受被施法術之殃。該特異人士又跟連戰算命，並說連戰需要有一位女士來助他，且要幫他生個孩子等，連戰才能當選總統等語。

來賓又舉藝人蔡頭之例，說他因為要治療憂鬱症而花了不少錢，蔡頭因為自己事先不知道自己患有憂鬱症，結果聽信了一些算命老師的說法，說他中邪、犯了鬼之類的，以致住家環境因為聽信這些江湖術士的言詞，做了很大幅度的修造，其結果是花了很多錢，但卻沒有獲得改善；到最後經西醫之診斷是得了憂鬱症，經服藥之後而得以根治該疾病。

來賓又說：某一位女藝人因為運勢一直很背，已經到了山窮水盡的地步，結果聽信一位算命老師的話，去做「生居」、「借運」之事，說可發達三年……等語。

來賓又說：很多老師都會教人家去購買戒指戴在左手的無名指上，如此可以化解掉破財之惡耗，也可趁機替自己買一個戒指。

由於當天來賓所說的例子很多，筆者僅舉數例以為本文之開場白。事實上，當天來賓說的例子，在我們的現實生活上是經常發生，也是筆者的客戶常會問到的問題。

依筆者的經驗，或許也是一般人的心態與行為，一個人當正行好運的時候，也就是說他們不管是在生活上或是工作上，處於悠遊自在、春風得意的境遇中，他們是不相信命理這一回事的，甚至於會嗤之以鼻；但是當他們遭逢人生事業或感情上的第一次重大挫折時，他們就會想到算命這回事，要找個算命老師算個命，並要求算命老師看有沒有辦法讓他們馬上脫離當前的困境，甚至於為了要達到脫離困境的目的，他們可以不惜的犧牲很多的代價。

就筆者從事命理這個行業而言，也約有十年左右，雖說是不算久的時間，但筆者卻發現命理是一門很高深的學問，不是一般人所能夠學得透徹的，也就是這種原因，在八字命學界才會有很多江湖術士、神棍之流輩的產生，以致破壞了先賢所遺留下來的寶貴知識。

雖說命理學並不像一般的實物科學，可以從現實生活上拿出實物來證實，然而歸屬於玄學的命理學，卻可以從一個人的出生八字去「原則性」的推算出一個人以前所發生的甚麼事，及預測未來可能發生甚麼事，且這些預測的準確度是頗高的。

這裡之所以說「原則性」的用語，是因為在這個地球上，同一個八字命局出生的人很多，並不是單單一個人而已，但因為所有具相同八字命局的人，因他們出生地的不同、成長環境的不同、家人的不同、宗教信仰的不同、工作環境的不同、本人後天行為處事的不同…等的差異，會導致一個先天出生完全相同的八字命局，在後天上人為成就或表現上會有百分之二十或三十的差異。譬如，同一個八字命局之人，他們的感情、婚姻在先天的八字命局來看會出現問題，但在後天人為的因素之下，有些人是終身遇不到理想的伴侶，以致終身不婚；有些人是年輕時歷經多次失戀之苦但於三十幾歲結婚後，卻有美滿的婚姻；有些人是到三十幾歲以後才碰到心目中的另一半，並進而步入禮堂的另一端，且也有美好的婚姻生活；最不幸的則是年輕的時候即墜入情網，也結婚得早，中間並沒有遭逢感情之挫折，但到中年之前的婚姻生活，卻以生離死別的結果收場。

筆者在本文所要說的是，八字命理學確有其事，並也絕對會影響、左右一個人一生的生活、事業之起伏，只是八字命局既已是先天註定，我們並無法去改變，充其量只能為後天改造之方式而已，而這改造之方式，並不是如我們在平常生活上所常聽到江湖術士、神棍等流輩的說詞如：「用符令、佩帶戒指、手或頸子佩帶飾物、加持、灌頂、單為居家床位方位之改變、做法術、特異功能、須穿甚麼特定衣服、服用甚麼靈藥、喝甚麼符水、住家門前裝個八卦鏡、女人要禁入某些場所、水代表財神因此要擺放大型的水族箱、水族箱的魚要幾尾、放個咬錢的金蟾蜍、擺個甚麼可以招財的物品、刻印章、改名字、前世是何類型之人或物而這一世是來還業、兩性的肉體交媾、要繳付多少的捐款、燒多少的紙錢、要做很豪華且廣袤的祖墳、為子女挑選好的時辰來剖腹生產……等」，或是到廟宇去求財、借錢等，即可將八字命局為乾坤大挪移的改造，或是馬上可以有財運進來，而可以獲得一筆意外之錢財，這根本是緣木求魚、痴人說夢話的騙語。

試問，一個人的八字命如果單靠這些方法就可改變的話，那每一個人就甚麼事都不用太積極努力的去做，不用去加強自身之能力、增進自身之學識或才華、改變自己的缺點，每一天只要想著如何使用右述之方法，就可以改變自身的命運，那豈不是無天理、沒公道，這個社會不也成了一個價值扭曲、充滿投機行為與心態的環境，且上天對那些很努力的在打拼、很認真在付出而只想要獲得應得回報與成就之人，如何給予一個公平與正義的答覆。

說實在的，筆者縱使從事命理工作約有10年之光景，相信人生冥冥之中確實受有八字命理之影響，但筆者完全不相信，也非常排斥前面江湖術士或神棍所常用之方法，來訛詐客戶。筆者對來推算八字命理的客戶，除了盡量跟他們灌輸人生與命理之間彼此互動的關係外，也盡能力的跟他們講解這些江湖術士或神棍蠱惑、騙財的不實之方法，也不要採信這類的說法，讓客戶不要因一時的困境、挫折而落入江湖術士、神棍的陷阱之中，結果是損財、失身，但依然是窮苦潦倒、阻逆不斷。

或許有些人會說：他們當時就是陷於困境之中，就是因為去找某一位算命老師、大師等，經過這些高人的做法術、或給予靈藥服用、或調放床頭位置…等前述之方法，他們的運勢確實也從此改變，而得以擺脫困窘之境，並得以一帆風順。

事實上，發生在這些人身上的改變命運之奇蹟，都是他們不了解八字命理的運作並受這些所謂高人的蠱惑所致。關於這一點讓筆者細說分明：

在平常生活上，我們經常會說「命運、命運」等的字眼，這個「命運」是由「命」與「運」所組合而成。所謂的「命」，就是一個人出生時所與生帶來的八字命局，也就是所謂的先天命局、不能改變的命局，即是我們平常所說的四柱、八字之義，而這個先天的「命」、八字命局，我們可以將它比喻為一輛車子。由於每一個人出生八字命的不相同，因此會有不同的層次、格局高低之分，也會有不同的人生際遇；同理，不同廠牌的車輛，也有不同身分高低的象徵、品質的好壞，甚至於同一家汽車製造廠生產的汽車，也有數種不同等級的車種，這猶如一個家庭裡面父母親所生下的孩子，每一個人都有其不同的外表、個性、行為表現，及未來在事業上的成就與人生際遇。

說到這裡，也許有讀者會反問說：那同一個時辰出生，也就是說相同八字命格的人，甚至於是雙胞胎，依理而言，他們在社會上的一切行事作為、事業成就、人生運勢起伏…等，應該會是一模一樣的，但事實卻不然，不僅不會完全一樣，甚至於會有很大的落差，譬如臺灣目前有名的政治人物章孝嚴和他的雙胞兄弟章孝慈，不就是一個很明顯的例子嗎？

關於這一點，筆者要說的則是：雖然是同一八字命局出生的人，但因個體不一樣，每一個人在後天環境所成長的地方、接觸的人、行為處事的不同…等的不一樣，其將來的發展也會在這個相同八字命局的框架裡，產生百分之二十～三十的不一樣結果；這猶如同一個車廠、同一條生產線、同一個時段所生產出來的同一批車輛，依理而言，這一批車輛將來應該會在同一時間進保養廠維修、在同一個時間發生相同地方的毛病、在同一個時間報銷…等，但就我們所知的是事實卻是不然。這是因為該同一批車輛出廠後，購買這些車輛的駕駛者完全不一樣，每一個駕駛者有不同的開車習性、有不同的生活或事業環境，及每一輛車保養情況的不同、所處道路狀況的不一樣…等，因此在經過一段時間之後，每一輛車子所呈現優劣、好壞的情形，也是會完全不一樣的。

再來要說的就是「運」。這個「運」，則是一個先天八字命局在後天人生上所要搭配吉凶起伏的大運與流年；大運可分為五年一運與十年一運之兩種，流年則是每一年在更替、輪轉的年。也可以說一個人的「命」絕對要搭配「運」的吉凶起伏，才可以論斷他們以前、目前或未來所已經發生、正在發生或是即將發生的吉凶否泰之事。一個人縱使具有好的八字命局，若不得「運」的相助，那他也只得暫時屈居於退身避位之處，而不得一展長才、不得盡享榮貴之福；同理，一個人的八字若是不很好，但他（她）若是得到大運的相助，他（她）也是可以豹變翻為富貴，而得以飛黃騰達的享受財名之福。依此可類推，相同獲得大運或流年相助的人，有好的八字命局之人，他們的成就及享受榮華富貴之福份，絕對是比八字命局普通之人來得高層次與豐厚。

筆者常將這個「命」與「運」比喻為汽車與馬路，一個好的命就猶如一輛高級的車輛，譬如是賓士或是寶馬等，但是若沒有好的「運」，也就是沒有好的道路讓這些高級轎車來行駛的話，那這些車輛也是無法顯現其性能、無法跑得快、無法行駛得平穩的，而只能慢慢行駛並東閃西躲的去避開一路上的坑坑洞洞；反之，一輛普通的車輛，但平時也有不錯的保養，一旦逢遇平坦、順暢並適合其用途與功能的馬路，譬如轎車奔馳於平坦的高速公路上、越野車行駛在山坡路上等，此時他們所表現出來的功用與性能，並不會輸於正處在困境的高級轎車之表現。

這些江湖術士、神棍就是會利用這個「命」與「運」的關係而來蠱惑客戶，以賺取不義之財。這些術士、神棍知道客戶目前正處於困逆際遇，而急需要趕快脫離困境的那一種徬徨無助、急病亂投醫的心態，術士、神棍們從客戶的八字命局可以知道他們大約在一或兩個星期，亦或是一或兩個月或數個月後，就會進入好運或好的流年，或是完全不懂而是讓他們胡亂矇上的，此時這些術士、神棍就會跟客戶說：「你們需要做法術、改運、用符咒、服用靈藥、改名字、刻印章、放個咬錢的金蟾蜍、用甚麼數字、擺個財神爺……等方法，需要花費一筆錢財，並保證你們在一或兩星期，或是一或兩個月、數個月後，一定可以讓你們感受到這種改運、用符咒、服用靈藥…等的效果。」

由於所有的客戶並不明瞭這種好運即將來到的情形，卻誤信了江湖術士的話語，對術士的話是言聽計從，甚至於賠了夫人又折兵都在所不惜，結果是白白花了一大筆的錢財。由於他們的好運已經即將來到，縱使他們不花這些錢去做法術、用符咒、改運…等，他們在好運來到的時候，還是一樣可以飛黃騰達的；但若是好運還沒來到，縱使請了天皇老爺下來，也是無法改變當時所身處的困境。

同樣的，到廟宇去求財、跟神明借錢也是相同的情形。如果正處於背逆運勢之人，並且在短時間內還無法進入喜用大運或流年的話，縱使向神明借得幾百塊或幾千元，也是無法改變他們當時為錢所困的窘境；但若是已經將要進入喜用大運或流年的話，由於神明能夠知道他們好運的即將來到而答應借錢給他們，這也只是一種借力使力方法的運用而已，並不是神明也能改變這些正逢挫折之人的八字命或運勢。

有宗教信仰是很好的一件事，因為它們能夠教化人心、匡正社會風氣，但並不是逢遇困難之時，就認為神明是萬能的、神明可以改變人的命與運，這是一種錯誤、不正確的觀念。說實在的，神明祂們本身根本無法改變自身的天運，又何以能夠來改變人世間凡夫俗子的命運。這話從何說起？譬如我們臺灣目前的廟宇，大大小小合計起來應有十來萬間的廟宇、宮、堂…等，但是真正興盛、信徒眾多的廟宇宮堂，也僅是其中寥寥可數的幾間而已，多數的廟宇、宮、堂不還是天天門可羅雀的處於冷清狀況之中，甚至於到最後以關門收場的還不在少數，或是被樂透迷丟棄的落難神像也是不計其數。若說神明真能夠改變天運的話，那祂們盡可運用祂們的神力去招羅信徒到祂們的廟宇、宮、堂參拜，而讓該場所興盛起來，也不用淪落到門可羅雀或關門，亦或是被棄置而流落街頭的慘狀。

就筆者而言，筆者常跟客戶說：要改造自身運勢的話，最重要的是首重行善積德，其次才是居家或營業場所的陽宅堪輿之改造，而且這些改造並不是如坐直昇機般的一蹴可及，而是要從平常做起、日積月累的改造起，這樣才能達到其改造後天運勢之效果。並不是說在發生困逆之時，才想到要去廟宇捐款、行善事、或是做法術、用符咒、改運、刻印章、即時為陽宅堪輿…等臨時抱佛腳之行舉，這些都是無用的，甚至於都會落入江湖術士、神棍之流輩的陷阱之中，以致於被騙財、騙色等憾事的發生，但卻是沒有得到預期應得的效果。

筆者完全不建議客戶去佩戴甚麼飾物，也告訴客戶：「刻印章是騙人的、做法術有可能會損財與失身，或是名字的好壞不會影響一個人或事業的否泰…等。」因為這些都是天方夜譚的事情；也不鼓勵客戶去購買甚麼經過加持的東西，因為那是無效的。但筆者會從客戶的八字命局去給客戶一些建議，譬如他們的命局如果是正格且過於燥熱的話，那這個人在現實生活上必定是心浮氣躁、難以安謐於一處、行事作為都不會經過深思熟慮…等，這是因為他們的八字命裡缺少五行的水與金，此時筆者會建議這些人在居家或營業場所擺放個水族箱，但並不是如一般江湖術士所說的水代表財，因此擺放水族箱就是將財庫擺放在家裡等的說詞，筆者的用意則是要這些客戶多利用空閒的時間，或坐或站在水族箱前去欣賞水中魚兒的悠遊之美，及整個水族箱造景給人的那種沉靜之美，藉以培養其內斂、安定、沉穩的心性，如此就事物的決斷與處理才不會因過於衝動、莽撞而造成不必要之損失。

至於水族箱中魚群的數目則是不拘，因為魚群只是配角而已，重點還是在整個水族箱給人一種沉靜之美的感受，有一群魚兒在裡面悠遊，僅是更增加其美感而已，甚至於現今的水草造景的水族箱，光欣賞裡面水草與飾物的造景就非常的漂亮，跟本就不太會再去注意水中魚兒的存在。因此目前有很多江湖術士、不學無術之輩一直在強調水族箱中魚兒要六尾、十尾、六十六尾、九十九尾……等的說詞，那跟本是胡扯而不足採信的說詞。

同樣的，筆者也會建議客戶為居家或營業場所的陽宅堪輿，也會依客戶八字命中五行的需要而建議客戶擺設盆栽、木雕品、金屬飾品、水晶、陶製品等，但筆者會告訴客戶，陽宅堪輿對一個人的八字命局僅具有錦上添花、雪中送炭的效果，而無法達成乾坤大挪移的功效，因為那是騙人且不可能的；筆者也會告訴客戶，這些擺飾品是根據他們八字命局的需要而為建議，所強調的是使整個命局的五行架構趨於中和、中庸與平衡，並不特別強調會帶來財運或是會改變一生的命運。

筆者一直堅信要以很誠懇、信用與盡職的心態去服務客戶，不要為了賺取不義之財而利用人性之弱點，對客戶為蠱惑、騙財等術士、神棍之行為，因為人在世上做，而老天是有在天上看的。也一直告訴客戶，平時的行善積德才是最重要的改造天命之方式，其次才是陰宅的修造與陽宅堪輿的改造，但這也是要從平時就做起，而不是到了臨時才想到要抱佛腳。

相信命理學及推算八字命，是一件好事，因為並不會有命愈算愈薄、或是被人施法等以訛傳訛的說詞，其所要求的則是對自身八字命的認知，就將來事業的規劃能夠參考未來運勢的起伏吉凶，以為進攻退守的依據，以達到趨吉避凶之效果而已。筆者常感嘆有十分之七、八的客戶都是在發生挫折、出了事情之後，才會想到要來推算八字命理，並做亡羊補牢的事後收拾殘局之工作；若每一個人在平時生活或事業順暢的時候，也能去算個命並對未來運勢之吉凶起伏有一個認知，而能做一個防範未然的事前防護措施，則到運行阻逆之大運或流年的時候，其所發生的挫折與困頓，也不會那麼的嚴重，所造成的落差也不會那麼大，所產生的痛苦也不會那麼的深。

「推算八字命的目的，只在於知命、認命、用命與順命。當我們得知自己八字命局的架構之後，我們就要認命而不要鐵齒的去抗命；在認命之後而知道自身命局的優缺點，此時的我們就不要宿命，而要積極的去應用命、去改造後天的行事作為，也就是說我們可從後天的行事作為去修正，去改造先天命局缺點所在，並將優點之處給予加強與發揚出來。我們也可以從一位正直、誠信、好的命學老師處得知未來幾年運勢的吉凶好壞，如此我們在未來數年的行事作為、事業之變動或投資等，可以很客觀的參考運勢的好壞，以做為進退攻守的依據，如此才不會盲目的行事，而造成不必要的身家財產的損失，如此也可以達到趨吉避凶的效果。當我們已積極的為用命之改造之後，所剩下結果的好壞，一切就順其自然的去發展，此時就不用再去在意、掛慮最後的成果是否盡如人意，因為我們在人生創基立業的過程中，已經有盡力的去打拼、去奮鬥而無憾了。」

筆者寫本書的內容原是以客戶的八字命理實例，來探討現實生活上所發生的事業、婚姻、家庭、疾病、人際關係…等種種情形。至於本篇之論述，則是因日前剛好在電視節目上看到主持人與來賓等人，因對八字命理的不了解及受到外在江湖術士等蠱惑言詞、行舉的影響，所說出對命理造成很大殺傷力，負面影響的話語與內容，感到一陣痛心後而有感而發的書寫下來，並將此文放於本書之中，並藉以闡述筆者從以前就很想改正這些受江湖術士、神棍所扭曲與蠱惑的錯誤觀念。若是讀者對本文有不同意見的話，歡迎你們來信，以便彼此能有相互討論、教學相長之收益。

實例⑳ 拳腳相向的婚姻

◎**乾造**：61年2月28日午時 建生。

8歲又30日上運，每逢庚乙年3月28日交脫大運。

比肩	壬	子	比劫	劫刃．將星．
食神	甲	辰	偏官	華蓋．
日主	壬	申	偏印	學堂．天德貴人．
偏財	丙	午	正財	飛刃．天財．歲破．大耗．災煞．

9～13	19～23	29～33	39～43
乙	丙	丁	戊
巳	午	未	申
14～18	24～28	34～38	44～48

◎**坤造**：61年7月16日巳時 建生。

5歲又200日上運，每逢乙庚年9月5日交脫大運。

正官　壬　子　偏官　月德貴人・咸池・

傷官　戊　申　正財　劫煞・

日主　丁　亥　正官　天乙貴人・

偏印　乙　巳　比劫　金神・驛馬・

7～11 丁未　12～16

17～21 丙午　22～26

27～31 乙巳　32～36

37～41 甲辰　42～46

本例實際上就是目前我們社會上、媒體上所常說的「婚姻暴力」之意，但因「暴力」這個字眼過於強烈與激化，因此筆者就以「拳腳相向」的字眼來代替。

從標題即可得知他們是一對夫妻，一對丈夫充滿大男人主義、太太會受到先生拖累的夫妻。太太是在民國88年11月因生女兒，經朋友的介紹而至筆者處，請筆者幫她剛初生的女兒命名；她因筆者就她女兒八字命局的論述頗為詳細，故請筆者也推算她的八字命局，筆者並跟她約定下次到訪之時間。屆時她應約到訪，筆者除了跟她推排過往已經發生的事件外，並詳細跟她論述本身命局的構造，及在現實生活上的應對與趨吉避凶的建議，並跟她說類似她這種命局架構的女命，在現實生活上必會受到先生的拖累，只是各人後天環境因素境遇的不同，故所遭受的拖累、傷害也會不一樣。

由於她當時並未排算她先生的八字命局，因此筆者僅能就她的八字命局給予夫妻應互敬互重，及先生事業的經營也要謹慎為之等的建議；在寫給她的八字命盤表上，就89、90年兩年流年的批註上也有寫著「防夫妻口角、舟車血光、小人官訟」等須注意的事項。她從民國90年的國曆12月初起，因夫妻間的關係陷於冰點、緊張的狀態之下，在12月中旬再到筆者服務處，要再知道未來夫妻間的緣份會如何，那時候才將她先生的出生八字告知筆者，並請筆者從她們夫妻倆的八字命局給予一個客觀的建議。

俗語說：「清官難斷家務事。」筆者則說：「八字命理更難斷家務事。」依筆者的經驗而言，最感到困擾的是看到一對即將結婚的新人，請筆者幫他們擇選結婚吉日良時，而她們的八字命局卻不適宜早婚，將來婚姻會生變；亦或是夫妻當時的關係已經處於僵化、冰點之狀態，而夫妻之一方才拿她們的八字給筆者推算，請筆者就他們未來的婚姻給予一個分或合的建議，但他們的婚姻從命局來看就是會有離異、婚變的情形…等之例子。

乾造（先生）日主壬水生於辰庫月令，地支見申子辰三合水局，在年干又透出壬水比肩，所以這是一個日主元神旺盛的食神生財格局。日主元神既為旺盛之命，則地支申子辰之比肩、比劫局就是命局的忌用神，六神篇說：「身坐比肩成比局，當為幾度新郎。」玄機賦說：「男逢比劫、傷官，剋妻害子。」金不換說：「身旺、比劫重，損財又傷妻。」這個比肩、比劫星若為命局的忌用神，不管男、女命，就感情而言，一定都會遭逢感情上的挫折；但就婚姻而言，是否會產生婚姻上的危機，則端視各人後天的造化了。此外，男命本人除了會有大男人主義外，其中具比劫星之人，對另一半會有拳腳相向、動粗等行為傾向的機率會比較大。比肩、比劫星之為命局的喜、忌用神，筆者已論述於前面的例子，故在此就不再贅述。

坤造（太太）的八字命局很明顯可知是一個身弱、官殺星旺盛的正財格，正、偏官星是她命局的忌用神，為忌神的正、偏官星除了有：「脾氣暴躁、有勇無謀、做事易欠缺深思熟慮、碰到困難又表現出懦弱而無魄力、遇事要下決斷時又會考慮過多、結交損友、易犯小人、受友之拖累而惹官司、事業易一敗塗地、事業容易起伏不定、體弱多病」等之含意外，也是女命的夫星，一個會拖累、傷害女命的異性朋友、丈夫之含意。就她八字命局的架構而言，必定會遭受男朋友或是丈夫的拖累或傷害。

至於遭受拖累或傷害的種類、情形，不管是否為相同出生，或不同出生八字的女命，依筆者的經驗而言，則是不一而足，這是因為每一位女命其後天生長環境的不同，及所嫁另一半的出生八字也絕對不一樣，因此會有不同的傷害情形，其情形大概有：「丈夫好吃懶做、在外金屋藏嬌、經商虧了一大筆債務而由太太來承擔、懦弱無能、對外人很好但對妻子卻是沒有好臉色、對太太有拳打腳踢的行為、非常的大男人主義⋯等。」這些傷害行為表現在丈夫身上的情形，有可能是一種而已，也有可能數種情形並存。

三命通會說：「女命以剋我者為夫、我生者為子，皆要得時、乘生旺之氣，若旺氣只聚於時、亦可。用官為夫、不要見煞，用煞為夫、不要見官，一位為好。有兩位官星、無煞以雜之，四柱純煞、無官以混之，俱為良婦，更得本身自旺、尤佳，但旺不可太過。」又說：「或問婦人何利，利在夫星；夫利、其婦必利，夫困、其婦必困。」陰命賦說：「用煞逢官，非為節婦。」貧賤篇曰：「官煞重逢，須防淫亂。」

就古時封建時代的背景而言，女人是男人的附屬品，在社會上難有獨立自主的身分、地位，就婚姻而言，一生僅能以一個男人為終生的依歸，不得再事二夫，而且也是全憑父母的媒妁之言以完成終身大事，完全沒有感情、婚姻的自主權，因此先賢名著在論女命之時，就都含有封建時代「重男輕女」的思想，以女命八字命局中僅能見一位官星或殺星，不得官、殺星並存，若見有官、殺並存的命局，大都給予負面的論述，因此「用煞逢官非為節婦」⋯等類似的語言，就常常出現在先賢有關論述女命的名著中。

女命官、殺並見，以命理而言就是丈夫多位之意；然以現今社會，男女談感情、自由戀愛，已是如家常便飯，故這個官、殺的含意，就筆者而言，已將其廣義解釋為女命的異性緣、男朋友、丈夫、多次的戀情、多次的婚姻等，並不再侷限於古聖先賢的封建見解。因此女命的命局中若有官、殺並見情形，有可能是多次談感情、多次失戀、多次戀愛的經驗，亦或是離婚再結婚，或不再婚的情形等。以目前工商社會時代就夫妻離異之事，縱使並不是一件好事，倒也多能坦然接受，因此女命的命局若出現官、殺並見的情形，而再要以「非為節婦」、「須防淫亂」…等負面的語言來論說，恐也非為確論，並且也可將這類命師歸為不學無術的江湖術士之輩。

由於她在民國90年（辛巳年）的農曆11月（庚子月）再次遭受先生的暴力行為而住院，並且拿了醫院的驗傷單到法院訴請保護令，目前尚在訴訟中，因此請筆者就他們夫妻未來的婚姻，能給予一個分或合的建議。

筆者詳看了她們夫妻的八字命局後，就問她說：「你們夫妻倆在結婚之前，各自都有沒有發生感情上的挫折，若是都有發生感情上的挫折，而這一段感情都會造成你們身心痛苦的話，那你們的婚姻是離不成的，就目前的婚姻情形而言，也只能說是一對歡喜冤家，而且妳大概要在四十多歲以後，才能漸漸的在先生心目中佔有重要的一席之地位，目前看在小孩子的身上，凡事只有以忍耐為主。」筆者又說：「你和你先生這一段感情，應該是起始於民國83年，並且是透過兄、長輩關係或介紹而發生。這一段感情在民國86年的農曆11、12月應該會發生挫折，甚至於有鬧分手的情形，只是不曉得是甚麼原因，讓你們的感情能夠繼續的延續下來。」

她聽完筆者這一段的論述與建議後，即說：「我和我先生在結婚之前，各人確實都有一段感情上的挫折。我是在讀高職一年級的時候就結交了一位男朋友，當時也可說是墜入熱戀的情網之中，但是在民國80年高職畢業後，這一段感情也隨之結束，當時也痛苦了好一陣子。至於我先生，他也是在讀高中時認識了一位女朋友，結果他的女朋友也是在民國81年，他在當兵的時候離他而去，就是社會上所戲稱的『女友兵變』，同樣的也讓他痛苦好一陣子。」

她接著又說：「我和我先生是在84年底認識、85年起才開始交往，他是我嫂嫂的弟弟，林老師這或許就是你所說的透過兄、長輩之關係。我們交往到86年時起，我對他那種大男人主義的心態、行為開始覺得反感與無法接受，跟他講了好多次，他也都不能改變他那種大男人主義的心態與行為。因此從下半年起，我就提議要與他分手，但是他都不答應，那一年下半年我們的感情確實是處於分手、決裂的狀態，他因不堪我提出分手的建議而受到刺激，竟在國曆12月中旬在家人面前拿著刀子說要割腕自殺，當時也讓他家人及我嚇了一跳，就因為他這種舉動及嫂子的勸解，我才打消與他分手的念頭並同意繼續與他交往。我們在民國87年結婚，只是沒想到才婚後幾年，現今夫妻兩人卻發生這種拳腳相向的情形。」

筆者看了先前寫給她的命盤表，在民國89年及90年都有批註要防止夫妻口角、舟車血光、小人官訟等的建議，其中可能發生的時間則是89年農曆的3、4、12月，及90年農曆的3、11、12月等。筆者即問她說：「那妳去年農曆的3、4、12月，及今年農曆的3、11月等幾個月份，出外都沒有發生騎車或開車跌倒、撞傷，或是其它的受傷情形嗎？」她回說：「都沒有遭受到車禍或其它甚麼的意外傷害，倒是去年國曆的5月、今年年初及12月9日卻都遭受到先生的毆打，在今年初時就想向法院提出保護令的告訴，但因家人的勸阻而作罷，沒想到這個月被打得更嚴重，只好拿醫院的驗傷單到法院提出保護令的告訴，現在還在訴訟中，我現在已經搬回娘家居住。」

筆者聽完她的敘述後，萬萬沒想到在兩年前所寫給她的命盤表，89年、90年這兩年中有關「防夫妻口角、舟車血光、小人官訟」等須注意的事項，竟是發生在夫妻彼此間的傷害與官訟對立情形，不由得也是愣了一下。由於她再次來推論夫妻婚姻命理時乃是農曆的11月，而從她的命局流月觀之，在農曆的12月她還有再遭受傷害的情形，因此筆者建議她還是繼續住在娘家，等過了農曆年之後，這個厄運就會流逝掉，那時候夫妻再來圓敘舊、團圓之夢。」

筆者並從他們夫妻命盤的架構情形，給予她將來如何為婆媳相處、因應之道的建議，以期望能將八字命局在先天上已具有婚姻上的傷害，從後天的人為行事與作為上，將其傷害降到最低，這也是筆者常說的：「推算八字命理之用意，只在達成趨吉避凶之目的而已。」

就先生命局而言，民國89年為庚辰年，辰庫不僅加強他命局地支中申子辰水局的力量，年干的庚金也來參一腳的去生助水氣，此外辰庫中又暗藏癸水、比劫星，比劫星為命局的忌用神，其暴力行為的表現會更為明顯與嚴重；辰土又是他命局十二太歲中的太陰煞，紀歲曆說：「太陰者，歲之凶神也，主疾病哀泣之事，所理之地，不可興造，問病、尋醫、弔孝、送喪。」先賢就此論述註說：「太陰值命，女泰男否。男命逢太陰入命，須防官災徒流、笞仗、疾病、風月女性之殃，惟必加三刑會聚，方以此斷。」此流年辰土與他命局月支的辰，又正好為自刑的情形。

就太太命局而言，庚辰年的辰庫與她命局的地支三合成申子辰水局—官殺星忌用神之局，這個水局不僅得到流年天干庚金的生助，庚金更是將命局中的喜用神乙木—偏印星給剋合起來，更增加造成她身體受到傷害之官殺星的氣勢與力量；90年、辛巳年，辛金再次的盡剋她時干乙木喜用神，乙木印星用神被剋，則水之官殺星即得以藉助辛金破印、化傷官的力量，而得以輾轉的去剋害日主本身。此外，辰土是她十二太歲神煞中的病符煞，乾坤寶典說：「病符主災病，常居歲後一辰。」先賢就此論述註說：「病符入宮，主災病多生、身心愁悶，勿探病、勿食喪事物。若有天解、天德、月德等吉神解救，則無妨，可逢凶化吉。」巳火是她十二太歲神煞中的天狗煞，先賢就此天狗煞註說：「天狗入命，婚事須防天狗占方，以免損胎，並宜注意刀光血災，車禍病痛之苦。」

實例㉑ 就職事業運的起伏

◎**乾造**：55年12月21日卯時 建生。

1歲又190日上運，每逢戊癸年7月1日交脫大運。

傷官 丙 午 食神 文昌．學堂．月陰．

偏官 辛 丑 偏財 龍德．

日主 乙 未 偏財

偏財 己 卯 比肩 將星．天財．咸池．

3～7 壬 8～12

13～17 癸 卯 18～22

23～27 甲 辰 28～32

33～37 乙 巳 38～42

窮通寶鑑就十一月乙木的論述為：「十一月根葉寒凍，喜丙復一陽，用丙火解凍，斯花木有向陽之意；不宜癸水出干以凍花木，故專用丙火。」就十二月乙木的論述為：

「十二月寒木見丙，有回春之意。得一丙透，無癸破格，科甲顯宦；或支藏丙火，不過稟貢生員，終作貧寒之士。」

以上是窮通寶鑑的論述，而這個論述也可適用於一般正格，且出生於十一、十二月的其他天干日主；至於四柱干支中多見火炎土燥之物，則為例外之論述，反而喜見壬、癸水透干為用。

窮通寶鑑以丙火透干暖局為用，而忌見壬、癸水透干壞局為論述的重點，但筆者認為應該再加上：「忌見辛金透干合住丙火以壞局」等的字眼。如此就所有十二日干生於寒凍子、丑月令之命局，並以丙火暖局為用的論述更臻完美。

凡是生於十一、十二月寒凍之月令，最先要注意的則是調候之丙火暖局用神，有沒有出現在命局之中，也就是說要先論述調候用神，然後才論述日主之強弱，及其他喜、忌之用神；同理，生於四、五月的三夏月令，也是首看壬、癸水有沒有出現在命局中，以為潤局調候之用，然後才論述日主之強弱，及其他喜、忌之用神。

此造日主乙木生於冬十二月的凍土月令，在年干出現丙火暖局為用並通根於坐下之午火，本是一個非常好的用神，然而美中不足的則是在月干透出辛金去合住丙火，此辛金又通根、自坐於丑庫，力量甚是強盛，丙火因貪合辛金而喪失其照暖整個命局的力量，此時唯有靠年支午火及日支未土中的丁火來暖局，但因丁火暖局的力量終究是薄弱，所以此造也因而為一平常衣祿之人。

其次再來分析日主的強弱。年柱丙午火雖為暖局之用神，但為傷官洩耗日主元神之物；月柱為辛丑財助殺星的剋日主之物；日支為未土、為木之庫地，先賢沈孝瞻說：「得一比肩，不如得支中一墓庫。」日支之未土雖為木之庫，而得以為乙木的根氣，但因月、日支見丑、未沖，未中乙木被丑中辛金剋破，故未庫助乙木日主之力已見減弱；剩下的則是時支的卯木，卯木不見剋破之物，又與日支未土成半三合木局之勢，而為日主乙木之根氣、為幫比日主乙木之用神。故知，此造命局因時支卯木之關係而無法成棄命相從的格局，僅得以日主身弱的偏財格論之，為一財多身弱的命局，以甲、乙木之比劫、比肩星來幫身、分財為喜用神。

窮通寶鑑又說：「冬月之木，盤屈在地，欲土多以培養、惡水盛而忘形，金縱多不能剋伐、火重見溫暖有功。歸根復命之時，木病安能輔助；忌死絕之地，只宜生旺之方。」由以上的論述可知，此命局以木、火為主要的喜用神，以金、水、濕土為忌用神，至於燥土則須有木、土在干支併現的流年，才得以論為喜用神，否則仍以忌用神論之。他因日主身弱且格局又偏於寒凍，所以本人外在的表現乃是行為舉動不疾不徐，說話也是慢吞吞的一句話、一句話說著，在平時也不很喜歡說話，但遇到專業知識的論述時，則又可以漫漫的長篇大論跟你說個不完；遇到不順、阻逆或不如意之事，有時候雖也是會發脾氣，但一下子就過去了而不會記恨。

幼年時3～7歲的大運為壬水非為喜用之運，民國60、61、62年（辛亥、壬子、癸丑年）的6、7、8歲等三年的流年又為金水忌用之年，他本命年干之丙火被月干辛金合去，本已呈現氣弱之象，而此時又逢遇金水最忌用之歲運，年干的丙火可以說完全被剋破殆盡，因此這三年不僅學業成績不理想，身體也是體弱多病，經常感冒、發高燒，到醫院就診乃是常事；在民國62年、壬子年的丑月（農曆12月），正是壬、寅大運交換之時，流年、流月與命局地支呈現子午沖、丑未沖的情形，整個命局陷於天寒地凍、陰濕泥濘的景象，因高燒而引發肺炎的併發症，並在醫院住了一個星期始出院，他的父母說他這條命算是撿回來的。

13～17歲的大運為癸水之運，也是非為喜用之地，這個時期正為讀初中與高中階段，課業成績算是平平，有心想要讀書，但卻是讀不好、成績不理想，在國中畢業後考上私立專科學校就讀。這期間的民國69、70年為庚申、辛酉年，年齡為15、16歲的慘澹少年時，讀書時常受師長的責罵、不得師長的疼愛，這兩年書也是讀得頗為痛苦。

玉照神應真經說：「丑入炎陽，必有四肢深厄之災（如辛丑見丙午是也）。」繼善篇說：「乙遇己而見辛，身衰有禍。」三命通會說：「甲乙見庚辛申酉多者，內主肝膽驚悸癆瘵、筋骨疼痛。」他在辛酉年、16歲那一年，酉沖剋時支用神卯木，酉又為時支卯木的歲破、大耗與災煞之神煞，其中災煞又稱為白虎煞，其性甚為猛烈，乃是舟車血光、意外橫死之禍的凶惡神煞，而卯木除了是一般我們所知的肝臟之表徵外，也是四肢手腳、筋骨的表徵，這一年的農曆十月、己亥月，在學校上體育課的時後，因不小心跌倒而摔斷左手臂，醫治了約一個多月才康復。

當兵退伍後，在一家出版社當業務員，任職約兩年光景後，在民國79年農曆5月即換工作至汽車公司當業務員。民國79、80年兩年的汽車銷售業績算是不錯，也賺了一些錢，然而這兩年的流年為庚午、辛未年，庚、辛金為命局的官殺星、為犯小人星，此官殺星又受時干己土偏財星的生助，為以錢財資助小人、官訟損財之凶象，為吉中藏凶的流年。

在民國79年的農曆10月，有一對男女到公司去看車，正巧由他負責接洽，他們自稱是夫妻且先生是某學校的老師，看完車後並留下聯絡電話給他，並說回去考慮看看。由於職務的使然，這以後他與該對客戶也有保持著聯絡，到了民國80年的農曆3月，該客戶突然對他說家裡臨時出了一些事情，急需現金周轉之用，希望他能借給他們二十萬元，並說農曆7月即可將這一筆錢還給他，這中間也談了約一個星期，他為了銷售汽車之目的，竟然真的將二十萬元借給該客戶，然而到了農曆7月，該客戶竟找百般理由拖延欠款；到了農曆11月，他不得已對該客戶提起詐欺之刑事訴訟之告訴，到民國82年該客戶雖被法院判刑，但他的錢也是如「肉包子打狗」般的有去無回。

他在民國83年、甲戌年的寅月（農曆1月）升任課長之職務，薪水也跟著調升，為升官發財之吉年；這一年的農曆5月購買一輛新車，替換掉原先那一輛已開了將近十年的中古二手車。從83年升任課長職務後，交往的客戶、朋友也漸增多，當然的，三教九流、良莠不齊的朋友也是參差不齊，到民國85年止，由於這幾年為甲戌、乙亥、丙子的水、木流年，木星縱使為喜用之物，但因受到水星忌用神的影響，以致會有失神、判斷錯誤或礙於人情事故等情形產生，這三年間也借了不少錢給周遭的親朋、友人，雖有部分取回來，但被倒債的金額更是不少，前後共被倒了將近三十萬元。民國84年農曆9月，他與交往約4年的女朋友結婚，並於85年農曆10月生下老大，為一男孩。

民國86年、丁丑年，丑為凍土，為無法流動的偏財忌用神入命，丑與日支未土六沖，未見丑的神煞為歲破、大耗，日支卯見丑的神煞為災煞，都是為破財、損財的惡曜，這一年他竟無緣無故像中了邪似的，向銀行貸了一佰伍拾萬元，並將他及太太的存款湊足二百萬元整，去購買了一片河沙地的使用權、租用權（註：因河沙地乃是屬於政府所有，因此民間佔用者只有土地承租使用權而已，並沒有土地所有權），說是要用來種植水果以賺取收入之用，結果購買該筆土地租用權之後，迄今都荒廢在那邊並沒有在種植水果，但向銀行貸款的利息卻是每個月按時在繳付。

從民國83年升任課長之後，到86年的數年間，由於這幾年的流年為甲戌、乙亥、丙子、丁丑等半喜、半忌之年，大運為辰庫、水庫土，所以在公司業績上的表現則是高低起伏俱見，可說是差強人意的業績成果，他也因此一個課長的職務竟然待了4年多，其他跟他同時升任課長職務之人，都早已升上營業所所長的職務了。

民國87年、戊寅年、33歲，大運進入乙木之地，這個流年寅木及大運乙木的比肩、比劫星都為命局的喜用神，此身弱財旺的命局逢遇幫身之用的比肩、比劫星入命，玄機賦說：「日干無氣，遇比為強。」金玉賦說：「身弱財豐，喜羊刃、兄弟為助。」自該年起他負責那一課的業績即突飛猛進，經常名列公司每一月份的榜首，公司所舉辦的競賽活動，他也都能如願達成並得以接受公司出國旅遊的獎勵；這個氣勢如虹的財名雙得機運，一直延續到民國88年、己卯年，他並在該年國曆10月1日升任該公司在恆春營業所的所長。在恆春營業所所長任內，業績一樣都是名列前茅，業務獎金也是麥克、麥克的入口袋，平均每個月都將近有十萬元的收入。

到民國89年、庚辰年，庚金與日主乙木呈現剋合之狀、為有情之剋，因此業績出現平穩之現象，已不再像前兩年那麼的高張，而他的頂頭上司對他雖有苛責與要求，然而卻都帶有勉勵與鼓舞的語氣；從下半年起，業績即開始有下滑的跡象，但還是能夠達到公司要求的業績水準，唯在這一年農曆7月因礙於其兄長的請託，當了他哥哥在銀行借款的連帶保證人；他在國曆的9月1日又被調派到東港營業所，職務一樣是所長，只是東港營業所的規模比恆春營業所來得小，營業地點也不好，所以說職務雖是平調，但卻為暗降的事實。

因業務單位所強調的就是月績，他自被調到東港營業所後，汽車銷售的業績就不再見有起色的跡象，雖然也偶有一、兩個月能達成公司的標準，但僅算是差強人意的業績。從民國90年、辛巳年起，辛金盡剋日主乙木、為無情之剋，他去年當他哥哥向銀行借款之連帶保證人之事，在這一年國曆7月由於他哥哥爆發倒債之事，他因而收到銀行的催繳貸款的存證信函；同樣的，這一年的年初，他的頂頭上司換了人，是一位講話非常尖酸刻薄之人，正巧不巧的是，他的業績不僅沒起色，甚至於都常處於吊車尾、墊底的情況，以致經常遭受頂頭上司無情且尖酸的言語苛責；在這一年的國曆11月、丁亥月，公司因他業績經常處於不理想之狀況，要將他調降為業務專員，他因無法接受公司這樣的安排，因而辭職並到另一家汽車銷售公司上班，職務則是為業務員。

他因為長期業績的低迷，現今又從業務員做起，以致收入呈現大幅滑落之情形，同時又要繳付先前購買沙地的貸款，所以目前的財務可說是出現捉襟見肘之窘境。

實例㉒ 行醫之命

◎**乾造**：42年2月24日申時 建生。

0歲又270日上運，每逢癸戊年11月24日交脫大運。

正財	癸	巳	偏印	劫煞．	21～25	癸丑	26～30
偏印	丙	辰	比肩	華蓋．	31～35	壬子	36～40
日主	戊	子	正財	飛刃．龍德．	41～45	辛亥	46～50
食神	庚	申	食神	文昌．勾絞．	51～55	庚戌	56～60

「命造之心性乃主觀、善良、精明，計算與領悟能力好，也具有自我中心的觀念，對周遭的人、事、物有著不小的好奇心與研究心，凡事都有想要親自去嘗試一番並了解

其原委的行舉，對學問的追求則是不遺餘力；在工作事業上不喜歡受拘束，喜歡在一個能夠完全發揮自身才華的環境下去就職任事、去完成任務，做事情的態度同樣是專精而認真，不會有三心二意之情形，但遇到事情時則是欠缺決斷力、缺少魄力，易陷入猶豫不決、舉棋不定的苦思之中；雖重視朋友交往的友誼，但卻不會積極主動的去交朋友，而是抱著隨緣之心態去結交朋友。

本命就出生之節令而言，已是屬於三月的節氣，故為辰土月令的節氣。日主戊土生於辰土月令，地支見申子辰三合水局，年干又透出癸水財星，僅於年支、月干見生助日主之丙、巳火偏印星為用，故為一財多身弱的偏印格命局，而以木、火、土為最主要用神，以金、水為忌用神論之；其中火之偏印星能化解官殺星之剋，而成殺印或官印相生的命局，並轉而順生日主為用，所以可說是為命局中最重要的喜用神。

時柱的食神星為干透支藏之象，而食神星乃是崇尚自由、不喜歡受拘束、專精的學習能力、有創意、經商創業、學習能力強、具有才藝能力、專心與專精的行事態度…等的含意。因此就事業而言，原是以經商創業為最適合食神星的特性，但本命局由於日主身弱而無法負荷重財之累，及無法適時掌控食神星的創意、構思與不完全切合實際需要的業務拓展、營業或投資行為，因此本人在事業上最好是以薪水階級最為適合；又年、月柱的偏印星為命局之用神，所以職務之性質則以精業、專業研究、宗教、理工、會計、醫藥、學術著作、研發…等屬於腦力精研、不完全受拘束的工作最恰當。若是要為經商創業的話，最好以門市型、小本生意的型態為之，如此不管在生活上或是事業上，才能夠安步穩定的為居家生活與營業獲利，而不會有大起大落的情形；若能再與同儕之人為合夥事業之經營則更好。

本命局的架構乃是食神逢偏印星的剋制，因此在生活上若能學得一項屬於較為專業、專精研究的才藝、技藝或學問的話，應是最適合本命格局的喜用，甚至於也可以將其用為一生事業上營運獲利的主要事業，也必能以此而享有財名之福。」

以上是筆者寫給他的命盤表上的論述內容。他是購買筆者所編寫《八字自學講義》的讀者，在民國91年1月1日元旦那一天，下午約3點左右突然到筆者服務處，因想投資創業但不知吉凶賺賠如何，故請筆者幫他推算他的八字命理。由於筆者在幫客戶推算八字命理時，都要事先花約3小時的時間去寫好一張客戶的命盤表，同時再花約1個半小時的時間跟客戶推算他們的八字命理，因此筆者都是採電話預約的方式，所以筆者請他留下生辰八字，並請他當天晚上八點再跑一趟來詳細推算八字命理。

若就十神與日主身元強、弱彼此間的生剋制化之關係而言，則八字命局的喜用神有如下的分別：1.身強且官殺旺的命局：以食神、傷官星來制殺、駕官及生財為用神。2.身強而官殺弱的命局：以財星引化食傷星及生助官殺星為用神。3.身強且食傷旺的命局：一樣以財星順洩食傷及生助官殺星為用神。4.身強而比肩、比劫星旺的命局：以官殺星制比肩、比劫星及保護財星為用神。5.財多身弱的命局：乃是以比肩、劫星來幫身、分財為用神。6.官殺旺而身弱、或是食傷旺而身弱的命局：則以正、偏印星來制食傷星、或化解官殺的剋害日主，並順生日主為用神。

財多身弱之命局，若得比肩、比劫星的幫身、分財之助力，並再得歲運相助的話，那他們定會成就為一位成功的實業家，他們因得力於眾人的幫助而得以獲利豐厚，然後再因財旺生官而來享受名譽、聲望的貴氣。官殺旺而身弱之命局，若得正、偏印星生助的話，則這些人大抵上而言都是靠信用、聲譽、專業領域之技術或學識、從政、就職能力之表現…等，而得以發跡、往上躍升，然後再因官旺引財之利基而得以享受財名之樂。

至於食傷旺而身弱之命局，若得正、偏印星生助的話，則這些人不喜歡受傳統思想的約束，他們將因自身靈活的腦力、強旺的學習能力、善於表達自身的創意與點子、提出領導潮流的新產品、開創流行…等之表現，而得以享受財名之福。惟官殺及食傷旺而身弱之命局，他們的四柱中必須要見到財星來做為養身之道，且要財印不相礙，如此格局才會更為高階，它日再逢遇歲運之助時，他們的成就更是不可言喻的。

他的八字命局為一財多身弱的架構，依命理而言應該是以比肩、比劫星來幫身分財為最主要之用神，但他的整個命局中唯一的辰土、水庫土又因三合水局而變質，故退而求其次的以年、月柱出現的丙、巳火之偏印星為最主要的喜用神。

以正、偏印星為命局主要之喜用神，最喜歡看到官殺之木星來生火為輔助用神，如此構成一個官印或殺印相生的情形，那整個格局的層次才會更為提升；但他的四柱干支中不僅不見半棵樹木，地支卻是水勢旺盛的汪洋一片，因此縱使逢遇賺錢之機運而得以有很豐厚的獲利，但是到最後還是財來財去而守不住，此外在社會上也無法成就一位聲名顯赫之人物。

丙、巳火既為命局最主要的用神，那我們換個角度來看，以丙、巳火為命局之中心、為主角，而地支三合成旺盛之水局，此旺盛之水勢可視為十月之水，丙火見十月之水，窮通寶鑑說：「十月丙火，太陽失令，見甲戊庚齊透，科甲有準。」他的命局雖不見木星來生火為用，但大運的前兩柱，即1歲到20歲的大運卻都運行乙卯、甲寅之運，也就是說大運前兩柱都運行官、殺之運，而這個時期正是人生的求學階段，先賢珞璐子說：「詞館、學堂主科名，若無官貴定虛名。魁星若也逢官貴，定是學童腹穩貴。」妙選賦說：「煞為武藝、印為文華，有煞無印欠文采、有印無煞少威風。絕妙煞印雙全，宜其文武兩備。」

這裡所說的詞館、學堂乃是指印星之意，而科名則是指就學、讀書、考試、職階、地位之意，所以筆者跟他說：「你讀書求學時期可說是一帆風順，而且成績都是名列前茅並讓人刮目相看的，就學歷而言至少都會讀到大學以上的程度，但從21歲以後的大運就進入不是喜用的財運，因此讀大學的成績就不是那麼的理想，與讀國、高中時的成績會有很大的落差。」他說：「我從小學時起的成績確實都是保持在班上的前面１、２名之內，也因此這樣才能如願的考上第一志願—醫學院。在就讀醫學院的成績跟以前真的是差很多，那時候讀書的心態就不如讀小學、中學時那麼的認真與用功。」筆者聽完他這一段的敘述後才知道他是醫學院畢業的高材生。

他又說：「我在民國70年畢業後，就直接到台中的一家大醫院當實習醫師，待到民國73年升任住院醫師，並於民國75年、34歲辭掉醫院的工作，自己開設一家私人診所。診所開設的第一年，營業收入只能算是平平的而已，或許可說是剛創業時的基礎建立關係，從第二年起的營業收入就開始好轉，一天甚至於有兩百多位的病人來就診，在開診所的這段期間，應該說是賺了不少錢。我在民國84年、43歲因一些事情而結束診所的事業，並將該診所盤讓給別人，我轉而受雇於該盤受我的診所之人，並繼續在該診所替病人看病、診治，一直到民國86年底辭掉診所之工作，全家就移民到澳洲。」

筆者聽玩即接著說：「依你命局的大運來看，自21歲起的連續30年就開始進入水星—財星的大運，而這個水星、財星大運並不是命局的喜用神，所以在讀醫學院的求學時期，課業成績會呈現不理想的情形。至於從34歲創業到43歲結束診所事業的這十年期間，也是運行水星、財星的忌運，財星既然是你命局的忌神，照理而言，這十年期間也應該會是賠錢的情形，但你開診所卻反而賺錢，這是因為從民國75年起到民國80年止、也就是你創業那一年起的連續6年間，都是進入木、火、土的喜用流年，所以才會賺錢；此外在民國81、82年這兩年間恐怕會有因為錢財之事而招惹不必要的官訟、口舌之麻煩事，並會因此而有不必要的支出、耗財或損財的事情發生，而這個官訟等耗財、麻煩事會拖延到民國83年才結束，而83年又是一個賺錢的大好流年。就你的八字命局架構來看，開設診所的這十年雖然有讓你賺了很多錢，那是因為受到流年的幫助，但是這十年的大運卻處於水星—財星之損財、賠錢的忌諱之運，因此可以說這十年你雖然賺了很多錢，至於有如何豐厚的收入，只有你及家人知道而已，外人只是會認為做醫生的人，應該會有不錯的獲利；然而你卻無法守得住這十年的豐厚收入，到最後也是花費得所剩不多，應該說是你很注重物質上的享受，因此所賺的錢也幾乎花費在添購周遭生活上的物質，而這其中的很多花費就旁人而言，是不應該花的錢，甚至於會有不在乎價格的多少去購買自己喜歡的東西。」

筆者又說：「就你的命盤來看，你的雙親中有一人會有明顯的腸胃疾病，而且是與生帶來的宿疾，這個雙親以母親比較明顯；她雖然說帶有腸胃病的宿疾，但從外表是看不出來的，外表看起甚至於會是頗為健康的；又父母親們對你一生功課上、事業上的選擇與意見，具有很大的影響力與幫助。在民國84年這一年，你的雙親中有一人會有災厄，同樣的仍以母親佔明顯的跡象，嚴重的話，會有亡故的情形，或許你84年會結束診所的事業，應該是與雙親之事情有關的。如果是母親之事的話，那也是因腸胃病之宿疾而引起，而這個引發嚴重病情的時間，可往前推到民國81年開始，從那一年起，你母親的病情就出現明顯嚴重的症狀。事實上，民國81年、82年不僅是你母親的身體健康明顯的不理想，你本身那兩年除了官訟、損財之事外，也有高血壓的毛病產生；還有就你的命局來看，你不只有高血壓之毛病，還會有偏頭痛及與腎臟、泌尿系統有關的毛病如腎臟病、糖尿病、尿酸，此外腰部也不好而無法搬運重的東西，肩胛骨也會有酸痛的情形等。」

他聽完筆者這麼多的長篇大論後，接著說：「我開診所的那十年所賺的錢，確實是幾乎花費得精光而沒有存到甚麼錢，我的母親也如你所說的在民國84年因腸胃病引發其他的併發症而病逝，享年73歲，她是民國12年出生的。我在民國81、82年那兩年是沒跟任何人有財務方面的官訟、損財之事，只是這兩年則是因為健保費的事情而與健保局發生財務上的訴訟糾紛，到民國83年賠了一些錢並結束這個訴訟麻煩事。我本身的身體倒是沒有腎臟及尿酸方面的疾病，但確是有糖尿病、高血壓及偏頭痛方面的疾病，至於兩邊的肩膀平常也是會有酸痛的情形，我也真的不能搬重物，一旦搬重物的話腰部就會疼痛，這或許跟平常沒有在運動有關吧；又81、82年那兩年身體上是有高血壓的疾病，但也只能怪自己只顧了要賺錢，而忽略了身體健康上的調養。」

民國81、82年這兩年為壬申、癸酉年，申、酉金為食神、傷官星，為命局的忌用神，會剋制寅、卯木之正、偏官星喜用神，也就是說會與主管、長官、官府相抵抗，會排斥、不理會主管、長官的命令、要求，進而與主管、長官產生對抗、衝突之事。就五行的生剋關係而言，他這年應該會相安無事，但因為申、酉金伴隨著的是壬、癸水的年干，這個壬、癸水因得到申、酉金的生助，及命局地支水局的呼應，而得以強力的去剋破年、月柱的丙、巳火，此時五行屬木之正、偏官星因為沒有火星的引化而反喜為忌，再得到水星—財星的生助，乘虛而入的強力去剋害日主戊土；此外，申、酉金又是年支喜用神巳火的勾絞、五鬼、金神等惡曜神煞。因此這兩年會因錢財之事而招惹不必要的官訟、損財等麻煩事；幸好隔年民國83年為甲戌年，壬、癸水得甲木的引化及戌土的阻擋，甲木因戌土之關係而不致成濕木之象，並得以去生助丙火，況且木與土又分別為水的休地與死地，因此這一年得以因花錢了事而避免掉不必要的官訟牢獄之災。

筆者又說：「民國87、88年這兩年你完全結束看診之事業而移民到澳洲，實在是可惜，因為這兩年是你八字命局的喜用流年，卻用在移民、休閒的生活上，可說是平白的浪費掉人生中兩年的喜用時光；但換個角度而言，這兩年你在澳洲的移民生活，可說是過得非常的愜意且無憂無慮，應該說是過著悠遊自在的生活。然而在89年這一年卻是因充滿過多且不切實際的理想，而為不當的支出或投資，以致造成不小的損失，所投資的錢財應該說是如流水般的流逝掉。」他點頭並說：「沒有錯，那兩年確實是過得非常的快樂，完全是過著沒有憂慮與煩惱的生活；但在民國89年因受朋友之託，與太太又回到台灣來並受雇於朋友處，再為看診的醫療行為。那一年是沒投資任何事業，只是在股票市場上輸了很多錢。」他接著問說：「我未來想要自己再次開設一家診所，不知可不可行，因為現在年齡也已50歲了，不能再隨便的亂投資，以及未來要注意那些事情。」

筆者就他未來之大運及流年來看，建議他若要再開設診所的話，則以民國92年那一年比較適合，但仍然以門市型為主，並告訴他要特別注意民國93、94年—甲申、乙酉年，也就是52、53歲這兩年在身體上恐有腦血壓（也就是腦溢血）及潰瘍方面的疾病，尤其是腦血壓之疾病。

像這種從出社會以後就一路運行忌用神大運的命局，在現實生活上是不可能享有豐厚的物資生活或是名利雙收的生活，縱使他們的錢財到最後還是守不住，但他們卻出乎意料的能夠享受到名利雙收的生活，就筆者的經驗而言，這種人的壽命大抵是無法活得很長壽，大蓋都是在60歲之前就有亡故的危機，這是因為他們將一生的福祿提早享用完畢的緣故。在現實生活上像這種的人生例子算是不多，也僅能說是少數中的特例之人。

腎臟疾病、糖尿病、尿酸、尿結石等疾病，就西醫解剖學而言，都是屬於新陳代謝系統的疾病；但在八字命理學裡面有關水的新陳代謝系統之疾病，大都是以腎臟、膀胱為主要論述疾病的器官，其中並以腰痛之疾病都是因為腎臟疾病所引起，並沒有任何關於糖尿病方面的論述，因此筆者在此也僅就西醫解剖學之學理來論述糖尿病之病因及治療之方法。

糖尿病之發生原因正如眾所周知的，乃是血液中的血糖（即葡萄糖）過多時所引發的疾病，也就是說人的身體因為不能正常的利用澱粉（即糖份），致使腸胃道吸收之糖份停滯在血液中，而造成血糖增高的現象，當血糖升高到一定的程度時，糖分便從尿液中排洩出來，這是糖尿病的症狀，也就是由於血糖增加及尿中含糖分所引起的疾病。糖尿病人會有所謂的「三多」現象，就是多尿、多渴、多食，這為糖尿病早期常見的症狀。糖尿病是一種遺傳性的代謝障礙疾病，而其所以會造成這種糖份代謝障礙的機能，主要是體內胰島素分泌不正常、或是功能減低所引起的一種新陳代謝障礙的疾病。

胰臟屬於消化系統的器官之一，也是分泌胰島素的主要器官，它位於胃的下方、腹膜後方，長約十五公分的長形器官（詳後圖），它與大、小腸不同，為一完全不能動的器官。胰臟可分泌胰液及胰島素。胰液乃是由一種稱為外分泌腺的胰腺所分泌，屬鹼性、為一消化液，經由胰導管進入十二指腸內，與膽汁共同去分解體內的蛋白質、脿及澱粉等物質。

至於胰島素則是由胰臟中一種稱為「蘭格漢斯島」的特殊細胞群所分泌，為一種內分泌腺。胰島素經由附近之微血管而散佈到全身，可以與由腎上腺分泌出來的腎上腺素相拮抗而抑制糖尿病，因此當胰藏出了毛病的話，就會發生糖尿病的病症，故知胰島素

◆消化的過程

◇在口中食物與唾液混合，唾液中的 將澱粉加以分解，然後牙齒將食物嚼碎，藉由食物送往胃部。

◇食物在胃部繼續分解；此外，食物與胃壁所分泌的胃酸混合，蛋白質的分解由此開始，食物也減量成黏稠狀，然後進入到十二指腸。

◇食物進入十二指腸後，即被浸在膽汁與消化 中，膽汁系由肝臟所製造，而儲存在膽囊中，以幫助脂肪的消化。胰臟分泌的胰液對蛋白質、脂肪與碳水化合物的分解，最為重要。

◇十二指腸下緊接的是小腸，而食物消化的最後階段則是在小腸中進行。膽汁及胰液在此與其它的 相混合，使食物變成更小的分子，這些小分子可以穿過小腸壁。在小腸壁處，養份經由血液運送到肝臟進行儲存與分配，未消化的食物殘渣則進入大腸。

◇水分及未消化的殘渣，經由小腸送到大腸。在大腸處，多數的水分及鹽分，又由結腸壁吸收到人體中，剩下的廢物則直接送到直腸，由肛門排泄。纖維由於無法消化，便成為構成糞便的主要成分。

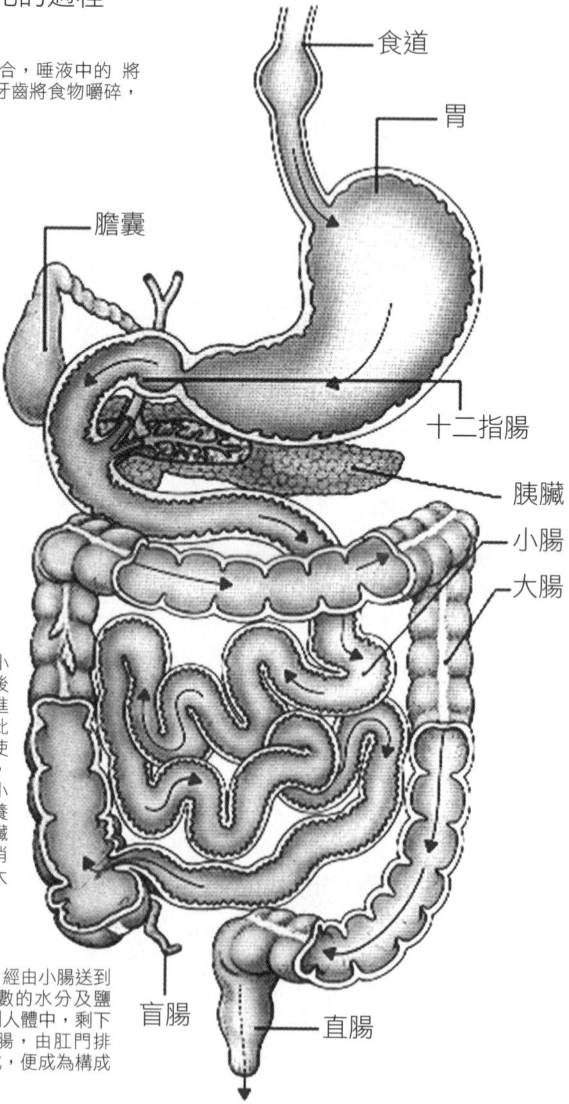

食道
胃
膽囊
十二指腸
胰臟
小腸
大腸
盲腸
直腸

可以抑制血液中過量的血糖，也就是說胰島素有如下之作用：

（1）當血液中血糖量過多時，它可以將血糖轉化為糖原，並儲存在肝臟之中。

（2）它可以燃燒血液中的血糖，並加以分解。

隨著醫療進步，糖尿病病患的存活率愈來愈高，但是糖尿病腎病變的病患數也相對增加，因糖尿病導致腎衰竭的透析病人數目有遞增的趨勢。據估計，在台灣的透析病患有百分之二十五至百分之三十是由糖尿病腎病變所造成的，這個數目目前正逐年的增加中。

糖尿病是相當複雜的全身代謝疾病，最終會影響全身大小血管，而腎臟是全身血管分佈最豐富器官，所以無論是「胰島素依賴型糖尿病」或「非胰島素依賴型糖尿病」，皆有可能導致腎病變，而「胰島素依賴型糖尿病」更是容易產生末期的腎病變。

依據西方醫學臨床實驗的分類，糖尿病腎病變可分為下列五個時期：

1、第一期：腎絲球血流量增加，腎臟較正常為大，這個時期又稱為高過濾期。

2、第二期：腎絲球過濾量大於正常，腎絲球基底膜變厚、間質增加，少量白蛋白流失到尿液，這種現象稱為微蛋白尿。

3、第三期：尿液中白蛋白流失增加，用一般尿液試紙即可驗出蛋白尿。本期又稱為試紙蛋白尿期，正式進入糖尿病腎病變。這個時期部分的病患會有輕度尿蛋白、高血壓、水腫等現象。

4、**第四期：**部分腎絲球開始硬化，腎絲球過濾功能開始降低，並有大量尿蛋白。這個時期的病人幾乎都有高血壓、水腫及腎機能不全的症狀。

5、第五期：病患進入腎臟病變末期，大部分腎絲球硬化，腎絲球過濾量小於每分鐘十毫升，腎衰竭的現象於是產生。

右述糖尿病腎病變由第一期進行至第四期，平均約需十七年的時間，至第五期則約需二十三年的時間，但若病患的血壓和血糖（即血液中的葡萄糖）沒有好好控制的話，整個病變過程可縮短為五至十年，可見高血壓和高血糖對糖尿病的影響之深刻。

至於血壓的控制則以收縮壓低於一百三十毫米汞柱、舒張壓低於八十五毫米汞柱為要；若是尿蛋白已經超過每天一公克者，則收縮壓要低於一百二十五毫米汞柱、舒張壓要低於七十五毫米汞柱，另外血糖最好控制在每毫升一百四十毫克以下為要。

降血壓藥的選擇以不影響血脂肪、血糖及干擾低血糖症狀者為首選的藥物，而目前最常見到使用的降血壓劑有「血管張力素轉換酶抑制劑（ACEI）」及「鈣離子阻斷劑（CCB）」兩種，但以「血管張力素轉換酶抑制劑（ACEI）」的效果較好，因為該藥物除了能夠降低血壓之外，還具有能夠保護腎臟以降低尿蛋白的作用。唯國人尤其是女性，有高達百分之三十一的患者對該藥物易產生乾咳的現象，幸好目前已有新一代的降壓藥──「血管張力素接受器阻斷器（ARA）」的問世，其藥理作用和「ACEI」類似，只是作用位置不同而已，同樣具有降血壓、保護腎臟、降低尿蛋白的療效，但較沒有乾咳的副作用，可提供病患的另一種選擇。

糖尿病初期可以由嚴格的血糖控制，以避免腎病變的發生；但若已進入第二期或第四期糖尿病腎病變，除了控制血糖外，就得採用低蛋白飲食及降血壓藥物的治療。雖然腎臟透析可以治療末期糖尿病腎病變，但對於個人的生活品質會產生很大的影響，對國家財務也是一大負擔。所以治療糖尿病除了控制血糖之外，還得注意腎臟病的潛在威脅。

實例㉓

女強人的事業

◎**坤造：**51年5月6日申時 建生。

0歲又140日上運，每逢壬丁年9月26日交脫大運。

偏官　壬　寅　偏印　學堂．驛馬．孤辰．隔角．

比肩　丙　午　月刃　陽刃．金匱．五鬼．

日主　丙　子　正官　天狗．災煞．月德貴人．

偏印　甲　午　比劫　金匱．五鬼．

21～25　癸　卯　26～30

31～35　壬　寅　36～40

41～45　辛　丑　46～50

筆者跟她約定民國91年農曆春節前兩天到筆者服務處來推算八字命理，當天早上由於高速公路上塞車的緣故，她比約定時間晚到約半個小時。筆者從三樓住處陽台往下看，一輛豪華型、有著香檳金顏色的賓士280轎車緩緩停在筆者住處附近，一位穿著樸素中透露高雅格調服飾的女駕駛從車上下來，並按了筆者住家的電鈴，筆者習慣性開了門及歡迎客戶進門，當時也大略的端詳一下這位開豪華轎車的客戶。她的個子不高，但帶有幾分高雅氣質及自信的臉龐，衣服的穿著除了顯得樸素與高雅外，也不見珠光寶氣的佩飾，筆者的腦筋在當時兒也瞬間閃過她的八字命局，並浮現一個念頭的直覺認為這應是一位女強人型的客戶。

明通賦說：「月刃、日刃及時刃，逢官殺榮神，功名蓋世。」三盤賦說：「官星帶刃，掌萬將之威權。」又說：「印刃相隨，官高極品。」定真賦說：「刃為兵器，無殺難存。殺為軍令，無刃不尊。殺刃雙顯，威鎮乾坤。」以上都是先賢名著對官刃、殺刃在命局中並見，所為正面上的評價，然而這些都是古時候封建時代下的產物，由於當時都是以男人為尊、為主宰社會的人物，至於女人在當時並沒有多大的社會地位，所以這些先賢名著的論說當然都是以男人為對象，完全不以女人為論述的對象。

從二十世紀起，國際社會上就發生很大的變動，譬如人權主義高張、科技發達、資訊大量流通、經濟高度競爭、男女平權的爭取…等，而在這樣的時代背景下，男人與女人在求學、就業、權力、創業、獲利、創作…等各方面，都已有趨於平等的趨勢，因此女性在社會上嶄露頭角的人數，也比比皆是且日益增加，因而「女強人」這個名詞也隨之因應而生，也可以說「女強人」這個名詞是二十世紀的產物，並延用至今天二十一世紀的時代。

她的八字命局很明顯的可以看出是一個日主元神非常強旺的月刃格，以年干及日支的壬、子水之偏、正官星為喜用神，這種命局的架構正符合前述先賢名著的論述，為官星帶刃或是殺刃雙顯的格局。然而在命局中卻完全不見生水之源頭的金星—財星，因此水之官星在命局中雖見透出於年干及植根於日支的情形，但因整個命局呈現出木火炎盛、火勢甚旺的架構，則水有被蒸乾的憂慮，這是美中不足的地方，也是命局架構上的缺陷。

命局不見的喜用神，只好靠一生的大運來彌補，但從她一生大運觀之，在四十一歲之前都是運行水、木、火之運，因此在社會上的成就，也只能說是名大於利、奔波忙碌等小富、小貴的格局，本人在現實社會上的地位與成就，也相對的降低而無法達到如先賢名著所言的「功名蓋世」、「官高極品」、「富貴並享」等的成就。

她在民國74年、乙丑年大學畢業後，即在高雄市一處有名的觀光景點附近開設一家畫廊，專門販賣國、內外畫家所繪畫之作品，這一家畫廊在高雄市可說是頗負盛名。到民國77年、戊辰年，這一年的天干、地支都為食神星，流年天干戊土（食神星）與命局年干壬水（偏官星）構成食神制煞的情形；此外流年地支辰土（水土庫）與命局日支子水（官星）成半三合水局（官星局），更加強命局中官星的力量，也更鞏固了官星制刃的情形。

三盤賦說：「食神帶七殺，英雄獨壓於萬人。」真寶賦說：「官星帶刃無剋破，掌兵刑大權。」就現今百業崢嶸的社會而言，已經可以說是行行出狀元的時代，已經不再像古時封建時代，凡事唯有以讀書進而求取功名、從事公職為衙門之人，才得以有出人頭地的機會。因此這種歲運逢遇「食神制殺」或是「官星制刃」等喜用之地時，本人在事業上必定會有新創舉、新開拓，或是會有異動、升遷、掌權的好機運。

民國77年這一年她另外又經營起珠寶批發、買賣的生意，也從此奠定了她在珠寶界事業的基礎，也奠基了往後在珠寶界的聲譽。在民國81年、82年這兩年可說是事業上的巔峰期，不管是畫廊或是珠寶批發之生意，都帶給她豐厚的收入。到民國82年底、83年初時，她因為體會到在珠寶事業上，需要有更專業、更精深的知識領域，因此在83年上半年她將珠寶與畫廊的生意暫時交由弟弟經營，本身留學美國進修有關珠寶鑑定、分析等方面的學歷，並在兩年後的民國85年、丙子年取得研究所之碩士學位而回國。回國後，她重掌珠寶批發、買賣之事業，至於畫廊之生意則繼續交由弟弟經營，她僅在幕後為負責監督之工作。從這時候起她並將珠寶事業拓展至北部的市場，畫廊之生意則全由她弟弟負責，她僅負責監督之責，她完全以珠寶批發、買賣業為主，本人也從此奔波於南、北兩地的珠寶事業。

由於獲得了珠寶方面的碩士學位，且在珠寶之事業上也經營得有聲有色，因此從85年回國後，即有不少的學術單位或民營事業體，亦或是商業團體經常邀請她去演講有關珠寶專業領域方面的知識，她不僅從珠寶批發買賣上獲利豐厚，且也很滿足於受邀演講時的光采及演講費。

命局中因為缺少重要的金星—財星，所以筆者問她說：「妳有沒有加入跟珠寶事業有關的任何團體、組織而成為會員，譬如珠寶工會、珠寶協會等，並進而參與理事長等幹部的選舉，或是爭取到理事長等的職位。」她答說：「完全都沒有參加這些團體活動或組織，但是這些工會或協會都很希望我能夠加入它們的組織，而且我知道如果我加入這些組織，要爭取理事長等職位是輕而易舉的一件事，但是我就是不喜歡加入這些團體活動或組織。」

筆者聽完即回說：「妳在珠寶事業上雖然獲利豐厚，但是所賺取的錢財好像是過路財神，本身當然是有享受到因事業上獲利所帶來物質上的高品味享受，但實際上本人所有的積蓄、錢財，卻不像外界所認為的那麼多，本人在社會上或是珠寶事業的領域上也無法成就一番更高的格局與更大的事業。所以如果妳在珠寶事業上若要有更高階的成就、身分地位，以及要有更豐厚的獲利，建議妳可以編列一筆交際應酬費用，積極的加入這些團體或組織，並進而爭取理事長等的職位。」

她聽了筆者這一段論述後，頗不以為然的說：「就積蓄、錢財方面而言，確實是沒有外界想像的那麼多，經常會有這邊耗損，有時那個場所又要一筆支出…等情形發生，但我很滿足於目前的這種情形，經常受邀請去演講並也有演講費可拿，為什麼會不好呢？為什麼還要再拿錢去花費在參加工會或協會等的團體或組織上呢？」

繼善篇說：「富而且貴，定因財旺生官。」絡繹賦說：「財旺生官，自身榮顯。」筆者因她也是知識份子，因此就她的命盤架構分析給她聽：「妳命盤中的官星氣勢不弱，而官星會剋制比肩、比劫星，這比肩、比劫星則是耗財、隨意亂花錢、錢財難守成、受人拖累而損財…等含意，因此妳守財的能力，算是頗厲害的；但因命局中的比肩、月刃星的氣勢卻是更為強旺，所以所賺取的錢財也很容易花費或支出在自家的兄弟姐妹身上。」筆者又說：「另外，由於妳的命局是呈現官印相生的情形，這是一種屬於清貴類型、學術表現的命格，而不是為財官相生等屬於富貴並享的格局。所以在現實生活上，妳確實是不會積極的去爭取較偏向於市儈型的理事長等之職位，而會趨向於學術演講等較為清高、清貴型的表現。但是八字命理上有句名言說：『財旺會生官、官旺會引財』。」

她不時點頭，頗同意筆者的分析，但說到這裡她打斷筆者的分析並說：「等一下，『財旺會生官、官旺會引財』這一句話是甚麼意思，這是我第一次聽到的八字命理的字眼，因為我每一年都會去推算本身的命運，命理老師有的是用八字、有的是用鐵板神算、有的是用紫微斗數，但是十幾年來他們都沒有跟我提到『財旺會生官、官旺會引財』這一句話，也都沒有要我積極的去爭取工會或協會理事長等的職務。只有今天第一次聽到林老師你對我的八字命局有這一句話的提出，並建議我積極去爭取諸如理事長之類的職位，這就命理架構的理論根據是如何而言？」

筆者經她這樣一問，精神為之一振並繼續向她解釋說：「五行生剋制化基本原理中的『生』乃是—金生水、水生木、木生火、火生土、土生金等，如此循環不止的互生下去。這其中金生水原理中的『金』乃是妳命局中的財星、『水』則是命局中的官星，所以命理的專業術語即稱為『財旺生官』；至於財星在現實生活上則是錢財、事業上的獲利、物資享受、交際應酬的支出……等含意，官星則是身分地位、職階、官位、榮譽心、壓力、自我約束…等含意。因此假如妳要在妳的行業裡再次的提升自己的身分地位，並進而能有更豐厚的獲利，那最好是編列一筆預算、交際應酬費用，並積極的去參與珠寶工會或協會等團體、組織之活動，如此當妳爭取到該組織之理事長的職位之後，無形中妳的身分地位也會相對的提升，這是命理上『財旺生官』運用到現實生活上最佳的例證。同樣的，以後當妳再次受邀去演講的時候，由於妳已經具有理事長的身分地位，到時候別人邀請妳的演講費用必定會比現在還多；此外，由於妳身分地位的提升，到時候也會結交到上流社會的人士，如此妳所批發、販賣的珠寶也可以有更高品質、高單價，以及高獲利的產品，這同樣是命理上『官旺引財』運用到現實生活上最佳的例證。」

筆者說到這裡再看一下她命盤表上的大運，並說：「妳從今年、民國91年農曆的10月6日起即連續15年運行金星—財星的大運、命局中最喜用的大運，正好可彌補命局中的不足，或許就是因為大運的影響，所以今天剛好碰到我跟妳提出『財旺生官、官旺引財』這一句命理上甚為重要的格言。我真的建議妳可以嘗試去參加珠寶工會或協會之組織，或許以後當妳獲得理事長的職位以後，再回頭來看過往一切歷經的人事物，妳一定會很滿意於有參加珠寶工會或協會等組織的生活與事業。說實在的，在這之前，妳所獲得的應是屬於名大於利的事業與生活，但從今年農曆10月起也才是妳人生上真正財名雙得、富貴並享的黃金時代，並且所賺取的錢財也才能夠守得住，也才能夠真正的享用到事業上獲利所帶來精神與物資上的樂趣。」

她在民國77年結婚，83年夫妻兩人共同負笈至美國求學；目前夫妻倆各有自己的事業，兩人的感情很好，但因她是屬於女強人之類型，因此她很有自己獨斷的見解與決斷力，雖然不一定能夠接受先生的意見或建議，但因傳統女性觀念的影響，還是會參考先生的意見與建議。

她在家排行老大，下面有兩位弟弟，大弟生於民國54年（乙巳年）、二弟生於民國62年（癸丑年）。民國83年（甲戌年）她因負笈美國而將高雄市的畫廊交由大弟負責經營，於民國87年（戊寅年）她又擴充在台北的珠寶與畫廊之生意，並將大弟叫到台北負責北部畫廊的生意，南部高雄市畫廊的生意則由二弟負責經營。民國89年（庚辰年）初她又再次的到美國進修有關珠寶方面的知識與學問，並於90年初回國。民國90年為辛巳年，這個巳火是她命局的比肩星、為損財星、為忌用之物，而這巳火也是二弟命局的耗財、破財之忌用神，因此在該年底結束高雄市畫廊的生意，二弟也北上幫忙她所經營珠寶批發、推銷的生意。

由於今年、民國91年（國曆）初起，北市即有數家知名的百貨公司要求她去設立珠寶及畫廊的專櫃，她並問筆者設立專櫃後，未來事業上的賺賠吉凶如何？筆者以她未來15年即將進入財星的喜用大運，即跟她說：「妳目前上半年還不要急著去設立專櫃，先去做運籌帷幄的籌備工作，等到下半年農曆的11、12月再進行專櫃工作事業的設立，一直到民國94年止都會賺錢。但因為民國95年這一年為損財，或是因同業競爭而虧損，或是其他外在不可預知之因素而損財等，不是為喜用的流年，因此在民國94年的時候，切記不要因為先前幾年有賺到錢，又再有任何的擴大投資行為，以免到民國95年時造成更大的損失；事業若要再擴大投資，則等到民國96年起再來進行即可。」說到此，筆者又補充說：「當然的，事業之經營若能再配合陽宅堪輿格局之改造的話，雖然不能有乾坤大挪移的效果，但一定能獲致一個錦上添花、雪中送炭的效果。」

實例㉔ 不合本命的事業經營

◎**坤造：**57年1月25日卯時 建生。

6歲又20日上運，每逢甲己年2月15日交脫大運。

正官	戊	申	正印	飛廉．
傷官	甲	寅	傷官	歲破．大耗．驛馬．亡神．
日主	癸	亥	比劫	
食神	乙	卯	食神	龍德．將星．文昌．學堂．天乙貴人

7～11	癸	丑	12～16
17～21	壬	子	22～26
27～31	辛	亥	32～36
37～41	庚	戌	42～46

她在民國90年的國曆11月下旬，經朋友之介紹而至筆者處來問卜，欲從卜卦中得知

當時事業經營的獲利賺賠情形，及婚姻狀況如何；此外，在民國91年3月中旬，她想要參與競標一間法院的拍賣屋，再次的到筆者處問卜競標該法拍屋去經營事業的獲利吉凶如何。由於筆者就她這兩次卜卦的事項，給予甚為詳細的分析，她因此請筆者再次幫她排一張八字命盤表，想要知道自己本命是否適宜做生意、做生意上的獲利情形如何，以及未來的婚姻狀況…等等，筆者跟她另行排定91年3月中旬至服務處來推算八字命理。

當她第三次再次到筆者服務處來推算她的八字命理時，由於筆者從先前跟她分析第一次問卜事業與婚姻的兩個卦象裡，已經大概得知她目前的情形如下：民國86年結婚，並在87年生下一女嬰，該年也同時與先生離婚，該女嬰目前由前夫的母親在照顧。她現在在經營一家「音樂才藝班」，營業規模為：向他人承租的連續三間透天店面，營業面積將近190坪。

命學名著愛憎賦說：「欲問富貴雙勝，何由得知，莫大於鎡基、莫奇於秀實。」金玉賦說：「財官格局俱損，不貧寒而功名蹭蹬之士。」她的本命日主為癸水，生在正月的寅木月令，就四柱干支的八個字中，有四個木、一個土等剋、洩日主元神之五行，僅在年、日支見申金及亥水生助日主元神的五行，所以這是一個日主元神極弱的傷官格局。

她命局的月、時柱的甲寅、乙卯木雙雙呈現干透、支藏的架構，所以這是一個日主元神洩耗得頗為嚴重的情形，雖於日支見有亥水—比劫星的幫比，但因亥水與月支寅木成六合、與時支卯木成半三合木局的情形，所以亥水幫比日主的力量，可以說是微乎其微；因此整個命局中生助日主元神的力量就僅剩下年支的申金—正印星之力量。

年、月支為寅申相沖的情形，而在正月之木氣得令的季節裡，金、木相沖的結果，雖然說是木勝、金敗，但因申金得到年干戊土的生助，所以尚得以有生存的氣機，但因戊土又受到月干甲木的剋破，且在正月的節令乃是木旺、土死、金囚的情形，因此這個申金生助日主元神的力量，頗有「心有餘、力不足」的無力感，但因申金尚得到戊土的生助而為有源頭的情形，所以本命局仍以傷官格之正格論命，而不能以從勢格之命論之。

「財為養命之源，官為貴氣之根。」她命局的戊土正官星不僅氣弱，且又被甲木剋破；另外，月支寅木中所藏的丙火為正財星而非偏財星，此寅木與亥水六合、與申金六沖，寅木中的丙火也可說遭到亥與申中的壬水剋破，所以財星的氣勢也是呈現薄弱之象。

先賢說：「先天太過，後天減之；先天不及，後天補之。先天後天，無太過、不及，然後平焉。運限者，後天也；且如先天八字，日幹旺相太過者，宜行休衰之運，發洩其氣；如日幹休囚不及者，宜行旺相之運，生扶其氣；二者合宜，則福壽兼全矣。若日幹太旺，又行旺運；日幹太衰，又行衰運；太過與不及，有不災害叢生者耶。」

她命局因日主元神為衰弱的氣勢，所以需要運行生助、幫比等生扶日主元神的大運與流年，現今我們再來看她一生的大運，從7歲入大運起，就連續五十年都是運行喜用的濕土、金、水等喜用的大運，其中僅42歲～46歲等五年期間，運行戌土—燥土忌用大運為除外，也可以說有連續四十五年的生扶日主元神的喜用大運。

就一個人的八字命理而言，一生中能夠有連續三十年的喜用大運，已經可以說是少見的命局，而她卻有連續四十五年的喜用大運，這更可說是少中又少的八字命局，因此這可以算是一個相當不錯的八字命局。所以筆者跟她說：「從妳小時候開始懂事起到目前為止，就我所了解妳目前所經營事業的型態來看，讓妳最感到遺憾的事情就是婚姻與目前經營的事業。除了這兩件事之外，妳從小時候到現在的生活，都是過得無憂無慮的日子，至於事業經營上的獲利，雖然無法達到預期的目標，但倒還是能撐得過去。」她一直點頭答說：「沒錯，我現在最感到遺憾與困擾的就是這兩件事。」她又問說：「老師，那我現在該如何去經營我的事業，才能夠有更好的獲利呢？」

氣象篇說：「過於寒薄，和暖處終難奮發。」金玉賦說：「八字無財，須求本分，越外若求，必招凶事。」這裡的「寒薄」之字眼，可以將它擴充為財、官星方面的解釋；「和暖處」之字眼，則可解釋為相助的大運或流年。她的命局由於所具有的財、官星氣勢過於薄弱，所以一生中縱使得大運的相助，也僅能過著足以溫飽且無憂無慮的生活而已，至於要能夠達到飛黃騰達、富貴並享的人生，那是不可能的，這不管是男命或女命的命局架構，都是一樣的。

其次再來分析食神與傷官星之特質。食神與傷官星均為同屬性的十神，就其陰陽五行之不同，雖有其差異性，但大體而言乃是一個人內在才華、秀氣的展露、發洩，所以可說具有多才多藝及廣博而多樣的才能與學識、領悟力高、反應也非常快、學習能力強、學習才藝之精神專執且敬業、口才流利、能言善道、思路又清晰、創意與點子多、不喜歡受拘束、崇尚自由、自信與自負、經商創業的根源、生財的管道…等的含意。

大體而言，命局為傷官格或食神格之人，都是一個不錯的商務人才。由於食神與傷官星都會生助財星，因此命局中若見有強旺的財星來引動食、傷星的力量，一生中又見相助大運的話，那這個人不管是男命或女命，必定會憑其自身的才華或手藝而創建起一個獲利豐厚的事業，並進而會伴隨著高評價的聲譽與貴氣而來，這是因為「財旺會生官」的原因所致。

她由於命局中財、官星的氣勢甚為薄弱，所以筆者就跟她說：「就妳一生中事業上的經營而言，如果是獨自一個人為獨資性的經營事業，要有很豐厚的獲利是不太可能的事，因此我建議妳最好縮小事業經營的規模，譬如可以考慮將目前三間大的營業店面，縮小成一間的營業面積，如此妳的事業之經營，才能夠順暢如意，也才能夠享受到事業經營的成果，及人生中精神與物質上的樂趣。」筆者又接著說：「若是妳捨不得縮小營業之規模，那妳絕對要找人與妳合夥並共同來經營這家『音樂才藝班』，也就是說要找人來與妳共同分擔事業經營的責任與重擔，同樣的，事業上的獲利也要與合夥人共同分享，如此妳才能夠永續經營妳的事業，生活或事業上也才不會感覺到那麼累、落差那麼大。縱使與人合夥後的獲利並沒有明顯增加很多，但至少妳不用那麼的勞累，也不會有勞多獲少、徒勞無功的感嘆。」

她再問說：「難道沒有其他的方法，可以改善我事業經營的獲利嗎？」筆者說：「這是沒有辦法的事，因為這是妳本身命局的構造，我們無法去改變先天的八字命局，唯有從後天人為的方式去改造，也就是說以最適合八字命局的運作方式，去做對我們最有利的行為處事之方式，這才是最上上之策。至於改造的方式，除了知道本身命局之架構而在後天人為方式上，如何去為趨吉避凶之運做及行善積德之外，最有效的方式就是陽宅堪輿之改造，但那也是要日積月累的經過一段時日，才能夠感受到陽宅堪輿之力量。至於市面上所說藉由改名字、刻印章、做法術、安八卦、配戴經過加持之飾物、擺放甚麼所謂的招財之物…等等，這些都是不足採信的江湖術士向客戶賺取錢財之伎倆，這是花錢又消不了災的改造方式，甚至於會賠了夫人又折兵。」

她聽完筆者上述一大堆的話後即沉思了一會兒，隨後說：「那我改天帶我妹妹來，請老師你順便幫我妹妹算個八字，看看我們姐妹兩人是不是可以一起合夥經營這一家『音樂才藝班』。老師再問你最後一個問題，就是我將來的婚姻會如何，是不是還有再婚的機會？若是有的話，那將來婚姻的情形會如何？」

筆者再跟她說：「就我的經驗而言，女命的八字命局中，如果見有食神或傷官星超過三個以上的話，這種婚姻的結果，與另一半不是生離、就是死別，至於這種情形發生的時間點，則完全看各人命局中三顆食、傷星所在的位置而定。就妳的命局而言，食神與傷官星共出現四顆，且在月柱又是天干與地支都為傷官星，這種情形如果是在35歲以前結婚的話，夫妻的婚姻生活必定會有生離、死別的情形發生。目前妳已經有一次婚姻上的遺憾，至於未來是否還有再一次的婚姻，就妳的命局架構及流年來看，不是在去年—民國90年、就是在今年—民國91年，就會再有另一次的異性緣出現，也就是說會再有另一次的感情出現。」她說：「對，我在去年底經過好朋友的介紹，認識了現在正在交往的男朋友。」

她又急著問說：「林老師，我跟他將來是不是會繼續的交往下去，將來結婚的對象是不是就是這一位男朋友？」筆者說：「從妳的命局來看，會有兩次的感情挫折，只是這種感情上的挫折是要用戀情或是婚姻來彌補，那就端看個人的造化了。妳第一次的感情挫折是以婚姻來彌補，那當然是令人遺憾的一件事。至於未來當然還是會再有一次的感情出現，就目前而言，最近這一年所出現的感情、認識的男朋友，也可以說是未來結婚的對象。且就今年的流年來看，你們的感情會進展得很快，甚至於到下半年的時候就會有談及婚嫁的情形，至於結婚的時間，就妳跟目前認識之男朋友（出生日子為民國49年8月9日卯時，出生八字為：庚子、乙酉、庚申、己卯）兩人的八字來看，下半年起的數年間都是可以結婚的流年，至於要在何年結婚，就看你們自己的時間而定。」

她又追問說：「老師，如果我跟現在認識的這一位男友結婚的話，那我們將來婚姻的情形會如何，會不會再像以前一樣會再發生婚姻上的危機呢？」筆者聽她這樣一問，再次看了一下她的命盤表—時柱又是食神星干透、支藏的情形，這時候換成筆者陷於沉思的狀況，在思索著該如何回達她的這個問題，過了一會兒筆者說：「妳的命局架構就女命而言，確實是比較特殊，在月、時柱各自出現傷官星與食神星，而這些就女命的婚姻而言，都會產生不小的負面影響情形。第一次婚姻的負面影響情形已經發生，至於未來的第二次婚姻，在經過約二十年以後是否還會再發生負面的影響情形，則端看你們兩人的造化。我在這裡所能給你們的建議，就是在婚姻上除了要多培養夫妻間的感情之外，夫妻彼此間也以各自擁有自己的事業為主，不要有共同經營事業的情形，以避免不必要爭吵事件的發生；此外若是在結婚之時，能再配合陽宅堪輿改造之加強及多為行善積德的話，那我相信在經過約二十年以後，你們應該能夠安然的度過第二次婚姻上的負面影響。」

筆者今就她所占卜「婚姻卦」及「競標法拍屋卦」的內容說明如後：

（一）婚姻卦：

（◎她在占卜之時，並未告訴筆者已婚或未婚，完全沒談及她當時的婚姻狀況）

1、**占卜時間**：國曆民國90年11月19日（辛巳年己亥月丙戌日）。

2、**卦象**：山火賁卦↓水火既濟卦。　艮土卦。　空亡：午、未。

3、**內容**：青龍　玄武　白虎　螣蛇　勾陳　朱雀

子　戌

寅	子	戌	亥	丑	卯
○	╳	‖	｜	‖	｜
		應			世
官鬼	妻財	兄弟	妻財	兄弟	官鬼
妻財	兄弟				

4、**卦斷：**就這個卦象而言，外卦第六爻官鬼爻（為女命的夫星爻）被月建亥水合去、內卦初爻官鬼爻也被五爻子水（農曆11月的意思）動化的戌土（農曆9月的意思）合去，所以會有兩段感情之事，有可能是感情與婚姻的象徵，也有可能是感情與感情，或婚姻與婚姻的象徵。第一段感情應結束於戊寅年（民國87年），而第二段的感情則應該開始於己卯年（民國88年），只是男女雙方對這一段感情之交往，都認為彼此並不很適合，所以會再有分手的情形，快的話恐會在今年農曆的9月（戌土月，也就是卜卦時的前一個月）分手，慢的話則是在農曆的11月（子水月，卜卦時的下一個月）會分手。

◎子孫爻不明現，若有子女的話，與子女之緣份薄。

5、**事實**：她於民國86年結婚，87年生有一女兒並在該年離婚；在88年認識一男朋友，大她三歲，交往後兩人彼此都認為個性不很合，她提議要分手，但男方深愛著她而不願分手（◎兩人在問卜後的一個月分手（農曆11月）。這是她再次到筆者服務處推算八字命理時告訴筆者，她隨即於農曆12月再經友人之介紹而認識目前正在交往之男友。）

◎與前夫所生的女兒，目前由內婆照顧著。

（二）競標法拍屋卦：（◎法拍屋地址：高雄市鼓山區中華一路…）

1、**占卜時間**：國曆民國91年3月12日（壬午年癸卯月己卯日）。

2、**卦象**：兌為澤卦→雷澤歸妹卦。 兌金卦。 空亡：申、酉。

3、**內容**：

勾陳	朱雀	青龍	玄武	白虎	螣蛇
	申				
未	酉	亥	丑	卯	巳
‖	○	｜	‖	｜	｜
世			應		

兄弟

父母　兄弟　子孫　父母　妻財　官鬼

4、卦斷：世與應爻都持父母爻，而父母爻就事業的經營獲利而言，乃是辛勤勞累，以及沒有甚麼生意、客源之意；第五爻又見兄弟爻動化兄弟爻，這兄弟爻則是代表破財、虧損累累之象。就整個卦象來看，很明顯的呈現出事業之經營會非常的勞累，並且到最後必定是以虧損累累、破財而結束營業，因此筆者強烈的勸她絕對不要去參與投標之事宜，以免到時候不僅事業經營得虧損累累，這一間競標得到的法拍屋到時候又再次淪為被法院拍賣的標的物。

5、事實：她聽完筆者的分析之後才說：「老師，事實上在我來你這邊卜卦之前，我就已經有去問過神明了（附身於乩童上），神明也勸我不要去參與競標這間法院拍賣的房屋。」筆者一聽她這樣的說詞，隨即笑著跟她說：「那妳今天是來考我的功力了喔！還有妳問的是哪一尊神明。」她急忙答說：「沒有啦，因為我現在的這一間『音樂才藝班』的營業場所是向人家承租的，我很想要有屬於自己的一間營業場所，而現在這一間法院要拍賣房屋的面積，頗符合我現在的需要，且前面已經有經過兩次拍賣卻都流標，這一次的拍賣價才八佰多萬元，可說是很便宜。因為我平常都是去問濟公師父，這一次也是去問濟公師父，但祂卻不贊成我去競標。」

她又說：「老師，你不要誤會說我是來考你的功力，我沒有這個意思。我真的很想要去競標這一間法拍屋，因此今天才來老師這邊卜卦，希望能夠得到贊成我去競標的另一種答案，也就是希望有人能夠贊同我去參與競標法拍屋，如果來這邊卜出來的卦是吉利的話，那我就會去參與競標法院的法拍屋。」筆者回說：「跟你開玩笑的，事實上換個角度來看，也可以說是因為妳信任我的實力，所以才來我這邊卜卦，也想要從我邊獲得一個正確且可以讓妳下決定的一個答案。我還是再次建議妳絕對不要去參加這一次法拍屋的競標事情，以免到時候會有後悔來不及的感嘆。」她說：「既然老師這邊所卜出來的卦也是不吉利的情形，那我只好就放棄這個念頭了。」

實例㉕ 腰痛與腎臟關連的迷思

（例一）**坤造：**57年1月25日卯時建生。

正官　戊　申　正印
傷官　甲　寅　傷官
日主　癸　亥　比劫
食神　乙　卯　食神

（例二）**乾造：**48年1月18日巳時 建生。

比劫　己　亥　偏財
偏印　丙　寅　偏官
日主　戊　寅　偏官
正印　丁　巳　偏印

（例三）**乾造：**55年10月19日亥時建生。

正財　丙　午　偏財
偏官　己　亥　比劫
日主　癸　巳　正財
比肩　癸　亥　比劫

（例四）**乾造：**52年正4月1日晚子時建生。

偏官　癸　卯　偏印
比劫　丙　辰　傷官
日主　丁　酉　偏財
正官　壬　子　偏官

右述的幾個例子，乃是筆者的客戶中，就八字命理推斷出有腰背酸痛疾病客戶中的部分實例。在八字命理學及中醫學理中，都將腰背酸痛的疾病歸咎於是因為腎臟有毛病所引起，筆者今僅就八字命理學上腰痛與腎臟病變的關連性，提出幾年來從事命理、五術事業後的另一種心得、看法與論述。

命理學上的古歌說：「甲膽、乙肝、丙小腸，丁心、戊胃、己脾鄉，庚是大腸、辛屬肺，壬係膀胱、癸腎臟，三焦亦向壬中寄，包絡同歸入癸鄉。」三命通會說：「凡五行有死絕而成疾者，水死者，多腎氣腰足、攻注滑泄、便溺不利之疾。」又說：「壬癸見戊己辰戌丑未多者，內主遺精盜汗……，外主風蟲牙痛、偏墜腎氣、腰痛膝痛…是也。」又說「…水土相刑無救助，定有失步之虞…。」先賢任鐵樵就滴天髓註說：「…水為膀胱、腎，膀胱宜潤、腎宜堅，忌土而入水，則腎枯、膀胱燥而病矣…。」近賢徐樂吾說：「…金水之病見在腎經…。」

中醫學上的素問經說：「腎者主水，受五臟六腑之精而藏之。」又說：「五臟所主，…腎主骨。」、「腎為水臟。」、「腎生骨髓，腎充則髓實。」金匱要略集註說：「腎主腰，足陰是其部也。」又說：「腰者，腎之外候，故令其痛。」先賢名醫葉天士說：「淫羊藿（藥草名稱）浸酒，可治偏風不遂、水涸腰痛之疾。」

從右述八字命理學及中醫學的論述中可知，先賢都將五行之水氣畫歸為人身五臟中的「腎臟」，並將腰痛的疾病歸因於腎臟之疾病所引起。也就是說五行中的水氣受到剋破的話，在人身內在臟腑中就會產生腎臟方面的疾病，其表現於外在身體方面的就是腰背酸痛的病痛。

至於現今西醫解剖學就腰酸背痛的病因，則可分為：

一、椎間板（盤、軟骨）脫出：

這種疾病就是我們所熟知的「坐骨神經痛」的疾病。人體的脊椎（又稱為背骨或脊骨）是由7塊頸椎（骨）、12塊胸椎（骨）、5塊腰椎（骨）、5塊薦骨（又稱為仙骨，長大後即癒合成一個），以及4個尾骨（長大後即癒合成一個）所構成，總共計有33塊脊椎骨（詳後圖一）。

基本上每一塊椎骨的形狀與特徵都相似，但其大小則是由尾椎直到最上層的頸椎，逐漸由大而變小。各個椎骨的本體則是由一個實心圓盤狀的椎體，及其後方的推弓所構成，而椎體和推弓之間形成一個環洞，由這26個脊椎所連結形成的環洞管，除了供脊髓通過之外，尚兼有保護脊髓的作用。

◎圖一：脊椎構造圖

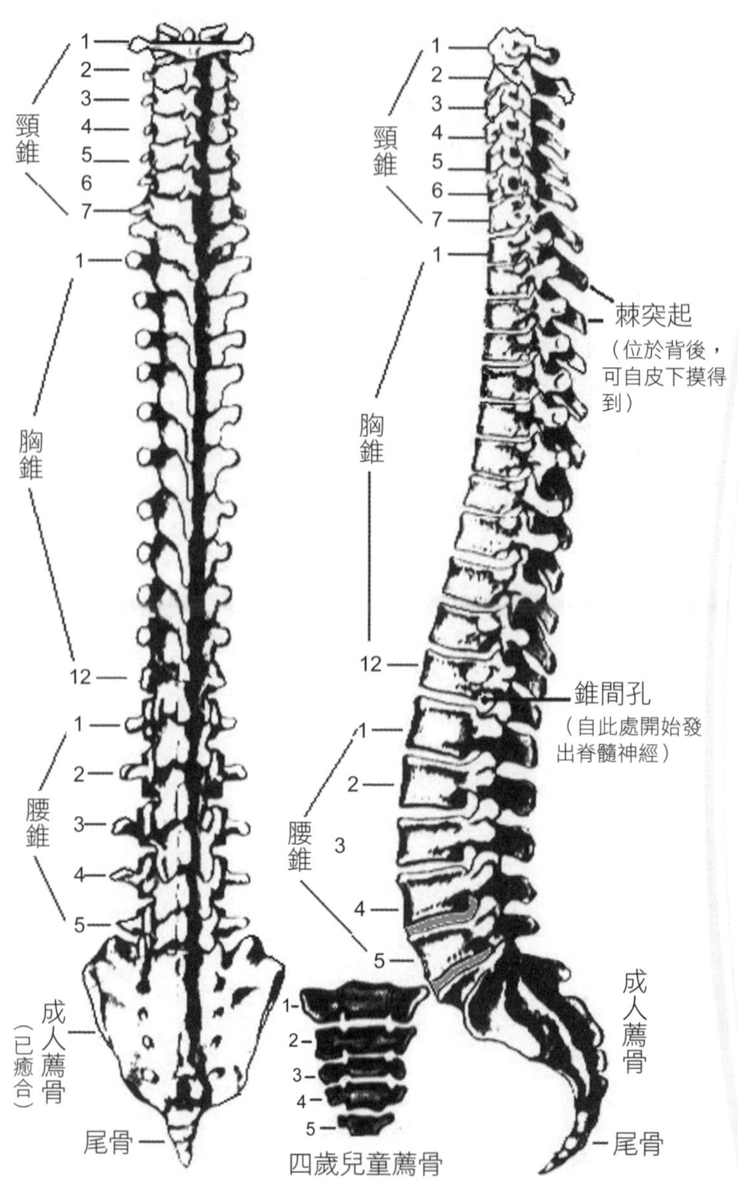
1
2
3
4
5
6
7
頸錐
1
胸錐
12
1
2
3
4
5
腰錐
成人薦骨（已癒合）
尾骨
1
2
3
4
5
四歲兒童薦骨
1
2
3
4
5
6
7
頸錐
1
棘突起
（位於背後，可自皮下摸得到）
胸錐
12
錐間孔
（自此處開始發出脊髓神經）
1
2
3
4
5
腰錐
成人薦骨
尾骨

脊髓起自腦部、下至尾骨，脊髓中包含有脊髓神經，在每兩塊脊骨之間，脊髓會產生左右分枝，而從這些左右分枝出來的神經束，各自又分成「脊髓神經前枝」與「脊髓神經後枝」兩脊髓神經脈，所以整個脊柱會有31對脊髓神經向外分佈並達到身體的各部位。其中的「脊髓神經前枝」又可分為頸神經、胸神經前枝、腰神經前枝，以及薦骨（仙骨）神經前枝（詳後圖二）。

構成脊椎的每一個椎骨與椎骨之間，夾有一塊由結締組織與軟骨組合而成的圓盤狀避震器，也就是醫學上所稱的「椎間板」、「椎間盤」或是「椎間軟骨」，它們能吸收身體的重量及運動時帶來的衝擊力。此外，它們因所處的位置不一樣，而會有不一樣的厚度，大約為0.6～2公分之間，其厚度則是由下往上而遞減。

在平時生活上我們常聽到「椎間盤脫出」這個醫學名詞上的疾病，這是因為椎間盤外圍的環狀纖維變得脆弱且有撕裂的情形，此時椎間盤中心的「核髓」就被迫向外推擠出來，這種推擠現象就是西醫學上所說的「赫尼亞樣脫出」現象。這一個椎間盤脫出的部分會壓迫到後方脊髓所在且非常敏感的神經根，我們因此會產生痛覺，嚴重的話會造成肢體功能的喪失（詳後圖三、四）。

◎圖二：椎骨與神經構造圖

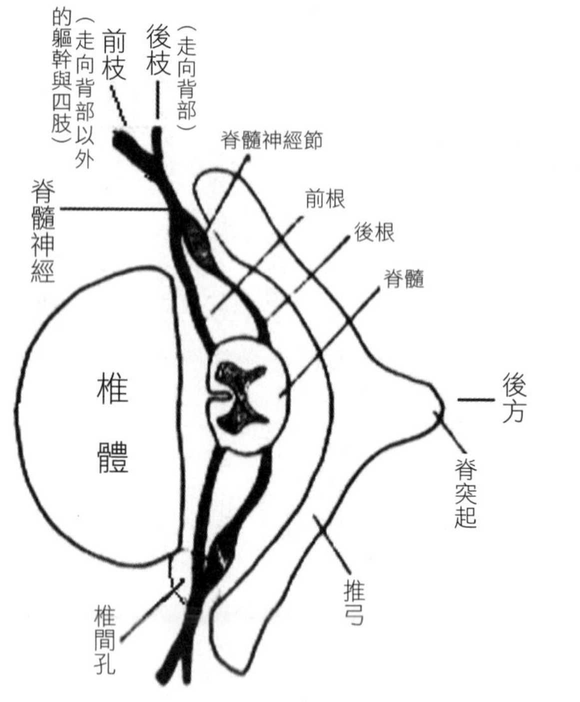

前枝（走向背部以外的軀幹與四肢）
後枝（走向背部）
脊髓神經節
脊髓神經
前根
後根
脊髓
椎體
後方
脊突起
推弓
椎間孔

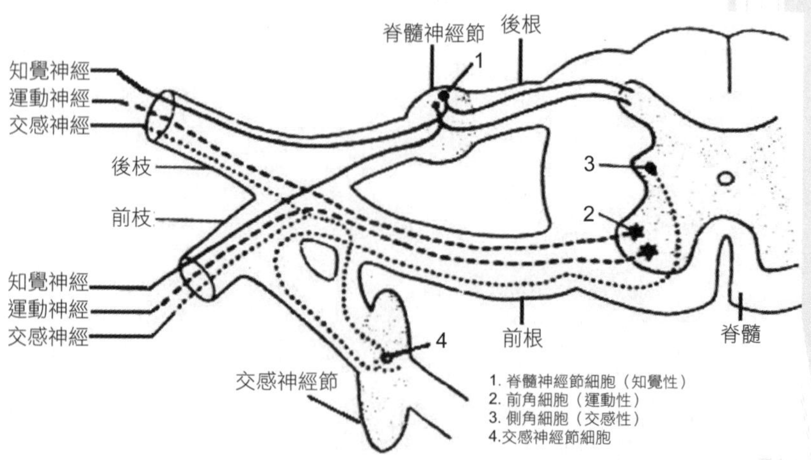

脊髓神經節
後根
1
知覺神經
運動神經
交感神經
後枝
前枝
3
2
知覺神經
運動神經
交感神經
4
前根
脊髓
交感神經節
1. 脊髓神經節細胞（知覺性）
2. 前角細胞（運動性）
3. 側角細胞（交感性）
4.交感神經節細胞

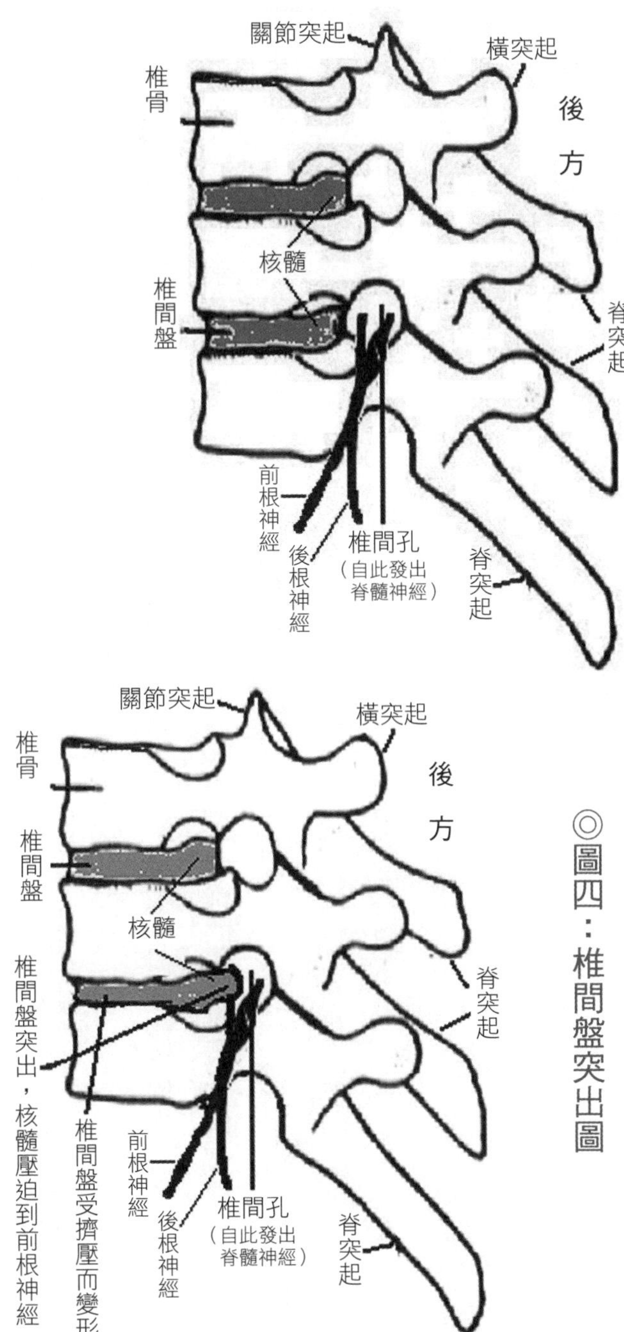

◎圖三：椎間盤側面圖

◎圖四：椎間盤突出圖

薦骨（仙骨）神經前枝形成薦骨（仙骨）神經叢，它出現在第四腰椎神經起至第三仙骨神經之間，坐骨神經自此處出發。坐骨神經是人體中最大的神經，有拇指般的粗大，名稱的由來乃是因為形成骨盤的坐骨而得；它分佈於臀部，然後延伸至大腿後面，以及到腳尖為止的廣大部位，是人體下肢中最重要的脊髓神經。

每一個椎間盤都有可能發生「赫尼亞樣脫出」的現象，但以在腰椎及薦椎的交接處，最容易發生脫出之現象，也就是在第四、第五塊腰椎間，或是第五塊腰椎（最低處）及第一塊薦椎之間的地方，因為在這個地方是我們身體移動最頻繁的地方，而這個地方也正是坐骨神經的起源處。因此當我們的腰、薦椎間發生「椎間盤脫出」的症狀時，坐骨神經之痛覺會從後臀部向下沿伸到大腿後側，再到腳部外側，而且這種痛處通常只發生在一腳而已，不會兩腳同時發生（詳後圖五、六）。

「椎間盤脫出」的症狀，除了後臀部及腿痛這個典型的特徵之外，還會伴隨著下背痛；通常是臀部及腿會先痛一陣子，此時如果沒有妥當的治療的話，再來的就會有麻痺、腿部無力的情形，接下來就是下背疼痛以及肌肉痙攣，這個時候若是再不趕緊去治療的話，那麼下場則是腿部萎縮，最後整條腿則是報銷掉。

◎圖五：坐骨神經圖

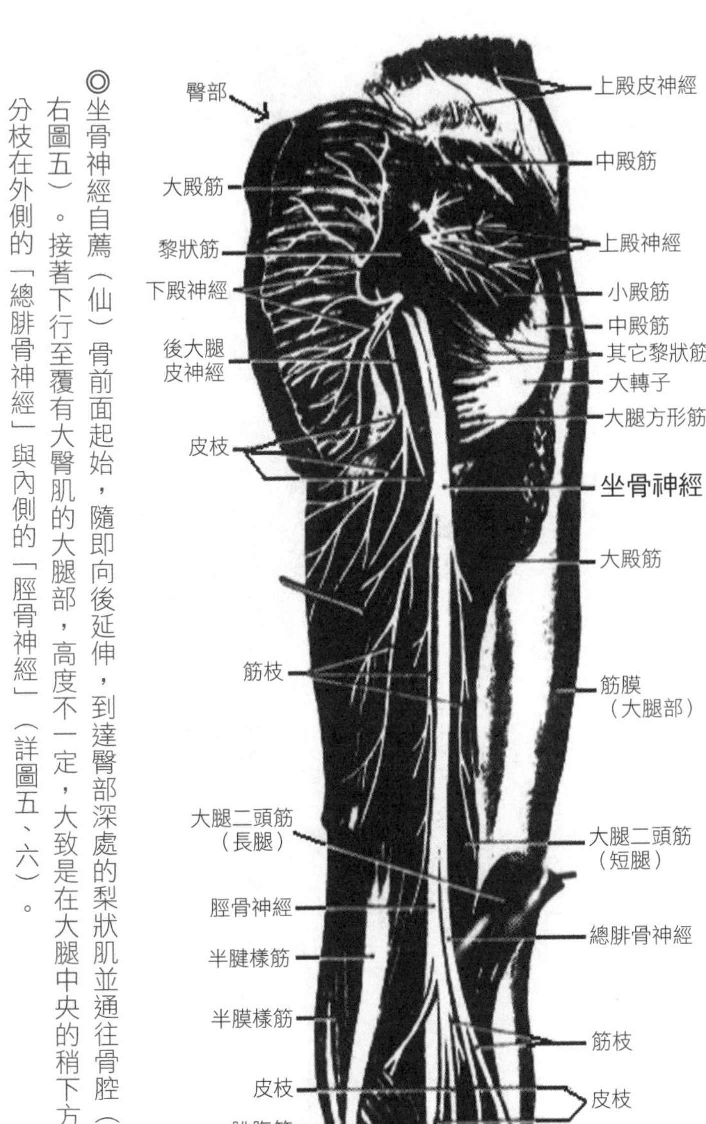

◎坐骨神經自薦（仙）骨前面起始，隨即向後延伸，到達臀部深處的梨狀肌並通往骨腔（詳右圖五）。接著下行至覆有大臀肌的大腿部，高度不一定，大致是在大腿中央的稍下方，分枝在外側的「總腓骨神經」與內側的「脛骨神經」（詳圖五、六）。

◎圖六：坐骨神經圖

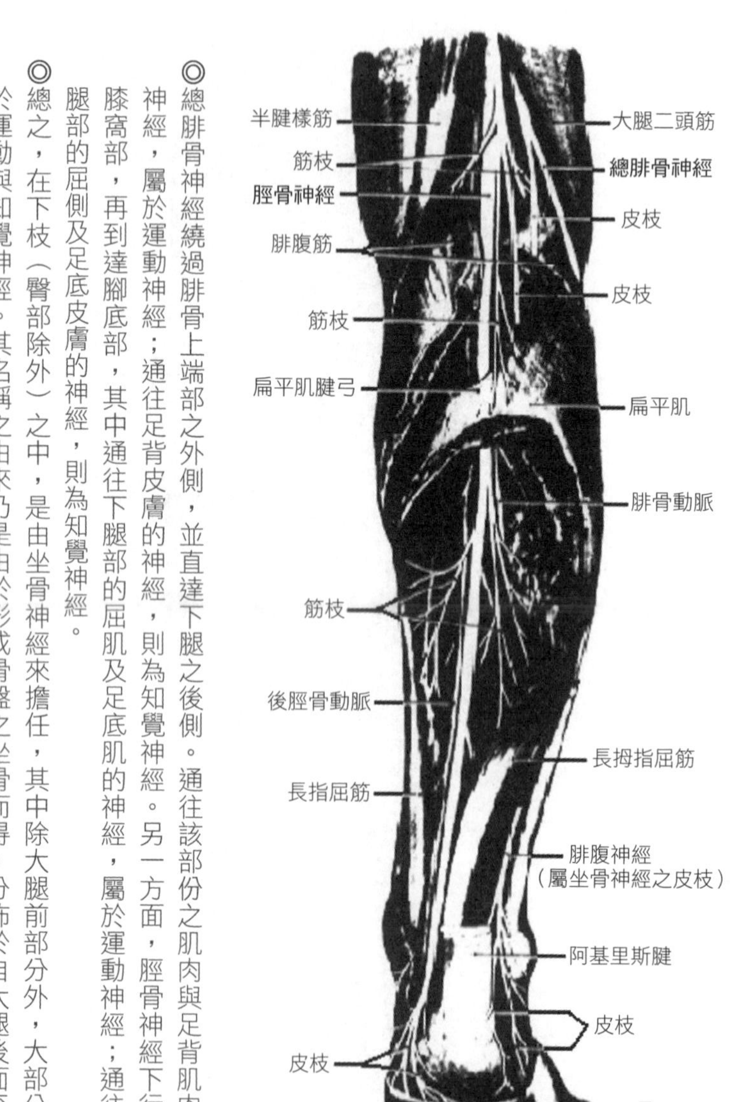

◎總腓骨神經繞過腓骨上端部之外側，並直達下腿之後側。通往該部份之肌肉與足背肌肉之神經，屬於運動神經；通往足背皮膚的神經，則為知覺神經。另一方面，脛骨神經下行至膝窩部，再到達腳底部，其中通往下腿部的屈肌及足底肌的神經，屬於運動神經；通往下腿部的屈側及足底皮膚的神經，則為知覺神經。

◎總之，在下枝（臀部除外）之中，是由坐骨神經來擔任，其中除大腿前部分外，大部分屬於運動與知覺神經。其名稱之由來乃是由於形成骨盤之坐骨而得，分佈於自大腿後面至腳尖為止的廣大部位，是下肢中最重要的神經系統。

「坐骨神經痛」的治療方法除了保持局部的安定之外，腰椎也要保持直線或是向前彎曲的狀態；此外，也可在骨盆上使用寬腰帶，做骨盆遷引法，這也是一個很有效的療法。藥物的治療法則是以服用鎮靜劑、抗炎症劑、肌肉鬆弛劑、維他命劑等，且同時做局部的熱療法，也就是在腰背處放上熱毛巾，以鬆懈緊繃的肌肉；如果變成急性而有嚴重的局部痲木感時，就需要暫時注射類固醇劑來治療。經治療後而疼痛已經減輕的同時，若能去游泳並且養成一種長期性的游泳習慣的話，那「坐骨神經痛」的疾病也可能會因此而痊癒，因為所有運動中就只有游泳能治療「坐骨神經痛」的疾病，且也是最有效果的唯一一種運動。

二、假性椎間板（盤、軟骨）的神經痛：

這種疾病也是「坐骨神經痛」的疾病之一，但它發病的原因並不是因為「椎間盤脫出」所造成，而是位在坐骨神經周圍的肌肉常期處於痙攣或收縮不正常，進而壓迫到坐骨神經所致。這種因肌肉痙攣或不正常收縮所引起的坐骨神經痛，西醫學稱之為「假性間椎盤脫出症候群」。

三、肌肉牽張過度及扭挫：

人體的肌肉、韌帶及肌腱都是很堅韌組織體，它們的功用則是用來連接兩根骨頭及做運動、牽引之用，但不管是肌肉、韌帶或肌腱，都有一定的運動範圍之限度，因此當我們使用過力而造成它們牽張過度時，這時候就有可能會造成肌肉、韌帶或肌腱的傷害。

肌肉、韌帶或肌腱遍佈在我們身體的各部位，當然也包括腰部的地方。如果我們不小心以致造腰部的肌肉、韌帶或肌腱受到傷害時，這時候肌肉就會發炎，組織液也會逐漸的累積，當組織液過多而無法馬上排出體外的話，這時因受限於發炎部位周遭空間的不足，過多的組織液就會產生壓力，當壓力漸漸升高到一定程度後就會壓迫到腰部神經末梢，這時候腰部就會產生疼痛的感覺。當組織液繼續堆積在肌肉上時，肌肉就會開始僵硬，過不了幾天，僵硬的程度加劇而疼痛的程度也會相對的加劇。

前述所談的乃是肌肉、韌帶及肌腱被過度拉扯所致而產生的腰痛疾病。至於「扭挫」，則是肌肉、韌帶及肌腱等這些組織，有一部分或者是全部被撕裂所造成，因此它所造成的傷害程度也更嚴重。像這種嚴重的傷害，其受傷部位之組織的反應相當快，血液會馬上從撕裂處的血管中流出來，並使得受傷部位周圍產生充血、腫脹，劇痛感並隨之而生。

萬一不幸的是腰椎部位的椎間盤周圍的韌帶受到嚴重扭挫的話，就會發生「椎間盤脫出」的現象，這時候不僅腰部會產生劇烈的疼痛感，椎間盤被推擠出來的核髓也會壓迫到神經，進而引發「坐骨神經痛」的疾病。

西醫學上就「假性間椎盤脫出症候群」及腰部「肌肉牽張過度」所引起的腰酸背痛之疾病，都以注射抗炎症劑、肌肉鬆弛劑等藥物，為治療的方法，這也為甚麼大多數腰酸背痛或腰部閃傷之病患到醫院就診，經醫院的護士注射藥劑即可痊癒的原因。至於因「椎間盤脫出」而引起的坐骨神經痛之疾病，除了注射藥劑以消除疼痛外，尚須為復健之治療，才能達到治癒的效果；此外，平時若能再配合游泳的話，那治癒的機率與效果應是會更明顯的。

以上是西醫解剖學上引發腰酸背痛之病因的論述。至於有關腎臟病的論述及所引發的病因，請讀者詳閱前面第十四個範例之「潤下格的女命」、第168頁的論述，筆者在此就不再贅述。

由西醫的解剖學理中可知，人身體上腰痛疾病發生的原因，與腎臟之疾病可說是完全扯不上任何關係，而這也是筆者從事多年命理行業後，所認同西醫解剖學學理及實務觀點。筆者在此不談中醫學理的觀點如何，純就八字命理學的觀點來論述與分析。

就筆者多年的命理經驗而言，筆者認為腰背的疾病應以五行之「戊、己土」論之，而不應論以癸水。蓋五行中的「土」，就其屬性而言乃是廣袤且厚重，就方位而言其位置乃是在中央，以人的身體而言則是在腰腹部之際，其中以「戊土」為腰部及腸胃的象徵，「己土」為腰部肌肉、肌腱或椎間盤（板、軟骨）的象徵。

因此不管是現實生活的大自然環境或是人的八字命理，若出現火炎土燥、水氣不足現象的話，此時大自然環境中的「大地之土」及人身八字命理中的「五行之土」，都會呈現乾燥、龜裂及容易脆裂的現象；同理，若是出現水勢過多、過於旺盛的現象時，此時的「土」必定會變成濕泥之土、奔流之土（即俗稱的土石流之現象），土性天生所具有那種厚重、穩固的力量也隨之消失不見，此時即成為「水旺土盪」的情形。這也是筆者多年的經驗中，客戶的八字命局若是呈現火炎土燥、水木旺盛、或是水勢過旺的情形時，都會有腰背酸痛、腰背硬直，或是腰背無力的症狀，而這個病因在於五行之「土」發生病變，而不是五行之「水」的病變。其中命局若是水木旺盛，再加上辛、酉金或丑庫的話，那要發生坐骨神經疾病的機率就會很大了。

本文的（例一）即上一章節的範例，常感到腰部僵硬，有經常性的腰痛疾病；（例二），在民國63年（甲寅年）、64年（乙卯年）這兩年經常去閃到腰，腰部不時受到傷害；（例三），在民國76年（丁卯年）當兵出操時，不小心去傷到腰部，當時的大運是「丑庫」運，到現在（民國91年）都還無法痊癒；（例四），在民國82年（癸酉年）於上班時間因搬運重物時，不小心去傷到腰部，當時因為不太去在意而沒有完全治療好，以致後來引發起輕微性的坐骨神經之疾病。

以上是筆者個人才疏學淺的淺見與觀點，若是各位命學先進或是讀者有不同意見的話，也希望你（妳）們能提出己見，以為筆者教學相長及知識上的增進。

有些人並不把扭傷、拉傷當作一種病，受了傷頂多自己揉揉、貼貼藥膏，等到腿不能走路或是手抬不起來時，再去就醫，這時已經錯失最佳的治療機會，甚至可能因長期疏忽而形成關節炎等病變，造成終生的不便與遺憾。

中醫治療運動傷害與現代西醫學無異，也是秉持著「急性冰敷、慢性熱敷」的原理來進行治療，並同時搭配針灸、推拿等各種手法，對於新舊、輕重等不同的傷害，多數能達到治癒的效果。

一般而言，運動傷害可區分為急性、亞急性、慢性等三期，其治療的方式也各不相同。在急性期（約四十八至七十二小時），以休息、冰敷、抬高患肢、貼用跌打瘦痛藥膏，以減輕紅腫熱痛之現象。急性扭傷應特別注意禁忌飲食是少吃芥末、辣椒、蒜、咖啡，尤其不可喝酒，以免加重病情的惡化。

至於亞急性及慢性期，因受傷的部位已不紅腫，即可改用熱敷的方式進行治療，並施以針灸、拔火罐、推拿理筋手法，同樣要外貼傷痛藥膏，來改善局部血液組織循環，促進組織癒合。

冰敷的目的是消腫，熱敷則是加速新陳代謝，所以冷、熱敷必須使用適當、時機拿捏準確，才能有良好的療效。

至於冷、熱敷的使用方法分別是，冰敷時應以毛巾將冰敷袋包起來，然後冰敷八至二十分鐘；熱敷的方法與時間則是與冰敷法相同，只是有糖尿病的患者要特別注意避免燙傷。

跌打痠痛藥膏具有短期的舒緩痠痛作用，不過藥膏也是有寒性與熱性之分。通常在受傷時的三到四天期間內，應貼用寒性藥膏；受傷期間在五到七天之後，則記得要貼用熱性藥膏，但前提是藥膏一定要透氣的，不透氣的膏藥寧可不用，以避免造成反效果。此外，即使是透氣的膏藥，也不能長時間貼著，最好不要超過十二小時，且要注意會不會引起過敏，這就是我們在門診中常見到有人因長時間貼用藥膏而造成皮膚疹子、發癢、皮膚變色等的情形。

至於在傷口的部位，就不能貼痠痛藥膏，也不能使用冷敷、熱敷之方法，而是應該徹底清洗傷口，並蓋上無菌紗布，以防細菌感染。

有些患者喜歡以推拿方式來治療疼痛，在傷處穩定後，推拿當然有助於傷處的好轉；但是剛受傷時，推拿反而會加重傷勢，這是因為這個時候受傷的組織非常脆弱，過度受到外力刺激，很容易再次造成二次傷害，所以要特別謹慎。急性扭傷最好的治療方式還是讓患部多休息，尤其是有開放性傷口的案例更應避免推拿。

此外，剛扭傷不久的部位，因組織腫脹、微血管擴張，造成皮膚的滲透力變強，傷科門診也經常可見到這類患者使用草藥偏方後，出現過敏感染，進而演變成蜂窩組織炎，甚或骨髓炎的嚴重併發症，以致使受傷處更加嚴重，這是值得引以為戒的病例。

對於單純的急性扭傷，一般只要按照急性期的治療原則，必要時由中醫師開處消瘀退腫之「消腫活血湯」的中藥，以輔助治療，大約在三、四天後就能夠獲得明顯的改善；但如果是在治療一週後，疼痛、腫脹依舊，這時最好趕快到醫院去照X光，檢查是不是有骨折、脫臼或是其他的原因，以免延誤治療機會，也因此才能對症下藥，使病情好轉及早日治癒。

俗語說：「預防勝於治療」，因此要避免運動傷害，就必須養成有規律的運動習慣，也就是每週至少運動三次，每次為二十分鐘以上的時間；同時，必須要了解自身所從事的運動特性，以達到事先預防可能造成的傷害，尤其是在每次運動前更應充分的做熱身運動，如此必定能夠達到防患運動傷害於未然的效果。

實例㉖ 「祭桃花煞」，有效嗎？

◎乾造：54年7月7日亥時建生。

9歲又30日上運，每逢甲己年8月7日交脫大運。

偏官　乙　巳　正印

偏財　癸　未　比肩　天財．

日主　己　丑　比肩　飛刃．

偏官　乙　亥　正財　歲破．破碎．大耗．驛馬．

10～14　壬　午　15～19

20～24　辛　巳　25～29

30～34　庚　辰　35～39

40～44　己　卯　45～49

◎坤造：58年1月7日戌時建生。

3歲又150日上運，每逢壬丁年6月7日交脫大運。

比肩　己　酉　食神　文昌‧學堂‧將星‧
正印　丙　寅　正官　劫煞‧
日主　己　巳　正印　金神‧
正官　甲　戌　比劫

4～8　丁　卯　9～13
14～18　戊　辰　19～23
24～28　己　巳　29～33
34～38　庚　午　39～43

他們是一對夫妻，住在屏東市，也在屏東市經營「房屋仲介公司」。公司目前的營運以先生為主，太太因尚須在家帶小孩，所以就公司事情之處理僅屬於輔助性質。

他們在民國91年國曆1月中旬，請筆者到他們的住家及公司場所為陽宅之堪輿，筆者現僅就「公司場所」所為的陽宅堪輿論述於後：

◎壬山丙向、下元七運、週天345度、下卦。堪輿日期：91.1.16.

◎地址：屏東市○○路。

當筆者就該公司場所為陽宅堪輿時順便問他們夫妻：「你們以前有沒有請別的地理老師來堪輿這間公司的陽宅。」太太說：「有啦，以前曾經前後請兩位老師來堪輿過。」筆者又問：「既然已經有請別的地理老師來堪輿過，為甚麼還要花錢再請我來堪輿這間公司的陽宅。」這一次換先生說話：「就是因為感覺不到以前所做陽宅堪輿的效果，而我們又從朋友處得知老師你在陽宅堪輿方面的好評，所以今天才再請老師你來幫我們的公司再做一次陽宅的堪輿。」筆者又問：「上次堪輿的時間是多久以前的事，還有以前的兩位地理老師用多少時間才堪輿完這一間公司的陽宅。」太太搶著說：「第一位是一年半以前的時間，第二位則是約一年前的時候。以前的兩位地理老師各自大概僅花約30分鐘的時間就將公司陽宅堪輿完畢，而且所收的費用也比林老師你的還貴耶。」

筆者在幫客戶為陽宅之堪輿時，不管是住家、公司或工場⋯等場所，都會先以正確的比例尺繪出該要為陽宅堪輿之場所的平面圖，然後再以「三元玄空地理學」的陽宅堪輿學派為陽宅之堪輿，筆者並且會跟客戶論斷該要為堪輿之陽宅（屬於舊宅，不是新蓋好的建築物）以前有發生過且比較明顯的事情，然後再為堪輿改造之室內擺設及飾品搭配的建議，堪輿的時間大概要花4～5小時。

筆者在幫客戶為陽宅堪輿格局之規劃同時，除了要考慮當事人八字命理五行喜用的方位與坐向外，還會考慮到整個陽宅室內動線的流暢性，並會跟客戶商討室內動線的規劃、擺飾品的擺放位置，如此才不會讓客戶為了遷就陽宅之堪輿，卻犧牲了室內動線的流暢性而導致出入該陽宅的不方便，結果不但沒有收到陽宅堪輿之效果，反而收到出入不方便的負面影響。

筆者完全不以「八宅明鏡」及一般的陽宅通則之流術，替客戶的陽宅做堪輿。因為就筆者的經驗心得，「八宅明鏡」及一般的陽宅通則之流術用在陽宅堪輿方面，毫無準確性可言，因此筆者現今完全都用「三元玄空地理學」的陽宅堪輿學派在替客戶之居家、公司、工廠、娛樂場所……等場所為陽宅的堪輿，它是一門很精密且驗證性非常高的陰、陽宅堪輿學，筆者已經另著書出版，書名為《陽宅改造》，歡迎讀者自行研讀，並且試著自己去改造自己的陽宅。

◎房屋仲介公司之營業場內部的九宮挨星盤：

未向

2 3 巽 六	7 7 二	9 5 四
1 4 震 五	3 2 中 七	5 9 九
6 8 一	8 6 坎 三	4 1 八

丑山

◎有關九宮之方位分別為：

坎宮—北方、乾宮—西北方、
兌宮—西方、坤宮—西南方、
離宮—南方、巽宮—東南方、
震宮—東方、艮宮—東北方、
中宮—中央地。

圖一：房屋仲介公司之營業場所「九宮挨星」（即陽宅磁場）圖

◎壬山丙向、下元七運、週天345度、下卦

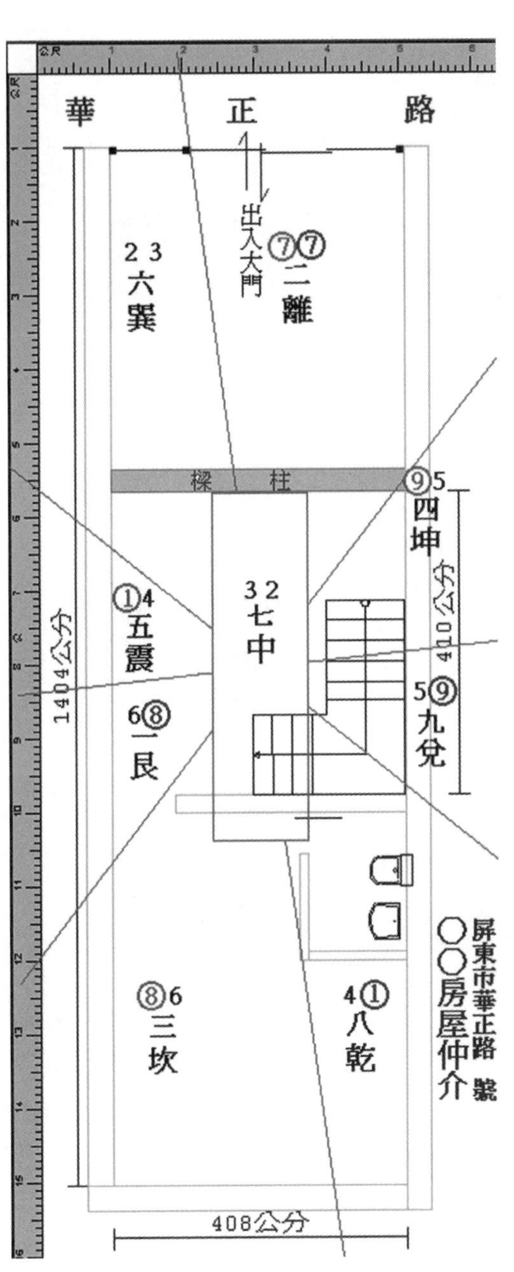

右圖是筆者就該房屋仲介公司以「三元玄空地理」之陽宅堪輿學派為陽宅堪輿，並經過實際比例尺縮小後，所繪製的現場室內陽宅磁場分佈圖。

圖二：房屋仲介公司在筆者為堪輿當時的室內擺飾套上「九宮挨星」（即陽宅磁場）圖

◎壬山丙向、下元七運、週天345度、下卦

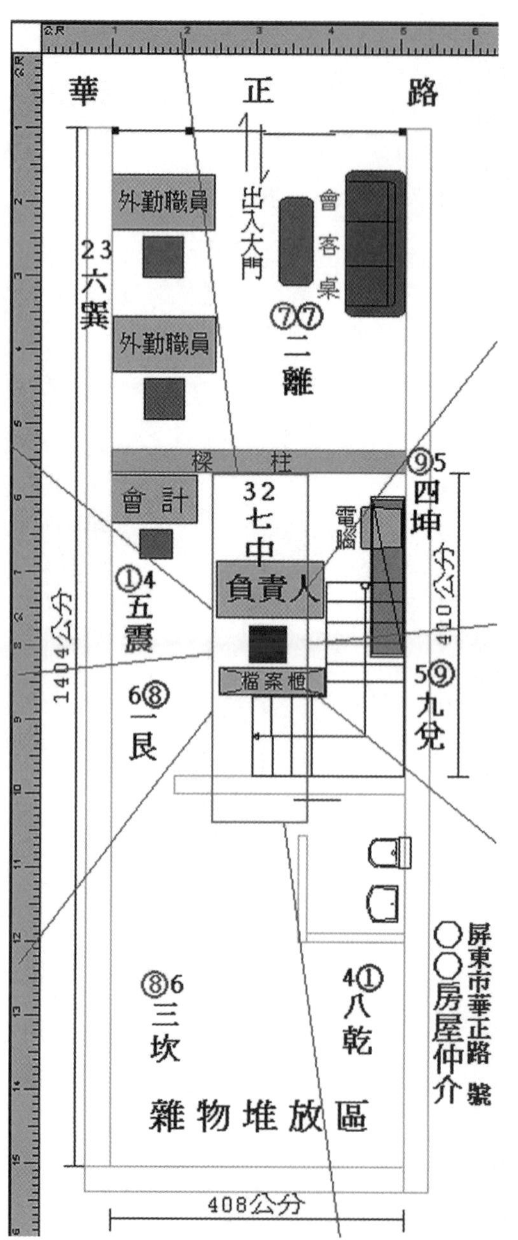

由右圖得知負責人的位置在中宮處，兩位專門跑外面、負責業務人員的位置在巽宮（東南方），而這這兩宮的挨星分別為32與23，就目前的地運為七運來說，是整個公司裡面磁場最差的地方，其代表含意則是「病符之星」，是畏縮、體弱多病、魯莽、有始無終……等的含意，也就是先賢所說「雷出地而相衝，定遭桎梏」、「鬥牛煞起惹官司」等之負面的影響；另外，出入的大門及招待客戶用的會客桌，則是位在離宮（南方）的地方，這個地方的挨星為77的組合，也是目前地運七運中磁場最強、最好的地方，其代表含意則是「丁財並茂、貴人加臨」，也就是先賢所說「發財旺丁、武途仕宦」之意。

筆者看了公司內部這樣子的擺設後，即跟他們說：「你們公司的客戶不少，也都有得到貴人、朋友或其他客戶的幫助，但是你們常有力不從心、勞多獲少，以及做白工的感慨。甚至於已經招攬到的客戶，都會砍殺價格，雖說做生意碰到客戶砍殺價格的情形是很普遍，但是你們公司所碰到的客戶就價格方面的砍殺，可說是非常的厲害，以致讓公司的獲利減少很多。」他們聽完筆者這樣的分析後就一直的點頭，先生並說：「沒錯，從以前開始就常有這樣子的情形發生。朋友介紹或自己找上門的客戶確實是很多，而且我們也都非常努力的勤跑外面去跟客戶接洽，但到最後成交的案件卻是與預期中差很多。說到客戶，也真的是很會殺價，有時候苦口婆心的跟他們解說公司營運的成本支出等情形，客戶不是聽不進去，就是堅持要殺價，到最後我們為了要承攬生意，也不得不讓客戶殺價。」

這時候太太就說：「林老師，那現在我們公司內部的這些辦公器具要如何擺設，就麻煩你囉。反正也沒有多少的辦公器具，應該是很容易重新擺設的。」筆者此時就問他們說：「如果將後面清掃乾淨，並將負責人的位置放到後面去，你們能夠接受嗎？」先生說：「沒有問題，我們完全相信林老師你的建議，只要是能讓公司營業順利、能夠賺錢的話，要我坐在哪裡都沒有關係。」筆者一聽他們這樣的回答，就開始為他們公司的內部擺設，配合室內動線及夫妻兩人八字命盤五行喜用之方位而為重新的規劃，其重新擺設後的室內堪輿格局詳左圖三。

圖三：房屋仲介公司在筆者為堪輿後的室內擺設套上「九宮挨星」（即陽宅磁場）圖

◎壬山丙向、下元七運、週天345度、下卦

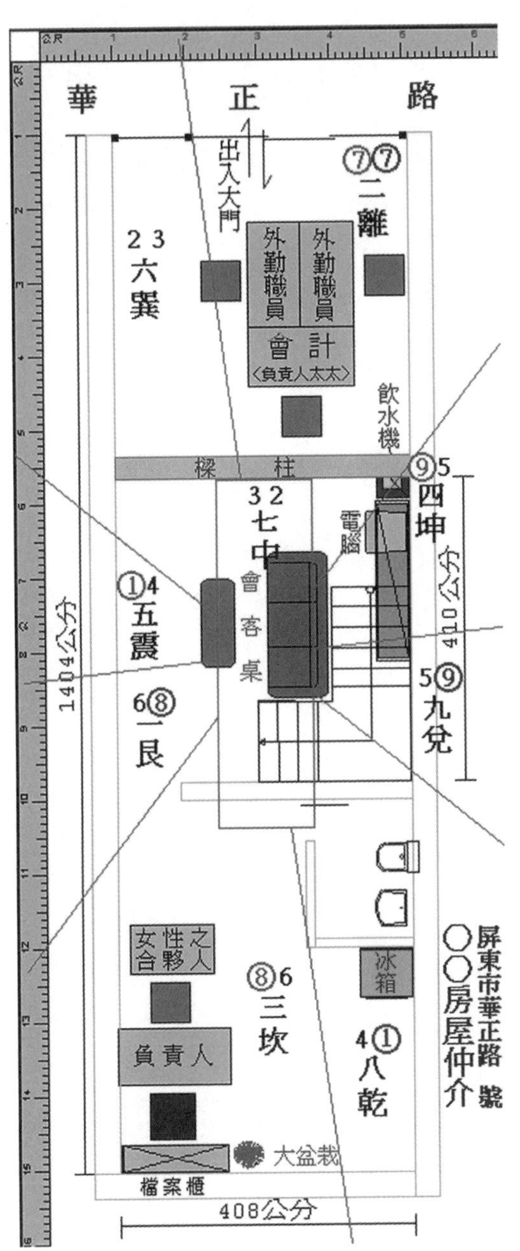

以上是筆者就公司陽宅堪輿所為的論述，接著再來論述他們夫妻的八字。在民國91年二月初的一天晚上，他太太從屏東撥電話給筆者說：「林老師，很謝謝你幫我們公司做陽宅的堪輿，現在公司在簽約案件方面已經是非常的順暢與如意，像前兩天我先生和另外一個業務員又各自簽了一個案件，獲利也不錯，只是有關錢財的守成還不是那麼如意。我今天要談的不是陽宅的事情，而是我現在又碰到其他的困難了，想再請你幫個忙。」筆者愣了一下，即問說：「你們家及公司的陽宅不是在兩個多月前已經堪輿完，況且現在案件的簽約與獲利也不錯，那還會有甚麼問題呢？」她說：「不瞞你說，在民國81年我跟我先生要結婚的時候，我媽媽有拿我們的出生八字到台南給一位命理老師看結婚日，結果那一位老師對我媽媽說我先生在37歲（實歲）以後會犯桃花，叫我媽媽到時候要我們夫妻兩人或是拿我們的衣服到他那邊去祭桃花煞。今年我先生實歲剛好進入37歲，前幾天我媽媽一直催我拿我們夫妻的衣服給她，因為她住在台南，所以她要幫我們拿衣服到那位老師處去祭桃花煞。」她停了一下又說：「老師，我很相信你在命理、堪輿等方面的實力與分析，今天想請你再幫我們夫妻算個八字命，如果我先生真的有犯桃花的話，那我就請我媽媽幫忙到台南那位老師處去祭掉我先生命中所犯的桃花煞；如果沒有的話，我就不要花這一筆錢了。」

筆者聽到這裡隨即問說：「台南那一位老師說要祭桃花煞，是不是有跟你媽媽說要花費好幾萬元？」她說：「有耶，而且還很貴，台南那位老師跟我媽媽說祭桃花煞的費用要新台幣三萬六仟元呢。老師，你說我現在該怎麼辦才好？」筆者跟她說：「妳先不要答應妳媽媽要祭桃花煞的事情，看你們夫妻甚麼時候有空到我家來，我再跟你們詳細論述你們夫妻八字命盤的架構，好讓你們不要去花費這一筆的冤枉錢。」她回說：「我不會讓我先生知道這一件事情，我可能是自己一個人或是跟我媽媽一起到老師你家，順便了解一下我們夫妻將來的事業運會如何。」

就筆者而言，是完全不相信那種假借神明之力量並以術法之方式，針對一個人與生俱來的八字命理所為的改運、補運、祭煞……等事，那根本是無效且騙人的一種江湖術士利用人性弱點，所為的賺錢之行為。

筆者一直認為藉助神明之力量而為術法之事，所能夠產生效果的應該是用在一個人沖犯了陰間的好兄弟之類的事，也就是以無形神明之力量去醫治受無形鬼魂之侵犯，因而所產生的疾病或其他不順遂之事。至於一個人與生帶來的八字命格，根本無法靠那些江湖術士藉助術法之事去做任何改變的，因為神明們都不能改變祂們自身的天運了，那祂們又有何能力去改變人世間凡人的八字命格呢？一個人的八字命格能夠大改造的首推行善積德，其次則是陰、陽宅堪輿的力量，而且這些行事作為也是要歷經很長的一段時日，才能夠顯現改造八字命格的力量，那有可能單憑一個短暫性的術法之方式，就能夠改造一個人的八字命格，那根本是騙人且無效的江湖術士之行為。

就先生（乾造）的八字命局來看，日主元神算是身旺的情形，五行中以金為最主要用神，水與木則為次要用神，火與燥土則為忌神，濕土則為閒神。就男命而言，財星除了為現實生活上的金錢、物質享樂…等之含意外，又是男命的異性星、妻星，他的命局中月干偏財通根於時支正財，這是明現出來的財星，另外又有一個暗藏在日支丑土中的癸水偏財星。依八字命局中四柱所代表的含意，這個日柱中的日支又為夫妻宮的代表，為男命之太太居住的地方、女命之先生棲身之地。

他的夫妻宮中又暗藏財星，因此夫妻宮不僅是太太居住之地，也是太太本人的含意，而財星又是他命局的喜用神，所以可說太太對他的事業會有不少的助力。然而命盤中的夫妻宮卻與月支未土相沖，這個未土為燥土、為比肩星，不幸的是比肩與比劫星又是財星的剋星，今夫妻宮中見財星暗藏於比肩星中已是不祥之兆，此時又見丑未相沖，未中的己土得丁火之生助而來強力剋損丑中癸水財星，變成兩土剋一水，這些在在都顯示太太一方面雖對他的事業有相當大的幫助，但另一方面也代表著太太不是身體不健康、毛病多多，不然就是夫妻兩人在家理爭吵的機會很多。

現在再來看太太（坤造）的八字命局，很明顯的是一個日主元神過於旺盛且又偏於燥熱、木火炎盛的情形，四柱干支中完全不見水星，而生水之源頭的金星也呈現氣息衰弱的情形，這種架構就是所謂的過於偏枯之命局。

一般而言，八字命局過於偏枯之人，與生都會帶有一個嚴重的宿疾，一生中若再不見大運相助的話，那這個人若不是生活過得很困苦、一生顛沛阻逆不斷的話，就是常見宿疾纏身、體弱多病，亦或是會有不壽而早逝的情形。

她的命局中年干透出己土比肩星且通根於時支戌土比劫星，而這個比肩、比劫星除了為劫財（乃是破財、損財之意）的象徵之外，又代表著劫人的含意，而所謂的「劫人」，在工作事業上乃是爭奪權位、官階的程咬金，在夫妻婚姻上則是破壞婚姻的第三者。雖然她時干的甲木正官星可以剋制時支戌土的比劫星，但因甲木與日主己土成五合，而變為貪合忘剋的情形，戌土也得以存活下來，這種情形也可以說夫妻感情好，但卻隱藏著婚姻感情上的危機。

他們夫妻八字命局的架構，都有一個巧合的地方，先生的八字在時支出現一個偏財星、異性星、妻星，太太的八字卻在時支出現一個比劫星、破壞婚姻之星，而時支依照四柱各自管轄年限而言，應代表晚年的管轄時期，也就是先賢所說的從49歲以後的管轄年限，因此從夫妻倆的命盤來看，在49歲以後應會有婚姻上的危機。

現今我們另外各自再從他們一生的大運觀之，先生在45～49歲運行卯木大運，卯木與命局中的月支未土、時支亥水三合成木局、官星局，此木局又會強力的去剋損日支的丑土，也就是說妻宮會遭受強力的破壞。另外，他們夫妻兩人的年歲又差四歲，太太在41歲～45歲運行午火大運，午火與命局的月支寅木、時支戌土三合成火局，她的命局本來已經是木火炎盛、火炎土燥的情形，此時又見大運與命局三合成火局，更增加她命局偏枯的情形，元理賦說：「五行不可太過，八字須得中和。」真寶賦說：「木火盛衰不勻，功名蹭蹬而夭折無疑。」

由夫妻兩八字命盤之架構及大運的運行來看，在民國98年起就會產生危機，而這種危機並不是外遇、第三者闖入的危機，而是太太的身體會遭受重疾纏身的危機，嚴重的話恐會有生命危險之憂，因此筆者除了跟她論述他們夫妻的事業運之外，也跟她說：「從八字命盤來看，妳除了肝火大、喝水量大之外，身體上的疾病則有腰背僵硬、泌尿系統及婦女病。」她說：「沒有錯，這些毛病都有，但目前最嚴重的則是婦女病，前幾天才去開刀動婦女病的手術。」她繼續問說：「老師，我先生會不會如台南那一位老師所說的今年起會犯桃花，我要不要拿我跟我先生的衣服去祭桃花煞呢？」筆者說：「沒有這一回事，不要相信甚麼祭煞之類的事，那是花錢又消不了災，也是江湖術士要向客戶賺取錢財的說詞，若真要祭桃花煞的話，可以到廟宇去做祭煞之事，反正都是在做祭桃花煞的事情，但是廟宇祭煞的費用則是隨信徒自己添香油錢的，縱使無效，也可以當做是捐款給廟宇去做善事之用。」

雖然從他們夫妻的八字來看，要在98年起才會有婚姻上的危機，但是民國95年為丙戌年、38歲，為太陽火與燥土的流年，這一年的天干與地支都是她命局的最大忌用神，也是導致98年、41歲之疾病纏身的因果年，所以38歲這一年本人的行為處事除了要退居幕後之外，也要將身體調養好，以免種下疾病纏身之因，而導致41歲午火大運之不良的後果。另外他先生命盤的月、日支本已經是丑未相沖的情形，這一年的戌土又與命局形成丑戌未三刑又沖的狀態，再一次對妻宮中的癸水財星造成嚴重的傷害，因此筆者又說：「妳現在最要注意的事情就是先調養好自身的身體，尤其是在平常的時候就要多飲用清涼退火的涼品，可以的話應多服用中藥方面有關清涼退火、滋陰補腎的藥物，絕對不要服用熱補性的食物或補品。還有在民國95年這一年，更應該加強身體方面的調養，因為從41歲以後的大運就不是好的運勢，對妳的身體會產生加重原本病情的負面影響。

平時除了多服用清涼退火之涼品、中藥外，也應多去幫忙先生的事業、多往外跑，夫妻兩多利用空閒時間共同去參與親水性的活動，不要老是待在家裡，相信靠後天陽宅的堪輿改造與人為積極的努力，妳應該可以度過這五年的困逆大運。」

筆者雖然沒有跟她說41歲~45歲這五年對身體會造成如何嚴重的衝擊，但也建議她到台南市的「天公廟」去祈求逢凶化吉之願，至於效果如何則端看她的造化了。筆者送她們母女出大門後，也虔心的祝福她能安度這困頓的午火、五年之逆運。

實例㉗ 成也朋友、敗也朋友

◎**乾造：**50年2月3日戌時 建生。
4歲又80日上運，每逢乙庚年4月23日交脫大運。

比肩	辛	丑	偏印	隔角．
比肩	辛	卯	偏財	災煞．將星．寡宿．
日主	辛	亥	傷官	金輿．天狗．
正印	戊	戌	正印	寡宿．

5～9	庚寅	10～14
15～19	己丑	20～24
25～29	戊子	30～34
35～39	丁亥	40～44

窮通寶鑑說：「二月辛金，陽氣發於外，壬水為尊，見戊己便為辛病，有甲木制之，辛金不致埋沒、壬水不致混濁，用神之清，如病得藥。合此清高雅秀，翰林相位可

期。」先賢徐樂吾就此段話評註說：「辛金氣本衰弱，生正、二月，時值休囚，見土多則埋，身雖弱不能用印；柔弱之質，最怕洪爐，辛雖多不能用官煞。惟有庚金劫助、壬水洩之，最為上格；金水成格，最忌戊己。金聲玉振賦說：『金水固聰明，有土反成頑儒。』蓋以土能埋金、濁壬故也，得甲木為去病之藥，便成貴格。」

右述先賢徐樂吾的註語，用在以前封建社會凡事以科舉功名為首要的年代裡，算是頗為切當的論述；但在現今多元且複雜的二十一世紀時代，要將本例的命局套用先賢徐樂吾的論述，恐怕會與時代脫節，甚至於會讓當事人在事業上產生很大的錢財損失。

由於現今的社會裡，可說是行行出狀元，並不像封建時代的社會，完全是以讀書並求取科舉功名為出人頭地的唯一出路。因此現今社會的職業也可說是五花八門，除了就職為朝九晚五的薪水階級人員外，經商創業也是走向成功致富的另一條路徑，尤其是在今日標榜地球村、國際社會的科學時代裡，經商創業甚且是一條通往世界首富的康莊大道，但是創業的成功與否，則是人人有希望，但人人沒把握，而且到結果是每一個人事業的成功或失敗，也是參差不齊、賺賠都有，有其成功者，也有其失敗者。

談到經商創業，一定是與金錢脫離不了關係，而這事業之經營有關金錢的賺或賠，就一個人的八字命理而言，最有直接影響力的則首推正、偏官星與比肩、比劫星，而這官星與比肩、比劫星在命局中之為喜用神或為忌用神，完全看這個命局的架構而定。命局若為正格且是日主身強的話，則以官星為喜用神，以比肩、比劫星為忌用神；若是日主身弱的格局，則當然的是以比肩、比劫星為喜用神，以正、偏官星為忌用神。

本例的日主辛金生於卯木的二月節令，其餘的四柱干支中見兩辛金、一丑庫及戊戌燥土等生助、幫比日主元神之五行，所以這是一個日主元神非常旺盛的偏財格局，以月支的卯木偏財星及日支的亥水傷官星為喜用神，以土、金之正、偏印星及比肩、比劫星為忌用神，至於火之正、偏官星則為閒神，也就是說無所謂好壞的用神。

比肩與比劫星就命局之喜、忌用神而言，雖然都是為幫身分財或是損友破財之含意，但在現實生活上還是有其差異性，今略述於後：

1、比肩星—

◎喜用：對朋友真心交往，很重視朋友之間的情誼，不喜歡侵犯別人，也不喜歡受人侵犯；自主性與操控力強，凡事都喜歡在自己的掌控之下及依照他的意思、他的觀念去實現、去完成。個性開朗活潑，具有劍及履及與實事求是的精神，任何事情一經審慎規劃之後，即會全力以赴，絕不拖泥帶水，也不會自不量力的去從事逾越本份與本身能力之事；常會幫助兄弟姊姊、朋友，同理，也常得到他們的幫助，屬於「合則兩利、分則兩弊」的類型。

◎忌用：個性固執，對自己又過於自信、過於膨脹，無法接受別人的意見，到頭來總是以碰壁、損財為結局之場面。平時交友雖然廣闊，大家且都稱兄道弟，然而好、壞朋友都有，有幫助，也有拖累，平時雖有助力，但將來遭逢逆運時，也是最先受到這些朋友之累而拖垮。對金錢看得很薄，沒有儲蓄、理財的觀念，賺多少、花多少，係一及時享樂主義之人；對女性不善於表達感情，也不懂得憐香惜玉，有強烈的大男人主義。

2、比劫星──

◎喜用：本人膽識過人、脾氣剛硬，為完成使命，即使需要赴湯蹈火也在所不惜，能達成別人所無法達成的目標；有著擇善固執的堅持，只要著手執行任務，不管逢遇多大困境，絕不輕言退縮；行事講求效率，劍及履及、說做就做，討厭那些拖拖拉拉屬慢郎中型的人物。凡事秉持著互相尊重的理念，他會尊重別人，同樣也喜歡獲得別人的尊重；自尊心很強、不服輸，故不輕易向人低頭，拉不下身段又怕遭受別人之拒絕，此外又有強烈的大男人主義，不會甜言蜜語，所以在追女朋友、談感情方面總是比較吃虧

◎忌用：月刃為忌神者：本人會非常的頑固、難以溝通，凡事都自以為是，認為自己最強、最棒，別人總是有缺點、能力不足，故而對別人產生不信任感，且又因溝通不良，所以與人相處一段時日後，即很容易發生摩擦，易招惹不必要的口舌是非，也容易遭人排擠，故而很難融入團體生活。

就朋友之交往以利害關係為優先考量點，一生難以交到知心的朋友；要不就是所結交之朋友盡是酒肉損友，整天成群結黨、四處游盪，一遇有阻逆、不如意之事，即以暴力相向，這也是典型的黑道幫派人物之代表。就錢財之賺取與儲存能力非常薄弱，一生會有數次受損友之拖累而有大破財的情形發生，所有的積蓄並隨之化成泡影。

在就職任事上，每一逢遇有升遷之機運時，必會殺出一個「程咬金」將其可得之官職搶去，此比劫星尤以現於月干並通根於地支最為明顯。婚

前會有一、二次的感情挫折，以晚婚最好；早婚的話，有強烈的大男人主義，故婚後對太太不懂體貼、不會甜言蜜語，容易有家庭婚姻暴力的情形發生，太太在不堪忍受長期受暴虐、受傷害的環境下，不是演出婚外情的行為、就是夫妻離異的結果。

由右述可知，比肩與比劫星雖都具有同輩與交朋友之含意，但就朋友間交往的情形則有截然不同的表現方式。命局帶比肩星之人則是很重視朋友間交往的情誼，不會去破壞朋友間已經建立起來的感情，與朋友彼此間也都頗趣味相投，並也是真心誠意的相處與幫助；至於帶比劫星之人雖也喜歡交朋友，但與朋友間的交往則是好惡極端分明，認為是值得交往的朋友，則會為朋友兩肋插刀而在所不惜，若認為是不值得交往之人，則是一輩子不相往來都沒有關係，即使兩人住在隔壁或樓上、樓下也是一樣。唯比肩與比劫星的相同點則是若都為命局忌用神的話，到最後都會受到朋友的拖累而虧損累累。

此造命局的年、月干都出現比肩星，與日主共同通根於年支丑土金庫中的辛金，所以說與朋友間的情誼可說是只能以「大家都同穿一條褲」來形容；此外，月干比肩星坐下的月支為卯木之偏財星，也就是說偏財星遭逢月干的比肩星直接剋制，又受年支丑庫中的比肩星近剋。像這種命盤的架構，一生事業可說是會得力於朋友間的大力相助而創業有成、獲利豐厚，但也會受到好朋友的拖累影響而損失不眥。

在民國63、64年的14、15歲時的流年為甲寅、乙卯年，都是財星流年，因此他這兩年很貪玩、書讀不下；65年、16歲的丙辰年，由於丙火官星的約束與榮譽心的影響，從這一年起就有想要認真讀書的念頭，但因辰中帶有乙木偏財星之故，因此認真讀書的心態還沒有完全建立起來，直到66年、17歲的丁巳年，由於丁巳都為命局的官星，因此有真正收心、想要讀書的心態，他也是從這一年才開始建立起來，而這一年剛好是讀高一之時。

讀高中時的大運為己土—濕泥之土的大運，並不是喜用的大運，再加上高中畢業那一年民國69年的流年為庚申、比劫星之忌用流年，因此沒有考上大學聯考，在該年的下半年即入伍當兵去了。當兵期間的69、70年由於都是非常忌諱的流年，他因常替同袍打抱不平而與長官發生頂撞衝突之事，也因此而經常被關禁閉，結果是兵期從三年延長到四年，到73年的下半年才退伍。

他在民國73年底謀得目前在台灣頗為有名的「吳神父腳底按摩」的工作，民國74、75年這兩年為乙丑、丙寅的財官星喜用流年，因此在工作上雖偶而受到老闆的苛責，但本身的技術卻精進不少，獲利也可說是甚為滿意。民國77年為丁卯年，為偏官、偏財的喜用流年，由於受到偏官之想當主管、負責人及偏財想要賺大錢等心態的影響，而在原任職的地方又無法滿足這種流年入命所造成心性上轉變的影響，因此在該年辭去了工作，孑然一身的到中國大陸去開創自己的事業。

在中國大陸開創「腳底按摩」事業後，歷經民國77～80年等四年喜用的流年，另外又因他喜歡交朋友、廣結善緣，所以這四年間事業的經營除了自身努力不懈之外，也多得力於朋友與客戶的幫助、介紹，因此事業上的獲利也僅能以豐厚來形容而已。唯其中的民國79、80年為庚午、辛未年，在中國大陸所經營的事業雖然賺錢，但因庚、辛金為比肩、比劫星，為損友、破財之星，因此這兩年受到損友的鼓吹，另外從事電玩類等賭博性的投機事業，結果卻是虧損了不少錢。

民國81年初雖然結束了賭博性的投機事業，但因79、80兩年起已漸漸的疏忽了賺錢的「腳底按摩」事業之照顧，所以等到81年再回頭來要認真經營「腳底按摩」之事業時，由於81、82年的流年為壬申、癸酉等金、水之忌用神的流年，又是命局中的金神煞、五鬼煞等惡曜之神煞，在這種有形的人為因素及無形忌用流年的影響之下，這兩年事業之經營，同樣的僅能以慘澹經營來形容，生活上幾乎都是靠吃老本在過活。

民國83年初因在大陸已經無法再經營下去，不得已結束那一邊的事業並再次孑然一身的打道回府─回到台灣來。回到台灣後一樣從事「腳底按摩」的事業，民國83～86年的四年期間事業上的獲利，則是名大於利的情形。87、88年為戊寅、己卯年，雖然寅、卯木為財星之喜用年，但因為戊、己土之印星為命局的忌用神，會讓他有錯誤的判斷、勞多獲少、有苦難言、有志難伸……等的情形。民國87年，他不曉得是那一根筋又不對勁，竟然又與人合夥經營事業，由對方出資本，他出技術與經驗，將原先的「腳底按摩」事業再為擴充；但因合夥人只想利用與學得他的技術與經驗，並沒有很用心的在經營事業，所以這兩年的獲利也是僅能維持溫飽而已，然而他卻是非常的累、有苦難言。

這一段的合夥事業維持到89年的農曆七月即拆夥，從那時候起他就處於失業狀態，一直閒賦在家吃老本。到民國90年國曆12月，他經朋友介紹到筆者服務處推算八字命局，想要了解自己人生的事業之經營，為甚麼會有這麼大的起伏落差。筆者聽他敘述以前事業經營的大略情形後，即告訴他說：「你事業經營的最大敗筆之處就是跟人共同合夥，因為比肩、比劫星你命局中的忌用神，而這比肩、比劫星則是朋友、同輩、損財之友人…等含意。所以將來要再次經營事業的話，就絕對要為獨資事業之經營，絕對不要與人合夥。除此之外，未來每一年流年吉凶好壞也要注意，以做為事業經營的參考，這樣子才能有一個長久且穩定的事業，獲利也會更為穩固。」

筆者又說：「就你未來幾年的流年來看，明年農曆的1、2、5月等幾個月份，是一個非常好的創業時機點。另外，就你將來的大運來看，已經是進入賺錢的大運了，因此要好好的把握這賺錢的好時機，但是再一次的跟你提醒，絕對不要與人共同為合夥事業之經營。」

他果然接受筆者的建議，在民國91年國曆3月又經營起「腳底按摩」之事業，與太太（為黑龍江省人，兩人在民國88年結婚）共同為事業之經營，並請筆者幫他選取事業經營的名稱。

實例㉘ 剖腹生產的人造八字

◎坤造：89年7月24日巳時 建生。

5歲又100日上運，每逢乙庚年11月4日交脫大運。

正印	庚	辰	正官	
傷官	甲	申	正印	五鬼・亡神・
日主	癸	丑	偏官	金神・天德貴人・
偏財	丁	巳	正財	天乙貴人・天財・

6～10	癸未	11～15
16～20	壬午	21～25
26～30	辛巳	31～35
36～40	庚辰	41～45

這是一位選擇所謂「良辰吉日」為剖腹生產的女娃，然而卻是一個因長輩聽信江湖術士言語之下的一個活生生的「犧牲品」。

為什麼筆者會說這個女娃會是一個「犧牲品」呢？因為既然是經過特別挑選的所謂「良辰吉日」而為剖腹生產的八字命局，那照理而言應該會是一位在各方面都會有相當良好表現情形的人，然而她卻不是這樣子。她在一歲多的時後，讓父母親發現怎麼對生活周遭的聲音都不會產生任何反應，經帶往醫院去檢查，才發現耳朵聽力已受損而有聽力障礙的情形，將來長大需要靠助聽器才得以聽到外在世界的聲音。經過父母親與醫師討論、研判的結果，可能是這個女娃在出生3個月的時候曾經得過一場發高燒的重病，那時候醫師也沒有注意到有引發中耳炎的毛病，以致延誤治療而導致目前有嚴重聽力障礙的病症。

「聽力障礙」這種病症，就身體之疾病而言，已可說是屬於「重度病症」的病情。她的父母親都任職於電子科技資訊公司，也可以說都屬於知識份子，只因為祖母聽信江湖術士的言語而選擇所謂「良辰吉日」為剖腹生產將她生出來，然而結果不僅是她一輩子的痛，也是為人父母終身的遺憾與不捨，甚至於可以說是家庭中一種長期且為物質上有形、心靈上無形的負擔。

事實上筆者並不反對剖腹生產的生育方式，而且不管是自然生產或剖腹生產所生的嬰兒，其出生八字對一個人一生的吉凶否泰之影響，都是一樣的，並不會說剖腹生產的出生八字就有甚麼特別的不同；然而，筆者所反對的則是聽信江湖術士之言語，而特別挑選所謂的「吉日良時」之時間為剖腹生產，因為這是一種「逆天理」的行為。

江湖術士常會說：「與其要冒險生一個不知出生八字命局好壞的子女，不如挑選一個八字命局好的時辰而用剖腹生產的方式來生育子女…」等的言語，來鼓勵社會大眾去挑選「吉日良時」之時間而為剖腹生產，並藉此賺取費用。

江湖術士為了自己的私利、為了賺錢，而編出這種似是而非的說詞，這不僅是一種會害人，並且也會害己的一種逆天理的說詞。因為天道之運行是公平的，我們平常會聽到且也常卦在嘴邊的一句話：「福地福人居」，這句話顧名思義很明顯的可以知道，唯有福氣的人才能獲得好的福地去居住。

相同的道理，「福子還是要福人得」，一對夫妻如果平日都能行善積德、存有福心，那還怕不會生出一個品性善良、課業優良的好孩子嗎？反之，一對夫妻若是不存善心，經常做出有害社會公平正義、善良風俗之事，即使他們真如用江湖術士之言語，特別挑選所謂的「吉日良時」而為剖腹生產並獲得子女，試想，天理會允許這樣子的行為嗎？到結果不是子女、就是家長，一定會發生令家人終生遺憾的事情出來，譬如疾病、意外災害、不壽……等。

此女娃的八字命局與前面第十八例「自閉症與中耳炎」範例之八字命局頗為相似，兩造的命局都是申金當令，且命局又都是偏於寒凍的「金、水、凍土」之五行旺盛。命局偏於寒凍之人，除了因火氣不足、氣機不流暢，以致本人會比較不喜活動之外，在身體方面也比較容易有感冒、發高燒的症狀，尤其是在屬於冬天季節的亥、子、丑三個月令更為明顯。

今就此女娃的四柱來看，在年、月、日的前三柱都為「金、水、凍土」之偏於寒冷屬性的五行，雖在月干見一甲木，然而此甲木在七月的申金月令為「絕」的氣勢，且甲木坐下為申金、為「截腳煞」的架構，在年干又見庚金緊臨相剋，這正如五行生剋賦所說：「活木忌埋根之鐵」的隱伏危機；此外在地支又完全不見甲木的根氣—寅、卯木，因此這是一個水旺、金盛而木飄浮的命局。像這樣子的八字命局，不僅是甲木難以生存，甚至於乙木同樣是難以有立足之地的。

命局過於寒凍，就須見到強旺的火勢來暖局，而本命局最重要的喜用神「丁巳」火，卻出現在最末尾的時柱，像這樣子的架構就不幸事情的發生而言，可說都是屬於事後彌補、收拾殘局的情形，而這樣子的結果必定都會有令人遺憾的事情發生。

她命局的天干出現「庚、甲、丁」的情形，如果單就天干的架構來看，而不論及地支的架構而言，這是一種非常好的命局架構。

先賢的命學名著窮通寶鑑說：「七月甲木堪為戟，然非丁不能造庚；丁庚兩透，科甲可許。」近賢徐樂吾就其所著的造化元鑰一書就此段論述的註解為：「秋木為成器之木，得金則為畫戟；非丁不能造庚、非庚不能造甲，丁庚並透，為甲木之配合，乃成大器。用庚用丁詳下文，即用庚金，不能無丁火為配合也。」

窮通寶鑑又說：「或庚透無丁，一富而已。主為人操心太重，不能坐享；或丁透庚藏，亦主青衿小富；或庚多無丁，殘疾病人，若為僧道，災厄可免。」造化元鑰的註解為：「此言用庚，不能無丁的配合，雖煞印相生，運宜金水，而無丁，金不成器，不過一富而已；且煞旺必主勞祿，不能坐享。丁透庚藏，庚煞之用不顯，然月令庚金當旺，得丁相制，亦主青衿小富。甲木至申，休囚無氣，如庚多（支成金局、干多庚辛之類）而無丁火相制，則木被金傷，必致殘疾，乃艱苦之命。」

此女娃命局的天干都見「庚、甲、丁」的透出，依照窮通寶鑑的論述，理應是一個科甲功名之人，然而結果卻為何會在出生後三個月，卻因高燒而導致聽障的重度殘疾之病呢？這時候我們再來看她的八字命局與大運的架構。她的日主元神為「癸水」，癸水又都通根於地支中「辰、丑」中的癸水，及「申」中的壬水，也可以說她命局中的水氣非常的旺盛。此癸水不僅近貼時干的丁火，對丁火造成直接又無情的剋害，且地支「辰、丑、申」中的癸、壬水也對時支的「巳」火造成直接又無情的剋害。由此可知，她命局中不僅甲、乙木難以生存，就連丁、巳火也是屬於苟延殘喘的氣息。

命局與生所帶來之木、火氣勢既然已經呈現非常薄弱的情形，這時候唯有依靠大運的相助，才得以彌補先天命局中的缺憾。然而再從她的一生大運來看，當在未進入大運之前，則由每一年的流年與命局的八字干支產生刑沖合會等生剋制化的情形，這也難怪她會在出生後的三個月，也就是農曆的十月—亥水月令（亥水又對時支的巳火產生直接且無情的剋害），因高燒引發中耳炎，並且又因醫師的失誤而導致聽力障礙之重度疾病的發生。

就西醫解剖學的學理而言，中耳炎可分為「急性中耳炎」及「慢性中耳炎」兩種。其中的「急性中耳炎」以年齡介於3個月～3歲之間的幼童為常發生的疾病。3歲以下的幼童由於耳朵中「歐氏管」的構造（詳P.229）較短、較寬，因此鼻咽部的細菌容易經由歐氏管進入中耳腔，而導致中耳腔黏膜發生急性的細菌性感染，並且通常會兩耳一起受到感染。

小孩子得了「急性中耳炎」的症狀，除了有感冒等上呼吸道感染的症狀之外，發燒、耳痛、聽力變差、嘔吐、腹瀉及無法安睡、夜間特別會哭鬧等，也是病症的徵兆。在症狀的初期，耳膜看起來有發炎、發紅的樣子，到了較末期，耳膜就呈現暗紅色且會鼓脹起來，嚴重的話還會造成耳膜破裂並且流出大量的黏稠膿汁。一旦因發燒而感染急性中耳炎的病症，若不即時確認並給予適當治療的話，將會引發嚴重的併發症如慢性中耳炎、聽力喪失、腦膜炎、腦膿瘍及面部痲痺等的病症。

在耳鼻喉科的透視鏡儀器診斷之下，可看出早期的急性中耳炎，其耳膜有不同程度的血管擴張、充血，甚至腫脹，或可看出中耳腔內有水或膿狀分泌物的存在。

當病症處於早期的發炎症狀而尚未到中耳腔有積膿的程度時，其最重要的治標方式（症狀治療）是休息、鎮靜、止痛及敷熱；在必要時才由醫師指示服用各類鎮定靜劑、止痛藥，或點鼻液及點耳液之外用藥劑。這時鼻子的局部治療使其不阻塞鼻子，並進而暢通了歐式管，使耳朵兩邊的壓力平衡，以便能自然地將中耳內的膿汁或黏液排出來，其效果會遠勝於止痛劑的服用。這是因為中耳腔內的分泌物排出之後，自然就可以解決耳痛或使發燒退下來。

如果急性中耳炎已經嚴重到有積膿在中耳腔的程度時，這時候所見的鼓膜已經非常的腫脹，並且已沒有消腫的可能，而病人的耳朵會有嚴重的疼痛情形，此時就要進行耳膜切開的手術，以便讓膿液流出且減輕耳朵的疼痛，在此同時也要將膿液清除乾淨，如此病症治癒的療程才會縮短。但如果是耳膜已經破裂的話，就要經常清除耳道的流出物並給予適當的抗生素，而抗生素的治療至少要十到十四天才得以治癒。

大部分的兒童經此治療後都可以完全恢復，破裂的耳膜也會癒合，而聽力也會恢復正常；但也有病情較為嚴重且又延遲治療的情形，這時候就會造成破裂的耳膜無法癒合而發生持續性流膿及聽力喪失，這種症狀就稱為「慢性化膿型中耳炎」。

就中醫學理及八字命理學有關中耳炎的病情發生，已論述於前面第十八例「自閉症與中耳炎」的範例中，因此筆者在此就不再贅述。

此女娃的命局由於金氣過旺，且又偏於寒凍的情形，因此甲、乙木很難以有生存、立足之地，而甲木在人的身體上可為頭部、腦細胞元、痙攣、膽囊、細胞、鬍鬚、頭髮等的表徵，而乙木則可為肝臟、神經系統、毛髮、筋脈、手指、暈眩等的表徵。

其次她命局中水的氣勢也非常的旺盛，以致時柱丁巳火的力量也相對的呈現薄弱之情形，而丁火在人的身體上可為心臟、熱能、意識、知覺、腦髓、結核…等的表徵，而巳火則可為腸胃、肋骨…等的表徵。

因此就所有跟此女娃同一個時辰出生的女嬰兒，也就是說跟這一個女娃同一個八字命局的女嬰兒而言，在嬰幼兒時期如果疏於身體感冒、高燒的治療與照顧的話，除了有可能如此例因中耳炎而導致聽力障礙的重症疾病之外，也有可能會因高燒之疾病而導致「腦性麻痺」的重症疾病，譬如筆者的另外一個男嬰的客戶，其八字命局如左：

◎**乾造：**86年12月26日亥時 建生。

6歲又120日上運，每逢甲己年4月26日交脫大運。

偏官　丁　丑　偏印　金鎖・深水・浴盆・　8～12　壬子　13～17

食神　癸　丑　偏印　五鬼・撞命・

日主　辛　未　偏印　水火・

偏印　己　亥　傷官　雞飛・鬼門・將軍・

此男嬰是從虛8歲才開始上大運，在未為上大運之前則是以自身八字命局與流年的干支，所產生的生剋制化而為吉凶否泰的情形。從他的命局也可看出在年、月柱的地支有兩個丑土─寒凍之土，此丑土又為金庫之意，在時柱的地支又見一個亥水；命局中唯一透出年干的丁火雖通根於日支未土中暗藏的丁火，然而一個未土被兩個丑土沖剋，未中丁火又被亥中壬水剋合，此外年干的丁火又自坐於丑庫之中，丑庫中又暗藏癸水，也可說年柱「丁丑」之構造，就丁火而言是一種截腳煞的情形。由此可知，此男嬰命局中火氣的力量也是呈現氣息尚存、薄如游絲的情形。

此男嬰的父母親原是公司同事，也都任職於資訊研發公司，也是聽信江湖術士之言詞去挑選所謂的「吉日良時」而為剖腹生產以生下此男嬰。然而不幸的是此男嬰在出生半年後，也是因感冒、高燒而生了一場大病，結果這一場大病卻將他的腦細胞燒壞了，因此導致「腦性痲痺」的重症，經過父母親的四處求醫治療也是無法治癒，到民國89年、庚辰年時更因為肌肉有萎縮的情形而開始為復健的治療。他的母親為了照顧他而將一份原本待遇甚為優渥的工作辭掉，以便能全心全力的照顧心肝寶貝，父親則是許願的三餐吃全齋看能否將愛子的疾病治癒。

俗語有句話說：「養兒方知父母恩。」也就是唯有自己當了父母親之後，才會深深體會到父母與子女間的那一份無法割捨的親情，也才會了解到父母對子女那一種無怨無悔的付出。相對的也可以感受到子女是自己身上的一塊肉、自己的心肝寶貝。每一個為人父母者都希望自己的子女過得好、希望他們受到很好的照顧，若看到自己的子女受到傷害時，自己的心一定是不捨與難過的；但若又是看到子女由於外在因素而一輩子要受到折磨時，那父母親的心也只能用有如刀割般的來形容了，那一種痛苦應該也是外人所無法去體會與想像的。

筆者在此也希望所有的命學從業人員，不要為了賺取些微的蠅頭小利，就鼓吹客戶去挑選所謂的「吉日良時」為剖腹生產，因為這是不道德且逆天理的行為，這結果不僅有可能會造成一個家庭終生遺憾事情的發生，對命學從業人員本身而言也是會損德的。

生活與命理談屑

在中國有關於命理的起源，相傳源自於黃帝軒轅氏的製作天干、地支，並將它組合成六十甲子，以做為建國的曆法，到了戰國時代的命理學家「珞璐子」之時，才將命理學漸次的推演開來。命理學沿襲到今日已有數千年之久而不衰，且也深植於我們的生活之中，在這期間人才輩出，也留下了相當多的命學名著經典，當然跟隨而來的，就有褒貶不一的評價。相信命理學的人，就會神其術之精準、驗斷如神，並且將它納為生活、事業上的一部分；不相信命理學的人，就會對它嗤之以鼻，並認為這是一門迷信的學問，毫無科學理論上的根據，甚至於讓人有怪力亂神的感覺而不足採信。

在今日衛星科學時代，及資訊氾濫爆炸的社會裡，凡事都需要講求有形的證據，且要經過科學事實驗證的結果，才能夠讓人信服並取信於社會大眾；唯獨命理學這一門學問，卻無法以有形事物去做科學的驗證，因為它所講求、探究的是一種無形的氣，也就是我們常說的磁場，它並就我們與生帶來的磁場、命，與我們在現實生活中所必須經歷的磁場、運，這兩者之間會產生甚麼樣的物理、化學變化，去做一個歸納、統計，並用以驗斷一個人一生的富貴貧賤、進退起伏及生老病死…等，種種事項。命理學可以說是中國國粹的一部分，它集合了歷代先賢的才學、見識及絞盡一輩子的腦汁，以哲學、物理學、統計學、歸納學等諸多學理而成就了一門偉大的學問。

命理學的學理與科學的學理可說是殊途同歸，因為它用來論斷人們一生中運勢的順逆起伏、人事的進退得失，就如同醫學上望聞問切等對病症的探究、氣象學上對氣象的預測、地質學上對地震的預測等，都是以科學上的分析與預測去做為人事物上的論斷。每一門學問都有它一定存在的價值，命理學也不例外，至於將它用以論斷人事物的準確與否，則取決於命理學家本人的學識與經驗之是否飽學、豐富，及涵養上、心術上的是否正氣無邪。

雖然不相信命理學的人，或許會說人可以專靠學問與才能去求取功名富貴，但是他們卻不知其學問與才能固然可以與時並進，而其間的窮通得失、起伏進退等，卻有免起鶻落、順逆交差而不一者；或是會說也可專靠資歷、經驗努力去經營事業，在商場上將可戰無不勝、攻無不克而立業揚名，但是他們卻不知，在這經過一番奮鬥創業的結果，只有少數的人能如願以償，其它的多數人卻要品嚐失敗的果實，如同我們常說的「成功的人，都是經過一番的努力；但是經過一番努力的人，卻未必會成功」。可見資歷、經驗未必就是萬靈丹；又或者也會說可以靠人事背景而進階富貴榮華，但是他們卻不知，時代的浪潮澎湃、瞬息萬變，往往不旋踵而此起彼伏，所謂的人事背景，也常有今日是河東、明日卻是河西的迥然不同情況，如同先賢所說「貧寒將盡，能令白屋出公卿；奢侈太過，反使朱門出餓殍。」的名言，如民國八十九年三月那一次的總統選舉，阿扁總統以一介平民出生，其背後並沒有顯赫的身世背景而當選中華民國第十屆的民選總統。

前面的論述，窮本溯源，無非在說明人們一生中的人事物，均導於命運的無形影響之因，而有窮通順逆之果。所以我們就一生事業的建立、榮華富貴的追尋，及社會身分地位的被肯定等，雖然當應盡其能力的去力爭上游、奮力圖取，但對命運的預知，如能有所認識，雖未能確知起伏之情事，但也可知曉未來順逆之趨勢，何時可勇往直前、何時須堅持保守，如此動靜得宜、趨吉避凶，才能失者輕而得者厚。

也許有人會認為這樣的觀點太過於宿命論，但是我們環顧周遭年事稍長、閱歷較深的長輩，當他們在回溯人事之起伏、運途之順逆時，總確信冥冥之中確實存在一個無法捉摸的數理，它是一股並非運用人力所能推移的磁場，在這磁場之中的每一個人所經歷的過程卻又不完全一樣。由於我們的地球是繞著太陽而運行，且因經緯度的不同，而會有出生時區的不同、出生地點的不同、出生環境的不同，所以為甚麼會有相同時辰出生的人，甚至於雙胞胎，卻會有不完全一樣的人生過程及結局，這是因為天生之命只能左右、影響一個人一生中運勢起伏的六、七成而已，而我們一生中要去奮發進取的，就是這後天環境因素的三、四成，其影響力也不可說不大，這也是筆者常跟客戶說的「知命、認命、用命、順命」之意。這話如何說？因我們今天既然已經知道自己一生命運的吉凶禍福等大概情況，也無法再從娘胎選一個吉日良時重新出生，所以我們只好認命，但在這認命的同時卻不能宿命，宿命是最可怕的；這時我們要去用命，而甚麼叫做用命，其實就是對目前及未來的人事物能夠明吉凶、知進退而已，在吉佳的運程裡，我們可以勇往直前、奮力一搏，在阻逆的運程裡，我們在事前就可以預作未雨綢繆的準備事宜，當退則退、當守則守，以期能將損害降至最低，並達到大事化小、小事化無的狀況；如此能夠知彼知己、知所進退，則當然可百戰而百勝了，如不然，則當一個大的損害已經發生而才要去亡羊補牢的話，總是會很痛苦的。既已用命之後，則當然的就只有順命囉，至於所謂順命，也就是盡人事、聽天命的意思。

命理學因它所研究探討的就是無形的氣、運、磁場，所以自古以來就給人有一種很玄又帶有神秘色彩的感覺，再加上一些心術不正、不學無術之人又將它神怪化，因此導致社會上時而會有宗教斂財、騙財騙色等，一粒老鼠屎壞了一鍋粥的遺憾事情發生，而讓人扼腕嘆息。

平心而論，現今社會上的行業可說是千百種，從業的人員也有千百類，上至達官顯要，下至販夫走卒，都充斥於各行業之間，其中的人員也各是良莠不齊，時而也會發生一粒老鼠屎壞了一鍋粥的遺憾事情，這之間只因命理學是以無形磁場為研究探討的對象，所以當有造成個人或社會傷害的事情發生時，就會被人認為是怪力亂神、迷信，而不足採信的一門學問。依筆者來看，這對命理學是個很不公平的看法，因命理學誠如筆者前面說的，是中國國粹的一部分，流傳至今已有數千年，又能歷久而不衰，自一定有它存在的道理與價值，因此當我們在面對命理的探究、預知時，應當拋開神秘的色彩，應以理性的心態、科學的方式、統計歸納的學理，並居於客觀的立場往心性、智能、教育、性向、潛能、個人專長、適配之行業、個人病理及目前環境態勢的因應處理、未來運勢的預知等方面去探討、剖析，這樣才是從業者及求問者間的一個客觀而良性的互動方式，而不過分的去執著、沉迷，以免造成反效果；因為世間之事如果信之太過、過於執著，反而會產生負面的影響，譬如中藥的人蔘、西藥的維他命，適量的服用，當可補身及美容養顏，但如果服用過量將會導致血壓過高、色素沉澱的反效果。

俗話常說的「人之所喜，常趨之；人之所惡，常避之。」在筆者從事命理行業的這些年來，經過統計會來登門求問的客戶，約有七成均是當前的生活環境發生了重大的變化，才會想要從命理上去探知人生的究竟，在當時客戶的心境可說是沉於谷底、六神無主、言聽計從的狀態，就當前所發生不如意的事情，只想趕快把它解決掉並遠離之，而有急病亂投醫的心態；此時客戶如果碰到的是一位正派的命學從業者，他會就客戶的當時運勢、發生事情及未來運勢，給客戶一個適度開導及多方面良性的建議，期望客戶不要再陷於泥沼之中，並能重新以開朗、健康的心情再出發；但如果很不幸碰到的是一位心術不正、不學無術的命學從業者，他就會利用客戶當時情境的人性弱點，向客戶誑稱需要改運、補運，或是要購買甚麼趨吉避凶之加持物，甚至於騙說客戶已經犯邪、中邪、鬼靈附身而需要為驅邪、除魔…等之事，這也就是為甚麼常會有我們認為不可思議的怪力亂神、騙財騙色的事件發生，而讓正派經營的命學從業者感到痛心疾首，並讓社會大眾垢病及不恥。

就改運、補運，及趨吉避凶之加持物之事，依筆者而言，不啻是癡人說夢話的在述說著一千零一個夜晚的故事一樣，根本產生不了任何的效果。命、運要如何改造，只有平常生活上行善積德、修身養性及配合居家或營業場所陽宅堪輿的改造而已，就如同我們平常生活生上要注重飲食營養的均衡攝取，及為定期健康檢查的道理一樣，如果等到逆境到來、病症的產生，才想要找仙丹、萬靈丹來醫治，那無異是緣木求魚般只有望洋興嘆的去做亡羊補牢的善後工作。至於犯邪、中邪之事，從命理上而言根本是看不出來，唯有一些先天具有超感應能力之人及後天經過研修之人，才有能力看出犯邪、中邪之事，並且也要當事人有異於常人、無法理解的言行舉止產生，從醫學精神科的學理上無法解釋的狀況之下，方可論之。

來找筆者求問命理的客戶，就筆者從他們的命理都可以推知以前及目前於生活上、事業上所發生的種種事情，故在跟客戶談論命理的同時，筆者常在想如果我們於平常生活上對自己的命理能夠以客觀的態度去面對它、相信它、而不排斥它，並對自己未來的運勢能有一番概略的了解，則將來在生活上、事業上的起伏、運作，都能規範於事前及防範於未然，如此人生中奮鬥所得的利益將可推到極致，所造成負面的傷害也相對的會降到最低，且對個人及社會應該都會有一個良性的影響。當然的，就命理從業者而言，也需要每個人秉著一顆正善之心，以真誠心意的為客戶服務，以博取社會大眾的信任並接受，蓋人必自重而後人重之，如此方能將這個優良的國粹躋入學術殿堂。

「命運由天定，開創命運則由人定」，其所以定之勝者，德也。唯有修德、積德才能立命、轉運，並而用以改造天命。明代名人袁了凡的「袁了凡立命說」（即了凡師訓）所述說的就是平居生活上因行善積德而得以改造天命，大行善大改造、中行善中改造、小行善小改造的道理。至於行善的標準則不一而足、因人而異，因每一個人的財力、環境不一樣，所能做的善行也不同，所要求的只是一顆行善之心而已。所以不管是命理從業者，或是命理求問者，除了知命、認命、用命、順命之外，最重要的還是要有一顆行善之心，如此仰、方不愧於天，伏、方不怍於地。

淺談女命與生兒育女

在以前的農村封建時代，由於是以農為務本之道，在整個大環境裡面，因人口數較少、交通資訊不發達、知識教育不普及，所以並沒有甚麼高度競爭、極端壓力與時間就是金錢等的概念，大部分的生活都是農業型態，且也以自給自足為基本生活要求。由於這農業事務所最需要的就是體力，所以男丁的加入生產行業，對一個家庭而言是非常重要的，故而衍生出傳宗接代的觀念出來，此時女性在整個社會環境所居處的地位就相差很多，因而導致於女性人格權被矮化、低賤化了數千年，這種觀念不只存在於一般的日常生活中，同樣的也表現在命理論述的觀點上，因而先賢及古時的經典名著，在其論女命的開宗明義之闡述中，必定是說：女命日元要身弱，不宜剛強，並忌諱咸池多見、三合六合之情；要以夫及子為貴，須不見官煞並存，在家要相夫教子、侍奉公婆，若再見二德扶身，必能「烏雲兩鬢擁金冠」……等，大同小異的觀點。

然而在今日已經邁入二十一世紀的時代潮流裡，世人對女性的觀念改變非常的大。自七〇年代起，由於教育的日漸普及資訊傳遞的開放，女性即已逐漸走入社會，並漸漸擺脫自古以來傳統封建社會對女性的種種束縛，且進而嶄露其不輸給男性的才華與能力，尤其是標榜新時代潮流的女性，她們更常有要與男性一較才華、一比能力高低的意志，故諸如溝通協調、領導統馭、巧手創意、薪津收入、職務領域…等，也都有超越男性的表現。

又我們今日身處的是一個科技高度發展、資訊快速流通與經濟極度繁榮的無國界環境，就家庭而言，一份的單薪收入恐很難維持一個良好的家庭生活品質，所以另外依靠家庭中女性成員（不管是母親、太太或女兒）之薪津收入來改善居家環境，已是必然的趨勢，此即我們所謂的「雙薪」或「三薪」收入。也因女性積極的投入社會，她們對知識的需求已日趨增多，自身權益的爭取也日漸高漲，不再有像以往農村封建時代，如「女人無才便是德」、「女主內、男主外」等落伍、跟不上時代的觀念。此外，現今社會對女性的人格、身體也都已日趨的加以尊重與保護，如平時我們常聽到的「女男平等」、「各位女仕、先生們」等口語，及我國最近通過的「性侵害防治法」及「家庭暴力防治法」等條文，都是對女性人權一種極端重視的表現。

現今之女性已多能在團體中嶄露頭角，甚至位居高職、獲得高薪，只是要達到這樣的地位，除本身能力之外，也必須要有相當的學識教育、健康的體能狀況及清晰的腦筋、聰穎之智慧。因此論女性命理同樣要重視她們日元的強弱、官印的配合、食傷財星的影響，以整盤命局八字彼此間的生剋制化，配合歲運之流轉，看十神在女命中所代表之含義為何物，以為推命之依據，如此才不致乖離現今之社會現象。

基此之故，以今日潮流觀念要來論斷女性之命理，絕對要與農村時代的封建觀念有其差異之處，應該要摒棄「身元柔弱、食傷剋夫、梟印損子……」等的觀點，也就是說不能再以舊時「凡看女命喜柔、不喜剛，喜靜、不喜動」、「剋夫、刑子」等的論述，來概括推論女性命理。所以就女命的看法是應該同男命的看法一樣，其日元強弱、喜忌神的取用、六神好壞的影響，也應無分軒輊。

談到壓力、競爭之事，其中影響現代新婚夫妻最明顯的問題，以懷孕、生子之事當為首要。「不孕症」之名詞，似乎已成為現今工商業時代的產物，雖然造成不孕的原因很多，但一般人都將其歸咎於壓力、生活作息不正常等方面的問題，甚至夫妻兩人同到醫院去檢驗，卻都正常、沒問題，然而就是無法懷孕，要不就是懷孕而流產，這在現今醫學也找不出問題癥結所在，但是在八字命理中卻是有跡可尋，基本上是：如果夫妻雙方有一方的八字結構有偏枯之象，也就是過於燥熱或寒凍的現象，而該流年又是加強偏枯現象的干支時，那要懷孕的機會恐就難如所願。例如八字過於燥熱，又逢遇燥熱干支組合的大運、流年者，如丙戌、丁未、丙寅、戊寅、戊戌等的流年；或是八字過於寒冷，又逢遇金、水、濕土干支組合的流年者，如庚辰、庚申、庚子、辛亥、辛丑、壬辰、壬申、壬子、癸丑等的流年。這些先天命局再加上後天流年因素的影響，都很容易導致不孕症的情形發生。

這是因為我們的生殖系統在五行上乃歸屬於水，若是命局過於燥熱，又逢遇火炎土燥的流年者，則就男命而言，因精水不足、水中含氧量不夠，精子的氣息將呈現衰弱之狀，故而難以穿破卵子以達成受精、懷孕之情，縱使能夠懷孕，該胎兒的品質恐也是不理想；就女命而言，除了卵子情況不良之外，其子宮壁也將因過於燥熱，致使受精卵無法順利著床，同樣道理，縱使受精卵能著床而發育，胎兒將來的品質恐也是隱憂。

此外命局為偏印過旺或食傷過旺的情形，再逢遇增強偏印或食傷的流年，則導致不孕或流產機率也會很高。筆者寫此內容，只是希望以五術行業為生之人，能秉持良心、天理，以學理之角度善意的告知客戶，其因命理與歲運的配合而導致不孕的原因，並能以「陽宅改造、飲食及藥物的服用、流年的配合」等，來使其夫妻能順利產下嬰兒；而不是以天機或怪力亂神如犯沖、祖先作弄、嬰靈附身⋯等江湖術士之流輩的說詞來蠱惑客戶，以達到其斂財的目的，其結果將是害人也害己而導致天譴。

「兒童是國家的棟樑、未來的主人翁」，這是一句我們光是睡覺就都能倒背如流的二十世紀之「金科箴言」；尤其是今日已邁入二十一世紀的經濟與資訊高度發達時期，由於生活安定、物質不虞匱乏及工作環境的壓力，每一個小家庭大都僅生一或二個小孩，所以說現代的小孩大部分都可說是爺爺、奶奶及父母親的心肝寶貝、掌上明珠，無不被照顧得有如小少爺、小公主似的；當然的，也有少數例外之命，常受父母親或繼父母的凌虐、毒打，甚或因此早夭之情形。

大體而言，以父母親的立場來說，無不希望自己的小孩能夠「男成龍、女成鳳」一般的出人頭地，然而等小孩將來漸次長大以後，每一個人的表現即已有明顯的差異，無法每一個人都能成龍或成鳳；另外或是出生於問題之家庭，而受凌虐、早夭之兒童，則更是顯得突出。有的是小時了了，但大未必佳，或是小時為凡子，長大卻成龍鳳，這中間的差別除了生長環境因素之外，最重要的應首推每一個人出生八字格局的不同，而導致後天成就高低與富貴貧賤的不同。

命理學名著三命通會說：「夫觀小兒之命，如種花木之法，善培養者，則根苗茂盛；不善培養者，反是。何以言之？凡人種花木必以土栽培其根，根實則苗盛；必以水澆灌其體，體壯則花茂；賴陽火溫照其花，花實則果成；假金刀修伐其枝，枝清則本固。設若土虛根淺、水少苗枯、日爆花焦、風摧果落，皆失中和培養之氣，其花木安有不枯之理。」

又說：「人之八字以年為根、月為苗、日為花、時為果，其理皆然，故推小兒之命要日干有氣、月令生扶、年上栽根、印綬無傷、財官有制、七煞得化、傷官遇合，氣稟中和，不值刑沖破害，此則易養之命；如煞重身輕、財多身弱、傷官疊遇、食神重逢，或日干旺盛無依、或太柔少印，氣失中和，柱有刑沖破害，此則難養促壽之命。二者類如栽培之法耳。」

事實上依筆者的經驗，一個人出生命局的好壞，受到很多不同因素的影響，如祖德的好壞與多寡、祖墳的良窳、居家宅第的吉凶、雙親行善積德與否…等，並非人為因素可以去左右的，然而現今卻有不少夫妻欲利用醫學科技，並藉著江湖術士所謂的「良日吉時」之時辰來剖腹生產，期望能獲得一位「八字命局很好」的麟子，唯事實結果就真的能因此而如所願的獲得麟子嗎？這恐怕是一個問號。蓋先賢即有說過：「富貴之人，不入貧賤之門；貧賤之人，不入富貴之家。」又說：「福地福人居」之語，筆者將其改為：「福子福人得」，所以說如想要獲得一個福子，應該是從本身的行善積德去做起才對，怎可本末倒置的欲藉助醫學科技之法，若如此將無天理可言、將無因果循環之報可喻。

由此可知，一個行善積德之家，自然而然的必可喜獲麟子，何須要去藉助醫學科技之法；同理，如果是無德之人，果真藉助醫學科技而硬得一福子，試想此舉天理能容嗎？筆者想，其結果應是在小孩的成長過程之中，不是小孩早夭，或是得有重疾，要不就是父母不壽，如此一個家庭也因聽了江湖術士之惑言而遭逢變故之痛。

袁了凡之立命說

袁了凡為明代的名人，他所著的《袁王綱鑑》一書，為所有主修歷史之人必讀的一本書。裡面一篇自致其子（名：天啟）的家書中詳細敘述說：「他的命本來並不貴顯，但後來因為修德勵行，遂致大貴大顯的歷程。」後人因這一段家書的敘述，又將這本書另稱為「立命之學」。筆者今將其家書內容以白話文的方式轉述如後：

我在童年的時候父親就過世了，當時母親要我放棄參與科舉功名的考試，轉而去讀醫學之道，並說醫學除了可以行醫救人之外，還能夠達到延長壽命的養生之道；況且它日一旦因行醫而功成名就，也可以完成家父一生未償的夙願。

有一天我在慈雲寺遇到一名老者，他蓄著一髯長長的白鬍鬚，他的體態壯碩、容貌俊偉，整個人有種飄飄似若神仙的樣子，我很有禮貌的跟他敬個禮，他對我說：「你應該是官宦衙門、吃公家飯的人，在明年即可考取功名，為何現在不讀書呢？」我就將家母要我行醫的詳情告訴這一位長者，並且詢問他的姓名、居住何處，長者答說：「我姓孔，雲南人，先前獲得一本《皇極數正傳》，這是一本有關推算命理的書本，今天由於因緣已到，應該將這本書傳授給你。」我於是將這本書帶回家並且將事情告知家母，家母說：「用心的學習並好好的保存這本書。」

我嘗試著用這本書中的學理去驗證生活中的數件事情，結果都很準確，也因此引起我重新讀書並求取功名的念頭。當我將要再讀書之心意告知表兄後，表兄說有一位名儒郁海谷先生正在沈友夫家中開館授課，我可以去那邊跟他求取學問，我於是就遵古禮、備束脩拜郁海谷先生為師。

數日後，長者孔老先生為我詳排最近一兩年的考運，並對我說：「明年參與縣童生的考試，會以第三名考上、府試為第十四名、提學考為第九名。」我在隔年參與考試後，三處考試的名次完全如長者所言，於是再懇請長者為我推排命理的終生運勢吉凶如何？長者孔老先說：「你某年會考取第幾名、某年當補廩、某年當貢、貢後某年當選四川第一大尹，並於在任三年半後即宣告退休。在五十八歲那一年的八月十四日當壽終正寢，可惜的是一生為無子命。」

我詳細的記載著孔老先生就我命理推論的敘述，且自此以後我所有考試的名次皆不出孔老先生先前的推論。唯獨有一項推論說我在食廩米九十一石五斗後才會晉升貢職，但當我食廩米七十餘石時，屠宗師即批準我晉升貢職的公文，我當時即私下懷疑孔老先的推命，但是這項晉升貢職的公文後來卻為署印楊公所駁回，直到丁卯年的秋天，溟宗師閱讀完我在考場中的備卷後即嘆說：「五策即五篇奏議也，豈可使博洽淹貫之儒，老於窗下乎？」於是就依縣府晉升貢職的公文，批准了我任貢職之位，連以前應補發的廩米一併計算共計九十一石五斗。我因這一件事後，更加相信人一生的生命乃是「進退有命、遲速有時」，於是凡事就抱著順命的態度而不會再去強求身外之物了。

晉任貢職後就入京城燕都，在京城前一年的時間裡，我在家中都只靜坐休閒而已，完全不再閱讀書本。到己巳年再當選四川尹職，當歸遊南雍時，在未入都就職之前，先到棲霞山中拜訪雲谷禪師，我與雲谷禪師兩人在一禪室中對坐三晝夜都不曾睡過覺，雲谷禪師就問我說：「一般凡人所以不能當聖人者，只因為有太多的世俗雜念牽掛著，但我看你在這裡靜坐三晝夜竟然都沒有起一妄念，這是甚麼緣故？」我答說：「因為先前曾讓一位長者孔老先生推算過我的一生命局，而且到現在為止都一一驗證，因此也讓我感受到人生的榮辱死生皆有定數，即使我想要妄貪身外之物，也是空想且白忙一場。」雲谷禪師聽完即說：「我原先一直認為你是英雄豪傑之人物，今天沒想到卻讓我感覺到你也只是一個凡夫俗子而已。」

我隨即問他這話做何解釋，他說：「人生在世不能無向上之心、不能無行善之心，但因為我們一生受到陰陽五行的影響，所以人生不能沒有定數，但只有凡夫俗子才有這種命理上的宿命定數，大抵而言，極善與極惡之人，都不受命理定數所拘束。你這二十年來的人生命運，都被那一位長者所算定而不曾有想要改變現實人生的念頭，若說這不像是凡夫俗子，不然要像甚麼？」

我問說：「照您的說詞，人生命理之定數真的可以逃得過嗎？」雲谷禪師說：「詩書所說：『命由我作、福自己求』等的話語，僅是一種簡明的訓示而已，若是我完全依照古典之語來教導別人說求富貴得富貴、求男女得男女、求長壽得長壽…等，這些皆是妄語而為釋迦佛祖所引以為戒之事，再說所有的神佛菩薩豈會用誑語去欺騙善良之眾生呢？」我再進一步的追問道：「先賢孟子曾經說過：『求則得知』，可知這個求乃在於我自身也，而道德仁義可以力求，但是功名富貴如何求得呢？」

雲谷禪師說：「孟子先生所言沒錯，而是錯在你誤解了孟子先生的話語，你難道不曾聽過六祖說過：『一切福田不離方寸，從心而寬、感無不通』的話語嗎？這句話的意思則是在說明所有的『求』，完全是操之在自己身上，不獨仁義道德可求，甚至於功名富貴皆可由自己去求得，像這樣內在仁義道德、外在富貴功名皆能求得的話，才算是真正且有助益的求。若是凡事都不先反躬自省，而只是一味的向外在人事物之環境去求取的話，那這樣子的結果正如你目前受先天命理『求之有道而得之有命』之觀念所束縛，因而導致內外雙失的遺憾，而無助益於人生的真正目的。」

雲谷禪師又問道：「那一位長者孔公推算你一生命理的大概情形是怎樣？」我就將詳細的推命情形據實以告，雲谷禪師又問說：「那你認為你一生是否能夠考上科舉功名、是否有子女來傳宗接代？」

我聽了雲谷禪師這一句話後，自己反躬自省了一段時間便說：「是不應該獲得這些殊榮的。因為考上科舉之人，從臉相來看都具有天生的富貴相，而我的外貌又是平淡無奇，也不會去行善積德以植基厚福；兼又凡事沒有耐性、沒有容納人事物的寬容之心，亦或是常常自恃己身的才華智慧以致得理不饒人；我為人又是直腸子，遇到事情時就直接將喜怒哀樂表現出來，甚至常有損口德的話語出來等。諸如此類的行為表現，都可說是薄福之相，怎能獲得科舉功名的富貴福份呢？」

我接著又說：「一個混濁、不清澈的水塘或窪地，都能生長出多樣性的生物；反而是過於清澈、乾淨的池塘，卻無法生長出魚類或其它生物。我的個性過於潔癖，這是無子女的原因之一；和氣能生財、能滋生萬物，我卻是易於動怒、發脾氣，這是無子女的原因之二；仁愛、慈愛之心為萬物生生不息之本，而吝嗇、自私、無法捨得等則為不育之根本，我太過於矜持、愛惜自身的名潔，無法做到捨己救人、博愛無私的行事表現，這是無子女的原因之三；我平常又喜歡高談闊論、揚顯自身才華，以致於耗損自身元氣過多，這是無子女的原因之四；我對飲食又過於講究、過於挑剔，只想要食用精鑠的食物，這是無子女的原因之五；又喜歡整晚的徹夜長坐而不知固葆元氣、蓄養精氣神，這是無子女的原因之六；至於其他無子女之惡因還有很多而無法細數。」

雲谷禪師說：「這個『求』的意義，豈只是科舉功名及子女而已？在這個人世間能夠享受到千金富貴之榮華者，必定有其具有千金富貴命理之人物；享百金之榮華者，必定有其具有百金富貴命理之人物；相反的，會餓死之人，必定有其具餓死命理之人物。人世間各個人物的不同際遇，只不過是順著與生具有的先天命理在運行而已，上天根本不曾加諸任何喜忌、吉凶在任何人身上。又譬如說生育子女之事，有百世之德的人，必定會有百世子孫去延續後代；有十世之德的人，則有十世子孫去延續後代；有三世、二世之德的人，則有三世、二世子孫去延續後代；至於那些沒有後代子孫或是子孫夭折之人，必定是行善積德非常薄弱、甚或是不行善反而行惡之人。」

雲谷禪師又說：「你今天既然已經反躬自省後而知道以前種種的過錯，並且了解未來在仕途上並無法再有高升科第的機運，及沒有生兒育女的命。既是這樣，則務要從根本做起，盡心盡力的去痛改前非，絕對要積極的去行善積德、要有包容萬物的寬大心胸、要有惜福及惜物的仁愛之心、要懂得愛惜照顧自己的身體與精氣神…等等。以前的種種是非，譬如昨日之事般的過往雲煙已逝去；以後的未來諸事，就像今日新生事物般的油然而生。這些義理猶如人生再世、生命身體重生般的可以去改造天命，蓋血肉之軀尚受命局定數之影響，則具有義理之身豈不能改造天命。」

雲谷禪師續說道：「太甲書說：『天作孽，猶可違；自作孽，不可活。』先賢說：『永言配命，自求多福。』長者孔先生推算你的命理說你在仕途上已無法再高升、發達，一生無法獲得一子半息，這僅是上天所作之孽，也就是說僅是與生具有的先天八字命局，我們仍可依人為之力量去違逆天命並進而去改造天命。從今以後你要擴充行善積德之人事物範圍並努力的去親身力行，也就是說要盡量的多積陰德，這些都是你自己所做之福德，怎麼能說你將來無法享受到這些福報呢？易經一書乃是君子之謀而成，大體上除了天地人之論外，也論述趨吉避凶之理，此時一般人就會問說天命既有定數，那吉利之事如何可求得、凶禍之災如何可避開？基此之故，此書在開章第一義便說：『積善之家，必有餘慶。』有關這些改造天命的論述與行事作為，你是否相信？」

我完全相信雲谷禪師的說詞，並感謝他的教誨之語。隨後便到佛祖面前將以前種種的是非，盡情的傾吐與懺悔，並且書寫一份疏文，內容先請求將來在仕途上能夠再次登科發達，並且願以己身力行三千件功德事，以回報天地、祖宗之德。雲谷禪師隨即拿一份功過記錄表格給我，要我將每一天所做的善、惡之事，逐項的詳細記載下來，有行善舉的話，則在表格上記載一項，但若行惡事的話，則將表格上的善舉塗掉一項，餘此類推。

雲谷禪師又再教我持唸『準提咒』，以期求更為準驗，並對我說：「符籙家嚐自嘲：『不會畫符，是會被鬼神所恥笑。』符咒要精鍊雖說是必須有專人傳授，但萬本不離其源，乃是在於『心性不動念』而已。當你在提筆書寫符咒之時，先要將所有的思緒沉澱下來、內心一塵不染，也就是說從這個『心性不動念』處開始下筆，這就是所謂的混沌開基之意。所有的符咒都由此『心性不動念』處一筆而畫成，內心更且沒有任何一絲的思慮，那這些符咒便具有無比靈驗的效力。凡是所有有關祈求改造天命之事，都必須要先從內心無思無慮、心性不動念處著手，如此才能夠達成感動天地的效果。孟子在論述安身立命之學問時曾說過：『人生的夭壽之事，並無任何的差別。』但現今的夭與壽卻有其差異性，當任何事物處在不動念處時，則何種人事物可稱之為夭、何種可歸屬為壽，細分之則是：對外在金錢或物質之獲利的賺或賠、得與失，已經不在意、能夠看透的話，才可以談貧富之命；對人生事物進退或功名得失之間，已經了然於胸、能夠看透的話，才可以談貴賤之命；對人生歲數的長壽或夭折，已經不在乎、能夠看透的話，才可以談生死之命。人世間只有死與生才是值得重視且為重要的一件事，這就是生命所謂的長短、壽夭，如此人世間的所有順逆、進退、富貴、貧賤，到最後都是以此為依歸。」

雲谷禪師又說：「至於平日的修身養性以待命，這些都可說是積德祈天之事。所謂的修，則是當我們有行惡事或不慎為惡事的話，就要馬上改過、尋求解決辦法，將這惡念、惡行去除及改過之；所謂的待命，則是在平時生活中有一絲絲不當的非份貪念、一點點不當的不法貪取，都要完全的斬除掉。一切的修為若能夠達到這樣的情形時，已經可說已達到上天修為的境界了，如此才稱得上是真正的在從事修身養性、安身立命之修持。當你最初在為修身立命之時，不可能完全的摒除心念，但只要能持續、有恆心的持唸準提咒，不拘次數的多少，如此不間斷的持唸到純熟之境界時，在平居生活上就會有即使持唸準提咒，卻會有心念全無的感應；不持唸準提咒，卻也會感受到準提咒在內心裡的感應。如此恆心的到最後所有念頭都不動念的時候，就可感應到準提咒產生改造天命的力量了。」

我原先皈依的佛號為「學海」，今天因聽了雲谷禪師的一席話及受其教誨後，即將佛號改為「了凡」，這是因為要惕勵自己去悟徹改造天命之理而不要落於凡俗之窠巢之意。從那時候起我就天天的約束自己要謹言慎行、積極行善，也因此便覺得以前的日子都是在放任自己的悠悠度日，絲毫不知人生之真諦，自此以後也常有要戰兢惕勵自己的意象浮現腦海。每在書房或暗處獨處之時，常怕會因不小心而得罪天地鬼神，因此行事作為也會更小心；遇到有人在嫉妒我、憎恨我、毀謗我的時候，我也不會去反駁、反擊，而是以欣然的態度去接受。到明年參與禮部科舉功名之考試，原先長者孔老先生推算我應該是要考取第三名，結果我是以第一名被錄取，並於當年秋天在闈場放榜，孔老先對我命局的推論在此已不見準驗。

我雖然先前有發願要力行三千件善事，但日後在行善之時，由於所行之善舉並不見得很單純，而是雜有其他事務、意念、或自身之行為，以致善舉多有所延誤、打折；或是見到善行之事要去做的時候，但卻因缺乏勇氣而致行善不完備；或是救人之後，卻常存有救人之意何在的疑惑；或是會躬身力行的去做善事，但卻無法達到先前從口中所說出的目標；亦或是平時頗為潔身自愛，但在與友人應酬飲酒之後，卻會借酒意而放縱自己。諸如此類以過折功的情形經常發生，因此常有日子虛度而無善行的結果，如此週而復始的行為，從己巳年發願到己卯年止，前後歷經十年的光陰，才將三千件的功德實行完畢。

我當時才從關外的李漸庵入關，尚未將三千件善事迴向給眾生社會。在庚辰年舉家南遷的時候，專程去請益性空、慧空等上人，並在東塔禪堂做功德儀式將三千件善事迴向給眾生。我當時並同時起了求子息的願，同樣發願要再次力行三千件功德善事，到隔年辛巳年生下一男，取名為「天啟」。天啟吾兒：「為父我在許了子息願後，每在力行一件善事之後，就馬上將其記載下來；至於你的母親，由於她不識字，因此當她在每一次力行一件善事之後，就會用鵝毛管印一紅圈在功德日記簿上。她在善事上之力行或是佈施、救濟貧窮之人，亦或是買受野生動物並將其放生，諸如此類的善行一日甚至於有高達十幾件。」到了癸未年八月，三千件的功德善事也力行完畢，我於是再懇請性空上人就這三千件善事做功德法事迴向給家人。

同年癸未年的九月十三日，我又再起請求考取進士的願，並發願要力行一萬件善事，果如所願在丙戌年登科及第，授寶抵縣的知縣職務。發願後我隨即製作空白之功德簿一本並將其取名為「治心篇」，在每一天早晨的作息之始即由家人將該「治心篇」交由僕人置放於屋內聽堂桌子上，並將一天所行的善事、惡事悉數記載於「治心篇」上，到晚上時再將此「治心篇」移放到庭院裡且效法先賢趙閱道的行舉，以焚香禱告方式將一天的善惡事悉數告知天帝。你的母親因見為父發願行一萬件善事，但卻又看到當時所能做的善事不多，以致常皺眉頭並說：「我以前在家鄉與官人你共同為行善積德之舉，因此三千件的善事得以順利的做成。而今你再許願發行一萬件善事，但現今所看不管是衙府裡、衙府外都已經不再有多少善行之事可做，則何時才能夠達成一萬件善行的願行呢？」

我聽完你母親的這一席話後，也是頗覺得憂心的，但幸運的是有一天晚上我在睡覺時，有一位天神來托夢並告訴我說：「你只須對黎民百姓的稅租減糧一節，則所發願之一萬件善行即可達成。」由於寶抵縣的田畝乃是每畝田要繳納二分三釐七毫，故當日早晨睡醒後，我即刻到轄區稅官處請他計算之結果，每畝田減稅一節後的稅租為一分四釐六毫，而其所累積之功德剛好可達成一萬件善行。我因夢中天神所言完全符合減稅結果之事而心中頗為驚恐與疑惑，當時正好有幻余禪師從五臺山來訪，我於是將天神托夢之事告訴幻余禪師並且跟他說：「天神托夢這一件事是否可採信？」禪師說：「若所具之善心是真誠與確實的話，即使所行之善舉僅一件，也是可抵得上一萬件不具真誠善心之善行，況且天神所為之托夢又是全縣減糧之事，所造福的對象又是全縣的黎民百姓，為甚麼不去做呢？」聽完禪師這一席話後，我就著手進行減糧租之事，且拿出捐款請幻余禪師回五臺山後，與寺院裡的眾齋僧做一萬件善行的功德事並迴向給全縣之黎民百姓。

先前長者孔公曾推算我的壽數僅能夠活到五十三歲而已，唯我並未做祈求長壽的發願及行願，但在五十三歲那一年我完全安然無恙，而現今已經是六十九歲了。先賢書說：「天難諶，命靡常。」又說：「惟命不於常。」這些都不是無的放矢的誑語。我因這一輩子努力行善積德以改造天命之事而讓我了解到：「凡是遇到禍福之事而能夠以自己之力量積極的去行善積德的話，這就是真正的符合聖賢改造天命之言；但若是說所有的災難都是先天命局已定，而不會想要積極去改造天命的人，那這就僅是世俗之人的論點罷了，不足為道。」

由於不知道你一生八字命的好壞、富貴貧賤，因此將來當你有顯榮、富貴發達之際遇時，就要常思貧賤、落寞之時的生活；當處一帆風順的時候，就要常思人處困逆境遇的情形；當生活在優渥富裕、美食可享的環境中，就要常思貧困、無糧的處境中；即便是與人相處愉快、彼此都互敬互愛的情形，也要常存戒慎恐懼之心；即使家世顯赫、望重鄉里，也要常存謙卑為懷的心胸；即使有滿腹的經綸學問，也要常存寡聞淺陋之心境。在平常就要心存如何發揚光宗耀祖之德，及如何彌補父母在世時無形中所犯的過錯，此外也要上思報效國家的恩典、下思建造美好家園的福德、外思濟助他人窮急的困境、內思己身在平時無意中所犯的邪行惡事。

以上這些事情絕對要日日自省、日日改過，若是一日不知自省，就會一日不知所犯之錯誤而安於犯錯的生活，因此人若一日不思改過之處，就一日無進步可言。普天下的聰明俊秀之人可說是很多，但他們之所以不會去修行德業、不會將德業予以推廣的原因，最重要的原因就是「因循」二字，也因此而耽擱了他們一生行善積德、改造天命的福份。

雲谷禪師所傳授的立命之說，乃是人世間至精、至邃、至真、至正的真理，我希望你能嫻熟並悟徹其理，且能親身的去力行它，不要有自我怠惰、曠廢人生的行為表現。

後記

俗語說：「學海無涯，學無止境。」任何學問的研讀與探索，確實可說是毫無止境，一生中永遠都無法達到一個可以終止的境界，就五術學理而言，也是同樣的道理。

五術學理中的八字命理學，所述說的乃是以「理論性」的論述為主，而它所探討的又是一個在現實生活上，完全摸不著頭緒的一種會影響人一生吉凶否泰的無形磁場的力量，而有關這無形磁場的力量所能夠獲得正確的答案，就只有從我們在現實生活上所歷經人事物的進退起伏去驗證、去證實，才能夠獲得正確而無誤的答案。

然而有關從現實生活上的一切人事物去獲得命理上學問的探討，則是屬於「實務上」問題的探討，這又是八字命理學純粹從理論上去探討學術理論，所無法獲得的另一種更為深奧的寶貴知識，這也是我們常說的「理論要跟實際配合，如此才能將所學的理論學理，更為發揮出來。」

本書即是基於「理論要跟實際配合」的信念編寫而成，內容除了引述八字命理學的論述、多處引用先賢的著作名句之外，更擴及至身體健康、中西醫名著的論述，以及對目前社會上頗多不實、被扭曲、以訛傳訛的江湖術士之說詞，提出辯駁及澄清，只希望讀者能夠在閱讀完八字命理學的理論基礎之書本後，再來閱讀本實例論述之書本，進而能夠對五術命理有更深一層的認識，而不至於有人云亦云的情形，以及落入江湖術士之伎倆中而不知。

本書在最後一篇，以「袁了凡之立命說」的範例做為結尾，則是要說明：「人生在世，凡事除了盡其能力的去為積極的行事作為外，在能力許可範圍之內，則盡量的去行善積德，因為大行善必大積德、小行善則小積德，對命理之改造而言，則是大行善、大改造，小行善、小改造。」故知，我們除了對自身命局的認知之外，並在自己能力許可之下，盡一己之力的去積德行善，才得以為自身八字的命，運作一個趨吉避凶的改造，至於市面、媒體上常說的佩戴甚麼飾物、做甚麼術法之類的東西，而可以改變自身命運的說詞，那是不足採信的論調。

寫於筆者高雄工作室

首先非常感謝您購買本叢書集。本叢書集乃是作者將執業十幾年來所獲得的實務經驗，配以學術上的理論所編寫而成，也希望您從其中能夠：「一窺五術學理的堂奧、一探玄學領域的境地」，從而得以獲得五術學理的知識，並為自己的「命、運」做一個積極性的趨吉避凶之改造。

如果您或您的家人、親友有下述事項：「推算自己的八字命理、替公司或新生嬰兒取名、新婚或吉宅搬遷之擇日」等，要讓作者為您或您家人、親友服務的話，請您詳細的填寫左列之表格，並將現金新台幣：二一〇〇元（此金額為已折扣後之金額），以郵局之現金袋寄給作者收，並將左列表格黏貼在現金袋的後面。

作者在收到您的郵寄費用後，會再以電話給您確認一遍，並會在兩天內就將您的八字命盤表，或是命名擇選表、擇日婚嫁表等寄給您。

◎收件人：林煒能　住址：高雄市苓雅區河南路102號3樓　電話：07-722-1945

◎有關服務項目及費用，請詳下一頁。

◎請您務必詳填左列表格，尤其是您的出生日期，一定要填寫到出生的時辰。

客戶姓名：	性別：	聯絡電話：
出生日期：農（國）曆：民國　年　月　日　時　分		
服務項目：☐推算八字命理　☐替公司或新生嬰兒（☐男嬰、☐女嬰）取名 ☐婚嫁擇日　☐吉宅搬遷之擇日（請打✓）		
客戶住址：		

○服務項目：	○服務潤金：	○服務內容：
一、八字論命：	五年詳批：二二〇〇元	※為客戶詳論：事業、婚姻、感情、子女、坐向、顏色喜用、擺飾品。
二、結婚、遷居擇日：	二二〇〇元	※結婚：擇選訂婚、安床、迎娶等三吉日。遷居：先至現場勘察宅向。
三、公司、行號、個人命名：	二二〇〇元	※個人包括：大人、小孩、初生嬰兒。
四、命名＋八字詳批：	三〇〇〇元	※與前項之命名至少選取20—30組以上名字，由客戶選取。
五、卜卦：	卜一卦：五〇〇元 卜二卦：一〇〇〇元	※一卦專精論斷一事，範圍雖狹小，但是其論斷之精準，真叫人讚揚。
六、陽宅堪輿：	公寓：六〇〇〇元（不含擇日） 透天、別墅：一〇〇〇〇元（含擇日） 公司、工廠、營業場所：二〇〇〇〇元（一五〇坪以內‧含擇日）	※詳細為客戶規劃財庫位、文昌位、負責人位、內部格局配置平面圖。
七、陰宅地理：	吉地土葬：三〇〇〇〇元 安靈塔位：二六〇〇〇元	※不論點選幾處吉地，或是幾處靈塔，都以直到客戶滿意為止。
八、開光、安神位：	六〇〇〇元	※包含擇選開光、安神位之吉日、吉時，以及開光、安神位之儀式。

國家圖書館出版品預行編目資料

這樣學八字就對了／林煒能著.
－－第一版－－臺北市：知青頻道出版；
紅螞蟻圖書發行，2013.4
面 ； 公分－－(Easy Quick；128)
ISBN 978-986-6030-62-8（平裝）

1.命書 2.生辰八字

293.12　　102004533

Easy Quick 128
這樣學八字就對了
作　　者／林煒能
發 行 人／賴秀珍
總 編 輯／何南輝
校　　對／周英嬌、楊安妮、林煒能
美術構成／Chris' office
出　　版／知青頻道出版有限公司
發　　行／紅螞蟻圖書有限公司
地　　址／台北市內湖區舊宗路二段121巷19號（紅螞蟻資訊大樓）
網　　站／www.e-redant.com
郵撥帳號／1604621-1　紅螞蟻圖書有限公司
電　　話／(02)2795-3656（代表號）
傳　　真／(02)2795-4100
登 記 證／局版北市業字第796號
法律顧問／許晏賓律師
印 刷 廠／卡樂彩色製版印刷有限公司
出版日期／2013年 4月　第一版第一刷

定價 350 元　港幣 117 元

ISBN 978-986-6030-62-8　　Printed in Taiwan